春秋正義

〔唐〕孔穎達 撰
李霖 解題

圖版 四

本册目録

日本宫内廳書陵部藏舊鈔本春秋正義

法國國家圖書館藏敦煌本（P. 3634v＋P. 3635v）春秋正義（哀公十二—十四年）殘卷

春秋正義卷第二十八　昭公

國子祭酒上護軍曲阜縣開國子臣孔穎達等奉

勅撰

八年注以首至世子　正義曰招與公子過共殺偃師而立公子留及楚殺徵師留出奔鄭招乃歸罪於過而使陳人殺之及楚師來討招又推過為首得免重責不死而放之於越是以招為從罪也若其從招之詐如楚之意則宜書過殺偃師由是仲尼知其實狀以招為首偁言書曰陳侯之弟招殺陳世子偃師罪在招也是仲尼新意以招為首惡也從殺例有從兩下相殺之例也釋例曰大臣相殺死者無罪則兩称名氏以示殺者之罪王札子殺召伯毛伯是也若死者有罪則不称殺者名氏晉殺其大夫陽處父是也然則世子雖是副主猶是人臣從此人臣相殺之例故称弟以見殺者之罪也又称世子以見世子亦人臣也鄭段去弟陳招不去弟者釋例云陳招殺兄之子然不推刃於其兄故以首惡称弟称名從兩下相殺也是言招罪輕於害兄故存弟也　注襄

二至于宋　正義曰溺以襄五年即位爾來陳常從楚唯有襄二十七年大夫與魯同盟于宋劉炫云往年衛侯惡卒杜云元年大夫盟于貌此不數貌以杜為上下自相及令知不然者以盟于宋經有明文故指之貌。文不見經故不數也其衛侯惡更無盟處盟唯有貌盟故數之劉不尋杜意而規其過非也　注華車至闕也　正義曰傳稱華車千乘是大蒐也十一年大蒐于比蒲二十二年大蒐于昌間定十三年十四年大蒐于比蒲皆云大蒐此不云大知經闕文也釋例云紅之蒐傳言華車千乘所以示大蒐也而經不書大諸事同而文異傳不曲言經義者直是時史之闕略仲尼略而從之春秋不可錯綜經文此之類也劉賈潁云蒐于紅不言大者言公大失權在三家也十一年蒐于比蒲經書大蒐復云書大者言大衆盡在三家隨文造意以非例為例不復知其自違也

注招之黨至殺之　正義曰孔奐之為招黨傳無其文正以殺稱名氏是有罪之文知其是招黨也文七年宋人殺其大夫傳曰不稱名衆也且言非其罪也無罪不稱名知稱名為有罪矣若使

孔奂無罪仲尼必當變文但此非常例先世定制不知其將何所
称也執招殺奂皆是楚人為之承上楚師滅陳之下是楚可知不
復每文書楚經以注文隔故言楚殺以明之不言殺陳大夫者殺
他國之臣例不書爵宣十一年楚人殺陳夏徵舒是其類也此執
招殺奂皆滅陳乃為之故依次而書々在滅陳之下　注嬖人
至故書　正義曰賈服以葬哀公之文在殺孔奂之下以為楚
葬哀公故杜辯之袁克葬之案傳克欲殺馬毀玉楚人將欲殺克
不得為楚葬之若是楚葬宜云楚人葬陳哀公當如齊侯葬紀伯
姬不得直言葬也且諸言葬某公者皆是魯往會葬之文大夫不
得書名言其所為之事而已故云魯往會故書也案傳袁克之
葬乃是私竊葬之而魯得會者諸侯之卒告卒不告葬但葬有
常期知卒即往會之未必得以禮從赴也　傳注魏榆晉地
正義曰服虔云魏邑榆州里名襄二十三年叔孫豹次于雍榆雍
榆地名知魏榆亦地名　民聽濫　正義曰或民聽濫失
實世言而妄称有言也　詩曰至謂乎　正義曰小雅雨無

正之節也可哀愍哉彼不能言之人其所言者非不從舌是出但其言僣而無徵唯於巳身是病以不能言而自病其身是可哀也可嘉美矣彼能言者巧爲言語如水之轉流然其言信而有徵自使其身處休美之地以言能而自處其美地故可嘉也此能言處休者其是子野之謂乎　注哿嘉至小異　正義曰詩毛傳云哿可也哿是正訓以其字從加從可故各以意訓耳此詩上文云聽言則荅譖言則退然後次此哀哉故杜以哀哉不能言覆上僣言見退譖言爲不見信被黜退者也哿矣能言覆上聽言則荅謂言可聽用見應荅者也以其言可嘉善信而有徵故自取安逸處休美也師曠因公之問其言流轉終歸于諫其言實巧故以比巧言如流也據今毛鄭解詩哀哉不能言者賢人不能言也不能以其正道曲從君心故身見困病哿矣能言乃指時世所謂能言者巧言從俗如水流矣阿諛順旨不依正法得使身居休美與此所引意異故言當然向時詩義如此與今說詩者小異隱元年注云詩人之作各以情言君子論之不以文害意故春秋傳引詩不

皆与今說詩者同他皆放此然則引詩斷章取義得異於本而云
叔向時詩義如此者但叔向此言在孔子删詩之前与删詩之後其
義或異故云叔向時詩義如此隱元年論詩者君子之言君子即丘
明也其言則删詩之後乃与詩說不同故云引詩斷章此杜大略
而言其實未脩之前有引詩亦有斷章者　注經書辛丑從
赴　正義曰經云辛丑傳言辛亥經傳異者多是傳實經虛故
言從赴長歷四月戊戌朔四日辛丑十四日辛亥一月之内有此二日
故不言日誤　注疑為至發之　正義曰襄十一年楚人執
鄭行人良霄傳稱書曰行人言使人也此復發傳故言重發之也
釋例曰行人有六而發傳有三者因良霄以顯其稱行人因于徵
師以示其非罪因魯叔孫婼以同外内大夫則餘三人皆隨例而
為義也　將往至陳氏　正義曰將往子良之家也又數人
告不復敢向子良之家遂如陳氏服虔云將往者欲往到陳氏間
助子良攻我意謬甚也　注周書至勉也　正義曰周公戒
康叔當施惠於不肯施惠者勸勉其不能勉力者令子良不能

勉力爲善欲令相子勸勉之故引此書以戒勉也釋詁文 頃
正義曰謚法誠動追懼曰頃 注壬午至月誤 正義曰杜以
長歷校之十月乙丑朔十八日得壬午也十一月無壬午經書十月歷與
經合知傳言十一月者誤也 注興衆至哀公 正義曰就
衆嬖之內特舉袁克之名知克是嬖人之貴者也葬無殺馬毀玉
之法知欲以非禮厚葬哀公也服虔云一曰馬陳侯所乘馬玉陳
侯所佩玉故殺馬毀玉不欲使楚得之事亦有似知不然者楚既
滅陳制爲己有克不能私藏馬玉欲殘毀之故不從 對曰至楚
國 正義曰致死禮者欲爲郟敖致死殺靈王也穿封戌既臣
事靈王而爲此悖言追恨不殺君者以明在君爲君之義見己忠
也若如今日有人欲謀靈王已必致死殺之此對是諂非悖也
注顓至水滅 正義曰顓頊崩年歲星在鶉火之次於時猶
有書傳言之故史趙得而知已歲星天之貴神所在必昌鶉火得
歲而火益盛火盛而水滅顓頊水德故以此年終也陳是顓頊之族
故知滅將如之亦當歲在鶉火陳乃滅也史趙別有以知假此而爲言

耳不可一準此言以驗國之興滅　注箕斗至用也　正義
曰析木之津於十二次爲位在寅也釋天云析木之津箕斗之間
漢津也孫炎曰析別水木以箕斗之間是天漢之津也劉炫謂是
天漢即天河也天河在箕斗二星之間箕在東方木位斗在北方
水位分析水木以箕星爲隔隔河須津梁以渡故謂此次爲析木
之津也不言析水而言析木者此次自南而尽此依此次而名析故
木也襄三十年傳稱歲星在娵訾之口其明年乃降婁歲星歲
行一次降婁距此九年故此年歲在析木之津也由用釋詁文辱
復用是而更興　注幕舜至絶者　正義曰魯語云幕能師
顓頊者也有虞氏報焉孔晁云幕能脩道功不及祖德不及宗
故每於歲之大烝而祭焉謂之報言虞舜祭幕明幕是舜先不
知去舜遠近也帝系云顓頊生窮蟬窮蟬生敬康敬康生句芒句
芒生蟜牛蟜牛生瞽叟亦不知幕於蟜牛以前是誰名字之異也
從幕至瞽叟無違天命廢絶言其不絶世繼嗣相傳以至舜也觀
傳此文瞽叟以前似有國士而尚書序云虞舜側微孔安國云爲

庶人故微賤經云有鰥在下曰虞舜明下賤矣蓋至瞽瞍始失
國耳此久遠之事不可知也　注遂舜至於遂
年傳云箕伯直柄虞遂伯戲則遂在直柄之後故云蓋殷興存舜
之後而封之也言舜丕以聖之德甚德流及於遂故言寘德於遂
寘置也置此德於遂身令使遂有德也　注胡公至舜後姚氏
正義曰胡公封陳之由襄二十五年傳已具之矣世本舜姓姚氏
哀元年傳稱夏后少康奔虞虞思妻之以二姚虞思猶姓姚也至
胡公周乃賜姓為媯耳因昔虞舜居媯水故周賜以媯為姓也陳
世家言舜居媯汭其後因姓媯氏謂胡公之前已姓媯矣是馬遷
之妄也　其兆既存矣　正義曰陳氏世世益賢而位漸高
有恩德而得民意其有國之徵兆既存矣言可知也　九年注
以夏至會禮　正義曰此與宣十五年公孫歸父會楚子于宗
其事同也楚子在彼魯敬大國自往會之非楚子召使會自以小
國事大國之禮往　注許畏至為文　正義曰許自楚莊王
以來世屬於楚常與鄭為仇敵今畏鄭欲遷都近楚楚從其意而

還之故以許自還為文若許不欲還而楚強還之則當云楚人還
許如宋人還宿齊人還陽　注天火至為名　正義曰天火
曰災宣十六年傳例也公羊穀梁經皆作陳火公羊傳曰陳已滅
矣其言陳火何存陳也穀梁傳曰國曰災邑曰火火不志此何以
志閔陳而存之也　賈服取彼為說言愍陳不與楚故存陳而書
之言陳尚為國也杜以左氏無此義故辭而異之云陳既已滅降為
楚縣不言楚陳災而直書陳災者猶如晉之梁山沙鹿崩不書晉
也以彼不繫晉知法自不當繫楚非是存陳如舊國也凡災害所
及繫於所災所害之處故以所在為名不復繫其本國大都以名
通例不繫國陳是楚之大都無緣當繫於楚二傳妄說故杜不從
所災所害者所災獨陳災是也所害獨梁山沙鹿崩是也然災害
繫於所災所害而宣十六年不直云宣榭火而以宣榭繫成周者
以宣榭其名不顯若不繫成周不知何處宣榭與此別也
傳注楚子至總書　正義曰往年楚公子棄疾帥師圍陳楚子
不親行也既滅陳以為縣楚子自往巡行鎮撫之曾宋鄭衛聞其

在陳畏威加敬，各遣大夫往彼會之，非彼盟主所召，亦不行會
禮，故魯史獨書己使，不復總書諸國也。傳因叔弓所見，故歷序四
國大夫，以見諸國皆行，非獨魯也。十年叔孫婼如晉葬晉平公，傳
因歷序諸國大夫，此意與彼同也。服虔以為此會宋、鄭、衛之大夫
不書，叔弓後也。服見文七年公會諸侯、晉大夫盟于扈，傳歷序諸
國，乃云公後至，故不書所會。凡會諸侯不書所會，後也。後至不書
其國，辟不敏也。服意準彼為義，故云叔弓後耳。彼為盟主所召，故
諱後期。此則楚非盟主，何以當諱？春秋之意，豈欲魯棄晉而從楚，
乃為之諱其會楚遲也？且彼不書所會，乃總書諸侯。此若是會，
經何以不總書叔弓會諸侯之大夫？傳何以不言叔弓會楚子、宋
華亥、鄭游吉、衛趙黶于陳也？今傳以四國大夫共會楚子，義非
扈類，是以可明。且叔弓若後，傳當言之。傳不言後，而服以為後，是
欲代丘明為傳，非解之也。故杜顯而異之，言不行會禮，故不總書，
見此意。注「此時」至「譙郡」。正義曰：杜以地名經傳不同，而
傳言實者，則以為名有改易也。傳不言實，則以為二名並存也。

所言實者皆舉舊以實新此也舊名城父此時新改為夷然言
城父是舊名故傳以實明之凡有二義經書未改之名傳以所改實
之則昭十八年許遷于白羽傳云許遷於析實白羽定十年云會
齊侯于夾谷傳云會于祝其實夾谷是也若經書已改之名則傳
亦舉其已改實其未改之號即此許遷于夷傳云遷許于夷實城
父定十三年齊侯衛侯次于垂葭傳云次于垂葭實郹氏是也此
四者或經書未改或經書已改傳皆上句舉其已改之名下句實
其未改之號凡一地前後二名者非謂經時為未改之名傳時為已
改之名乃於經傳以前上世之時已有所改前後之名史子集史記
而為經丘明采簡牘而作傳史記或書其舊名者即白羽夾谷是
也或史記書其後名者即夷與垂葭是也丘明據簡牘為傳以所
改後名而實之故僖二十五年秦取析矣襄二十六年聲子云析
公之亂皆舉白羽改為析之後但簡牘稱析故杜云於傳時白羽
改為析止謂簡牘之時非丘明作傳時也若其不然孔子脩經丘
明作傳事相連接時日不遠豈可脩經時為白羽作傳即改為析

故杜云此四者皆為所在之地舊名絕於當時史記有遺者也劉炫不審思杜意恠倍云襄公之世已有析名而規杜氏非也

取州至益之　正義曰釋例云州來淮南下蔡縣汝水也南地淮北之田淮水北田則州來邑在淮南邑民有田在淮北也許國盡遷于夷田少故取以益之

注甘人至大夫　正義曰孔子父紇梁紇為鄹邑之長論語謂孔子為鄹人之子是典邑大夫法當以邑名冠之而稱人知此甘人即是下文甘大夫襄也甘人是甘縣大夫知閻嘉是晉之閻縣大夫名嘉也甘閻接竟田或相侵故共爭之

注在夏至西北　正義曰周語云昔我先世后稷以服事虞夏及夏之衰也棄稷弗務我先王不窋用失其官案本紀不窋是后稷之子繼其父業也為大國故夏氏五國為西土之長也釋例土地名云魏河東河北縣也芮馮翊臨晉縣芮鄉是也畢在京兆長安縣西北駘在武功岐在美陽今案其地芮在魏之西南百餘里耳岐在駘之西北無百里也詩稱后稷封邰與岐畢相近為之長可矣計魏在邰東六百餘里而今邰國與魏

為長道路大遠公列居𨙻又在岐西北四百餘里此傳極言遠竟
而辭不及𨙻並不知其故　及武至東土　正義曰武　武王克
竟光有天下外薄四海普為周地上文既言西土故以下唯說三方
其實西方所至過於上文自岐以西猶是周竟但不復重言之耳服
虔云蒲姑商奄濱東海者也蒲姑齊也商奄魯也二十年傳曰蒲
姑氏因之定四年傳曰因商奄之民命以伯禽　巴濮至北土
正義曰土地名云巴巴郡江州縣也楚南郡江陵縣也鄧義陽鄧縣
也建寧郡南有濮夷地然則巴楚鄧中夏之國唯濮為遠夷耳土
地名又云燕國薊縣也亳是小國闕不知所在蓋與燕相近亦是
中國也唯肅慎為遠夷　注肅慎至餘里　正義曰書序
云成王既伐東夷肅慎來賀魯語云武王克商肅慎氏貢楛矢
韋昭云肅慎東北夷之國去扶餘千里晉之玄菟即在遼東東北
杜言玄菟北三千里是北夷之近東者故杜言北夷韋言東北夷
吾何邇封之有　正義曰言我之封疆何近之有邇近也
文武至是為　正義曰傳稱虢仲虢叔王季之穆是文王母弟

也管蔡郕霍魯衛毛聃史記以為武王母弟也唐叔成王之母
弟也其康王之母弟則書傳無文文王周之始王故言文王文王未
得封諸侯也弟以同母為親故言母弟耳所封非同母者亦多矣
建為國君所以為藩籬屏蔽周室使与天子蔽鄣患難亦甚慮
後世子孫或有廢隊王命望諸侯共救濟之足為此也　豈如
至敝之　正義曰豈如弁髦因以敝之者弁謂緇布冠髦謂童
子垂髦凡加冠之禮先用緇布之冠斂括垂髦三加之後去緇布之
冠不復更用故云因以敝之令王自比豈得將王室如緇布冠加髦
之後不須復用因以敝之於言以我王家封建晉國之後因即棄而
不事之也　注童子至冠也　正義曰案禮未髻之時必垂
髦故云童子垂髦也士冠禮始冠緇布冠次加皮弁次加爵弁是
始冠必三加冠也其記冠義云始冠緇布之冠冠而敝之可也玉
藻亦云始冠緇布冠自諸侯下達冠而敝之可也鄭玄云本大古
耳非時王之法服也是言本古而暫冠既加而即棄是禮成而棄
其始冠故云弁髦而因以敝之也弁有爵弁皮弁嫌緇布之冠不

謂名弁故云弁亦冠也周禮弁師掌冕是為大名也列炫以為弁
弁髦二物以童子垂髦為髦彼兩髦又云因以敝之者謂親没不
髦案禮加冠以後親没以前身既成人猶有垂髦何得云童子垂
髦々既親没乃棄杜注何以不言親没也若三加之後棄弁不棄
髦杜注何得云棄其始冠故言弁髦因以敝之既連髦而言明非
親没之髦也髦之形象鄭注士喪禮云未聞　注言檮杌其
中　正義曰文十八年傳稱舜臣堯流四凶族渾敦窮奇檮杌
饕餮投諸四裔以禦螭魅先儒皆以為渾敦驩兜也窮奇共
工也檮杌鯀也饕餮三苗也此傳以晉率陰戎伐潁止須言饕
餮耳而云檮杌者略舉四凶之一耳下言四裔則三苗在其中可
知也若杜意說鯀當言居檮杌于羽山不須言四裔也　注允姓
至敦煌　正義曰此言主責陰戎知允姓陰戎之祖也言允姓
之姦者謂其姦邪之人惡言之也尚書云竄三苗于三危此言允
姓居于瓜州時同而人別知與三苗俱放於三危也　則戎焉
取之　正義曰焉猶何也若不由晉則戎何得取周之地也

注邑外至之地　正義云釋地云邑外謂之郊周禮載師掌任土之法具敘王畿之内遠近之次自國中以外有近郊遠郊次甸次稍次縣次都是郊外爲甸也陸渾之戎居伊洛之間是取周郊甸之地　戎在至王也　正義曰言我周存在於伯父有益如衣服云云　雖戎至一人　正義曰言伯父我親於周如首雖戎狄其何有恩義於我一人既無恩親侵我亦無可責

王有姻喪　正義曰隱元年傳云士踰月外姻至姻是外親故杜云外親之喪也服虔云婦之父曰姻王之后喪父於王亦有服義故往弔案妻父爲姻雖及氏稱王之納后必取諸侯之女后之父母不得身在京師往弔而已何以得致禭也以致禭言之知是外親之喪耳不知外親喪是誰死　陳水屬　正義曰陳顓頊之後顓頊以水德王天下故爲水屬也陳是舜後舜爲土德不近言土屬而遠繫顓頊爲水屬者蓋裨竈知陳將欲復更須取水爲占驗假此以爲言耳未必帝王子孫永與所承同德楚之先世嘗爲火官即以火爲楚象豈復五行之官後世皆依其行乎此

皆賢哲有以知之非吾徒所測　注火畏至之妃　正義曰
陰陽之書有五行妃合之說甲乙木也丙丁火也戊巳土也庚辛
金也壬癸水也木克土土克水水克火火克金金克木木畏金以
乙爲庚妃也金畏火以辛爲丙妃也火畏水以丁爲壬妃也水畏
土以癸爲戊妃也土畏木以巳爲甲妃也杜用此說故云火畏水
故爲之妃也服虔云火離也水坎也易卦離爲中女坎爲中男故
火爲水妃　注相治至火事　正義曰相訓助也主火而助
君爲治故以爲治也二十九年傳曰火正曰祝融顓頊氏有子曰
犂爲祝融楚世家云高陽生稱稱生卷章卷章生犂犂爲高
辛氏火正甚有功能光融天下帝嚳命曰祝融共工作亂帝使犂
誅之而不盡帝誅犂而以其弟吳回爲後復居火正爲祝融回生
陸終陸終生子六人六曰季連楚其後也是楚之先爲火正治火
事　注火心至置閏　正義曰襄九年傳曰心爲大火十七
年傳曰火出於周爲五月今經書四月陳災傳言火出而火陳火
始以四月出者長歷云閏當在此年五月後而在前年故火以四

月出也長歷以爲前年閏八月則此年四月五日得中氣二十日
得五月節故四月得火見　注水得至建陳　正義曰杜以
陳爲楚邑楚人在陳之與則楚衰故曰逐楚而建陳當得逐去楚
人之在陳者若穿封戌爲陳公者也但敺逐楚國之人於義甚通
劉炫乃改逐爲遁言火逃遁去楚而建立陳國而規杜非也
注妃合至陳傳　正義曰妃合釋詁文也易繫辭云天一地二
天三地四天五地六天七地八天九地十天數五地數五五位相
得而各有合鄭云天地之氣各有五五行之次一曰水天數也
二曰火地數也三曰木天數也四曰金地數也五曰土天數也此五者
陰無匹陽無耦故又合之地六爲天一匹也天七爲地二耦也地八
爲天三匹也天九爲地四耦也地十爲天五匹也二五陰陽各有
合然後氣相得施化行也是言五行各相妃合生數以上皆得五
而成故云五歲而陳將復封　注是歲是水衰　正義曰如
杜所注歲星每年而行一次至昭三十二年則歲星在寅未至於
丑其傳云越得歲而吳伐之故服氏以爲有事于武宮之歲龍

度天門禮十五年歲星從申越未而至午歷家以周天十二次々
別爲百四十四分歲星每年行一百四十五分是歲星行一次外
剩行一分積一百四十四年乃剩行一次故昭十五年得超一辰今
杜氏既無此義而三十二年歲星得在丑者但歲星之行天之常
數超辰之義不言自顯故杜不注若然楚卒滅陳在哀十七年則
歲星當踰鶉火至鶉尾而云五及鶉火者以顓頊歲在鶉火而滅
故裨竈舉大略而言云五及鶉火不復細言殘數雖至鶉尾亦經
由鶉火天有五星又大微宮中有五帝坐又四方中央亦有五是
天數以五爲紀故五及鶉火也歲星天之貴神所在之國必昌歲
在鶉火々得歲星之助火既盛而水則衰　注工樂師々曠也
正義曰禮記檀弓說此事云知悼子卒未葬平公飲酒師曠李
調侍知工即師曠也外嬖叔即李調也　注樂所以聰耳
正義曰樂以和心者從耳入故樂者所以聰耳大師掌樂務使君
聰故爲君耳將司聰也　注疾惡至忌日　正義曰訓疾
爲惡言王者惡此日不以舉吉事也尚書武成篇云時甲子昧

奭受率其旅君林會于牧野罔有敵于我師前徒倒戈攻于後
以北血流漂杵是紂以甲子喪也詩云韋顧既伐昆吾夏桀言昆
吾與桀同時死又十八年傳二月乙卯周毛得殺毛伯過而代之萇
弘曰毛得必亡是昆吾稔之日也又昆吾之死亦桀同日知桀以乙
卯亡也以此二王之亡爲天誅之日故國君以爲忌日惡此日也檀弓
云君子有終身之憂故忌日不樂鄭玄云謂死日也彼謂親亡之
日至此日而念親故忌此日不用舉吉事非是惡此日也此亦忌
日名同意異　注外嬖至嬖者　正義曰此言外嬖嬖孫即
李調是也禮記云調也君之褻臣也既云褻臣而謂之外嬖知是
外嬖大夫之嬖者猶晉獻公時有外嬖梁伍東關嬖伍　服以
至不明　正義曰吉有弁冕凶有衰麻禮有吉凶之異作衣
服以表之如此之類是服以旌禮也周禮司服六冕以祭祀皮弁以
視朝韋弁以即戎冠弁以田獵如此之類是禮以行事也傳稱哀有
哭泣樂有歌舞如此之類是事有其物言行事各有其物類也記
稱衰麻則有哀色端冕則有敬色介冑則有不可犯之色周禮

保氏教國子六儀一曰祭祀之容二曰賓客之容三曰朝廷之容四曰喪紀之容五曰軍旅之容六曰車馬之容少儀曰言語之美穆穆皇皇朝廷之美濟濟翔翔祭祀之美齊齊皇皇車馬之美匪匪翼翼鸞和之美肅肅雍雍如此之類是物有其容也君有卿佐之喪宜有悲哀之貌而與群臣飲酒作樂令君之容貌非其類也而女不見是不明也　味以至罪也　正義曰調和飲食之味以養人所以行人氣也氣得和順所以充人志也志意充滿慮之於心所以定言語也詳審言語宣之於口所以出號令也臣實主掌食味令工師不聰叔也不明二侍御者並失其官而君不出令以罪之必是食味失宜是臣之罪也　公說至而止　正義曰公心欲廢知氏故輕悼子之喪不廢飲酒得蒯以禮責之乃知君臣義重其禮不可輒廢為是悛而止悛改也改革前意也禮記之此文飲酒事同而其言盡別記是傳聞故與此異二者必有一謬當傳實而記虛也　注自叔至曰禮　正義曰襄二十年叔老聘齊至今二十年更不遣聘是邦交禮意久曠絶也殷訓盛也

令脩盛聘以無忘舊好故禮之必聘禮云小聘曰問不享有獻不及夫人主人不筵几不郊勞然則聘禮經之所言是大聘也王制云諸侯之於天子也比年一小聘三年一大聘鄭玄云小聘使大夫大聘使卿聘禮既是大聘使卿矣殷聘又當盛於大聘不知以何為盛或當享禮之物多矣　詩曰王子來　正義曰大雅靈臺之篇也言文王經始靈臺之基址其意勿使急成之但其衆民自以子成父事而來勸樂而早成之耳子成父事不得督帥故云子來以示民樂之意　十年注三大至從之　正義曰成二年鞌之戰魯四卿並書此三卿皆書重兵洋内故備書之其他國行兵唯書元帥而已略外也傳云平子伐莒取郠平丘又獨是執明是季孫為伐莒之主二子從之　注五同盟　正義曰彪以襄十六年即位其年盟于溴梁十九年于祝柯二十年于澶淵二十五年于重丘二十七年于宋不數元年魏舍是五同盟　注十一同盟　正義曰成以成十六年即位十七年盟于柯陵十八年于虛朾襄三年于鶏澤五年于戚九年于戲十一年于亳城北十

五年及向戌盟于劉十六年于溴梁十九年于柷柯二十年于澶
淵二十五年于重丘二十七年于宋元年于虢皆魯宋俱在凡十
三同盟杜意盟數多者不數特盟襄十五年向戌盟于劉及虢盟
不數故十一劉炫并數以規杜過非也如此數盟不同者或可將寫
誤　傳注歲々至玄枵　正義曰釋天云玄枵虛也顓頊之
虛々也郭璞曰虛在正北顓頊水德位在北方當以北方三次以玄
枵為中玄枵次有三宿又虛在其中以水位在北顓頊居之故謂
玄枵虛星為顓頊之虛也　居其至姜也　正義曰維者綱
也玄枵次有三宿女為其初女是次之綱維也居其維首謂星居
之也其玄枵維首而有妖異之星是以將死之妖告邑姜也邑姜
齊女告邑姜言其子孫當死也　邑姜晉之妣也　正義
曰曲禮云生曰母死曰妣鄭玄云妣之言媲々於考也邑姜唐叔之
母故為晉之妣也邑姜亦是成王之母而於周無奚任姜共守其
地而不告薛女氏則裨竈自知非吾徒所能測　成子至乎出
正義曰昔戊子之日逢公死其神以此日登天於時有星是此星

也於是婺女乎出爾時妖星出於婺女而戊子逢公死今此星亦
出婺女知戊子晉君當死也逢公死日星出婺女當時猶有書記
故裨竈得而知之　注逢公至曰卒　正義曰二十年晏子
說齊地云有逢伯陵因之則伯陵是逢君之始祖也周語說玄枵之次
云我皇妣大姜之姪伯陵之後逢公之所憑神也孔晁云大姜大王之
妃王季之母也女子謂昆弟之子曰姪伯陵大姜之祖逢公大姜之
姪伯陵之後逢公殷諸侯也然則伯陵之後世為逢君皆是逢公
未知戊子卒者何所名號也逢公死時妖星亦出婺女於時歲星
不在齊分故齊地之君身當其禍此時歲在。分故外孫當之齊
齊惠欒高氏　正義曰齊惠公生公子欒公子高々生子尾
尾生子良欒生子雅々生子旗々是欒孫良是高孫々以王父字
為氏皆出惠公故曰惠欒高氏也　遂伐虎門　正義曰周
禮師氏掌以美詔王居虎門之左司王朝鄭玄云虎門路寢門也
王曰視朝於路寢門外畫虎焉以明勇猛於守宜也司猶察也察
王之視朝若有善道可行者則當前以詔王彼師氏察王得失明

其近王故以虎門為路寢門此亦當然或以虎門非路寢門當是
宮之外門不与周禮同　注端委朝服　正義曰元年傳劉
定公謂趙文子云吾与子弁冕端委哀七年傳曰大伯端委以治
周禮則端委是玄云之服故云朝服鄭玄云諸侯与其臣皮弁以
視朔朝服以視朝其朝服玄冠緇布衣素積以為裳也　公卜
至用之　正義曰公卜卜亦樂高戰也靈姑銔者齊侯旌　旗
之名卜使王黑以此靈姑銔之旗率人以戰得吉也禮諸侯當建
交龍之旂此靈姑銔蓋是交龍之旂當時為之名其義不可知也
知是旗者以讀斷三尺而用之故知是旗　注莊六軌之道
正義曰釋宮云六達謂之莊舊說皆云六道旁出杜皆以一達為
一軌　曰詩至以霸　正義曰〻者柏子辭也既私施亦又言已
施之意大雅文王之篇錫賜載行周徧也言文王能布陳大利
以賜天下行之周徧此言文王之能施也柏公亦用此能施是以霸
諸侯焉得不務施乎言已多施為此也　詩曰至福哉　正義
曰小雅鹿鳴之篇也孔甚昭明佻偷也言君子之人為賓客德音

甚明其視下民不偷落苟且也偷之已謂甚矣而一同畜牲身之將誰肯福祐之哉佻偷釋言文李巡曰佻偷落之偷也孫炎曰偷苟且也　百兩　正義曰尚書武王戎車三百兩孔安國云兵車稱兩　非知至不足　正義曰尚書說命云非知之艱行之惟艱此言出彼意也非知之實爲難將在行之爲難也言子産語己己既知之知而不行所以自悔夫子子産知之矣知喪不用幣也我則知不足　書曰至敗禮　正義曰尚書大甲篇也孔傳云言己放縱情欲毀敗禮儀法度　難不慎　正義曰言人居身雖可不謹慎　詩曰至我後　正義曰正月大夫刺幽王也云父母生我胡俾我瘉不自我先不自我後注云父母謂文武也天使父母生我何故不長遂我而使我遭此暴虐之政而病此何不出我之前居我之後窮苦之情苟欲免身　平　正義曰謚法內外賓服曰平　元　正義曰謚法好建國都曰元　十一年注蔡侯至名告　正義曰蔡侯雖弒父而立實宜受討但立爲君於蔡已十三年楚子誘而殺之又刑其羣士不以弒父之罪討

之蔡大史深怨楚子故以楚子名赴告禮諸侯不生名書名是罪
絶之事以其名告欲使諸國之史書名以罪絶之也若是楚告不
當自罪其君知是蔡人告也公子圍殺君取國改名曰虔　蔡世
子　正義曰父既死矣猶稱世子者君死而國被圍未暇以禮即
位故國以世子告　傳桀克至其身　正義曰桀身奔南巢
故云喪國也紂首縣白旗故云隕身也　楚小至咎乎　正義
曰亟數也比於桀紂則楚小位下而數行暴虐甚於桀紂二王能
無咎惡乎　是以至没振　正義曰拯音烝之上者也方言
云出溺為拯拯是救助之義天之用楚如人用五材力盡而敝敝
則棄之是以無救助之者拯是救溺之名遂以救溺為喻也不可
沈没之後復振救之振亦救也言楚如没水不可救也　注金木
至棄捐　正義曰金木水火土五者之材皆為物用用久則必敝
盡敝盡則棄捐之捐亦棄也言天之用楚亦如此也　注簉
副至助之　正義曰禮有副車倅車皆謂副貳之車也簉亦副
倅之意妻為正適妾為副　貳薳氏之女先為副貳別居在外

故使泉丘人女與之聚居令副助而爲對偶之　於泉丘人
正義曰以傳並云宿於薳氏即連言生懿子及南宮敬叔謂薳氏
所生故傳顯云生懿子及南宮敬叔於泉丘人宜上屬
爲句　物以無親　正義曰物事也事事如此以是故無人
肯親我晉國　注著定至表著　正義曰著定謂佇立定處
故謂朝内列位常處也周禮司士正朝儀之位辨其貴賤之等王
南鄉三公北面東上孤東面北上卿大夫西面北上王族故士虎士
在路門之右南面東上大僕大右大僕從者在路門之左南面西
上鄭玄云此王日視朝事於路門外之位此是朝上之位貴賤有定
處也會有表亦是位之定處但著下言定則表亦是定故並言
會有表耳　俗本表下有旗謬也野會設表爲位亦當有物記處
如今之位版也謂之表著者杜意當以下文表著之位謂此也劉
炫謂下文有著有表二文不同以著定爲朝有著不得謂之表著
而規杜氏今知非者杜意當以下文會朝之言必聞于表著故於
朝有著之文并採下文會有表以配著故云謂之表著所以覆結

下文非躅著之一字即名表著也劉炫不達杜旨而爲規過非也
注野會至爲位　正義曰禮諸侯建旂設旂以爲表也周禮司
儀云將合諸侯則令爲壇三成宮旁一門覲禮云諸侯覲于天子
爲宮方三百步四門壇十有二尋深四尺上介皆奉其君之旂置
于宮尚左公侯伯子男皆就其旂而立鄭玄云置于宮者建之豫
爲其君見王之位也諸公中階之前北面東上諸侯東階之東西
面北上諸伯西階之西東面北上諸子門東北面東上諸男門西
北面東上尚左者建旂公東上侯先伯伯先子子先男而位皆上
東方也諸侯入壝門或左或右各就其旂而立王降階南鄉見之
是天子於野會諸侯設表以爲位也周禮大司馬中冬教大閱門
立四表是亦以設表爲位也盟主之會諸侯必亦旂表位大史聚
會亦應有以表位但無文以言耳　言不過步　正義曰言處
所聞不過一步　注貌正至曰從　正義曰洪範五事貌曰恭
言曰從其意云容貌當恭恪言是則可從是貌正曰共言順曰從
無守氣　正義曰言無守身之氣將必死　晉士至魯郊

正義曰傳稱文襄之制夫人喪士弔大夫送葬此言晉士送葬者蓋大夫來而士爲介未必士獨行也此士以公不感語史趙故特言士耳必爲魯郊言昭公必爲魯人所逐而出在郊 用隱太子于岡山 正義曰此時楚以畜牲用之世人爲之作謚必是蔡侯廬歸國乃追謚其父爲隱耳釋例土地名岡山闕不知其處經言以飯用之必是楚地山也 況用諸侯 正義曰在子雖未即位以其父既死則當君處故以諸侯言之甚之也 注五牲至犬鷄 正義曰尔雅以此五者并馬爲六畜周禮謂之六牲但馬非常祭所用故去馬而以此五者當之 不義 正義曰古者義臛之字音亦爲郎故魯頌閟宮楚辭招魂与史遊急就篇義与房將糠爲韻但近世以來猶以此地音爲郎耳 注子元至見殺 正義曰杜以子元爲鄭公子曼伯与檀伯爲一人莊公城櫟而置子元又使檀伯爲櫟邑大夫故厲公得因子元而殺檀伯劉炫以爲傳言城櫟以置子元當謂賜元以櫟則以元爲櫟邑之長若其別有大夫子元寄居於櫟便是城櫟以置檀伯

何言罷子元也若厲公因子元以殺檀伯則子元是櫟邑之一吏
耳豈是莊公城櫟之咎乎且桓十五年傳云鄭伯因櫟人殺檀伯
不言因子元也子元鄭之公子不得為櫟人也鄭衆云子元即檀
伯也厲公殺檀伯居櫟因櫟之衆偪弱昭公使至殺死案桓五年
傳云子元請為左拒即云曼伯為右拒則曼伯子元迭是為一以
規杜氏令知劉說非者案晋封桓叔于曲沃而以欒賓傅之鄭使
許叔居許而以公孫獲為佐楚使大子建居城父而以奮揚助之
並是一邑之內而有二人則莊公城櫟而置子元別有檀伯居櫟
何為不可子元共櫟邑之人而納厲公但此因棄疾在蔡故特指
子元桓十五年並明厲公之入故惣言櫟人辭有彼此不可為怪
刘又以子元為曼伯案隱五年傳云曼伯与子元潛軍々其後又
下云鄭二公子敗燕師于少制是子元非曼伯也刘妄規杜非也
注上古至朝廷　正義曰二十九年傳曰有五行之官是謂五官
木正曰句芒火正曰祝融金正曰蓐收水正曰玄冥土正曰后土是上
古金木水火土謂之五官也十七年傳云少皞氏紀於鳥為鳥師

而鳥名鳳鳥氏歷正也玄鳥氏司分者也伯趙氏司至者也青鳥
氏司啓者也丹鳥氏司閉者也是玄鳥丹鳥亦有五也彼傳又云
五鳩〻民者也五雉為五工正數皆有五蓋古立官之本以五為
常末世隨事施職是以官無常數不復以五耳今無字稱習古言
故云五大也言五官之長其人大大專國過節則不可居邊城將
據邊城以陵本國也五官之長大細弱則不勝其任不能使威行
於下將為人所陵亦不可居朝廷也賈逵云五大謂大子母弟貴
寵公子公孫累世正卿也鄭衆云大子晋申生居曲沃是也母弟
鄭共叔段居京是也貴寵公子若棄疾在蔡是也貴寵公孫若
無知食渠丘是也累世正卿衛甯殖居蒲孫氏居戚是也五細
賤妨貴少陵長遠間親新間舊小加大也不在庭不當使居朝
廷為政也此五大五細無字唯言五耳不知五者何謂故先儒各
自以意言之雖杜之言亦無明證正以彼必不通故改之耳
又并京　正義曰厲公并京傳無其事正以京櫟連言故云又并
京　注在莊至廩邑　正義曰渠丘為雍廩之邑傳無其

文以彼傳言雍廩殺無知此云齊渠丘實殺無知以此知渠丘是
雍廩邑也鄭衆以渠丘爲無知之邑無知不坐邑死何以言渠丘
殺無知兼亳非子游之邑渠丘不得爲無知邑　則害至不掉
正義曰宋殺子游齊殺無知乃是賴得大邑以討篡賊而謂之害
於國者以其能專廢置則是國害天子之建諸侯欲令蕃屏王
室諸侯之有城邑欲令指揮從己不得使下邑制國都故大城爲
國害也末大必折以樹木喻也尾大不掉以畜獸喻也楚語說此
事云制城邑若體性焉有首領股肱至於拇指毛脉大能掉小故
變而不勤夫邊境者國之尾也譬之如牛馬處暑之既至虻蝱之
既多而不能掉其尾臣亦懼之　十二年注三年至國都
正義曰劉炫云杜譜以偃與酀爲一亦云高傒玄孫案襄二十九
年傳云敬仲曾孫酀非玄孫也今知非者案世本敬仲生莊子
莊子生傾子傾子之孫酀是偃爲敬仲玄孫也經言于陽傳言于
唐知陽即唐也不言于燕未得國都与哀二年納蒯聵于戚同
注五同盟　正義曰嘉以襄九年即位其年盟于戲十一年于亳

城北十六年于湨梁二十年于澶淵二十五年于重丘二十七年于
宋元年于虢皆魯鄭俱在凡七云五者杜以其盟既多故皆據君
在盟會而言之襄二十七年是大夫之盟元年虢會讀舊書二者
不數故為五也或可字寫錯誤　注不書至師告　正義曰
傳稱使蕩侯潘子司馬督囂尹午陵尹喜帥師圍徐以懼吳楚子
次于乾谿以為之援如傳文則實圍徐也不書圍者不以所圍
之師告以乾谿援師告也　注不書至闕文　正義曰十五
年晉荀吳帥師伐鮮虞定四年晉士鞅衛孔圉帥師伐鮮虞二
者皆書將帥此獨不書將帥知是史闕或是告辭略史闕不得
書亦得言史闕文也穀梁曰其曰晉狄之也不正其與夷狄交
伐中國故狄稱之也賈服取以為説左氏無貶中國從夷狄之法
傳曰亡者侮之亂者取之又曰間攜貳覆昏亂霸王之器也鮮虞
夷狄也近居中山不式王命不共諸夏不事盟主伐而取之唯恐
知力不足焉有以夏討夷反狄中國從此以後用師多矣何以不
常狄晉更復書其將也杜以其言不通故難而異之　傳執用

至庸毀　正義曰用謂毀廟之具若今钁之類也庸亦用也
教其除道之徒執所用作具以停立而當用即毀廟也　司墓
之室　正義曰周禮墓大夫下大夫二人中士八人掌凡邦墓
之地域為之圖令國民族葬鄭之司墓亦當如彼此是掌公墓大
夫也言之室有當道者則服司墓自家之室故注以為徒屬之家
猶尚書注云玄孫之親言之以見高祖曾祖之弟皆親親相似注
堋下棺　正義曰周禮作窆禮記作封此作堋皆是葬時下
棺於壙之事而其字不同是字相近經篆隷而字轉易耳
為賦蓼蕭　正義曰享燕之禮自有常樂今特云為賦蓼
蕭者文四年衛甯武子來聘公與之宴為賦湛露及彤弓注云非
禮之常公特命樂人以示意則知此亦特命樂人所以嘗試華
定　昭子至不受　正義曰不懷不宣不知不受皆據華定
為文也詩云燕笑語兮言定當思此笑語與王相對也詩云為龍
為光定當應此寵光宣揚之也詩云令德壽凱定當知己有德
以荅須辭謝之也詩云萬福攸同定當受此同福荷君恩也各準

事而為之文　注憖魯至於策　正義曰此經書公子憖出奔齊名見於經則憖是卿也出奔既書於策如晉亦應書之今不書者杜以宣十八年書公孫歸父如晉歸父還自晉至笙遂奔齊傳稱歸父還至笙聞公薨乃壇帷復命於介然後出奔書曰歸父還自晉善之也彼善之故書其去又書其還此憖知已謀泄逃介而先不復命於君而還出奔故史不書於策言其為此故不書其如晉也劉炫云杜以憖還不復命於介而奔止可不可書其還何故如晉亦不書也此蓋謂君使臣聘必嘗告廟告廟乃得書於策公歸告復不告使憖故不書如晉今刪定以為憖初欲謀亂魯國而往聘晉魯人責其謀亂不復命故賤而不錄其聘也出奔書者榮其罪人斯得故顯而書之也劉以為出聘不告廟故不書而規杜氏案不復命而奔傳有其事公子憖不告廟傳無其文以無文之事妄規杜氏非也　子產至於享　正義曰僖九年宋桓公卒未葬襄公會諸侯故曰子是先君未葬有從會之禮也鄭偪於楚以固事晉故父雖未葬朝晉無君不得已而行於情

而許也諸侯相享々必有樂未葬不可以吉故辭享為德禮
投壺　正義曰禮記有投壺之禮其文無相呪辭此中行穆者
子與齊侯皆有言辭者投之中否似若有神故設為此語或可投
時皆有言語禮自不載之耳伯瑕責穆子唯言壺何為焉其以中為
儁責其失辭不云法不言是投壺皆有言也凡宴不射即為投壺
投壺之禮壺去席二矢半司射執八筭東面投壺如射三而止其
矢室中五扶堂上七扶庭中九扶鋪四指曰扶々四寸也筭長尺二
寸壺頸脩七寸腹脩五寸口徑二寸半容斗五升壺中實小豆焉
為其矢之躍而出也小豆取滑且堅矢以柘若棘毋去其皮取其堅
且重也舊說矢大七分　注淮水名坻山名　正義曰杜以淮
為水名當瀆之淮也劉炫以為淮坻非韻淮當作濰又以坻
為水中之地以規杜氏今知不然者以古之為韻不甚要切故詩
云汎彼柏舟在彼中河髧彼兩髦實維我儀又云為絺為綌服之
無斁伐何斁綌尚得為韻淮坻相韻何故不可此若齊侯之語容
可舉齊地濰水此是穆子在晉何意舉齊地水乎又酒肉相對多

少相似案尔雅小洲曰陼小陼曰沚小沚曰坻何以坻之小地對淮之大水故杜以坻為山名刘炫又以山無名坻者案楚子觀兵於坻箕之山坻非山乎刘以此規杜失非也　注澠水至阜也

正義曰釋例云澠水出齊國臨淄縣北經樂安博昌縣南界西入時水釋地云大阜曰陵　成虎　正義曰經書熊傳言虎者此人名熊字虎傳言其字經書其名字相覆猶伯魚名鯉

注鮮虞至陽城　正義曰宣十五年晉師滅赤狄潞氏十六年晉人滅赤狄甲氏及留吁成三年晉郤克衛孫良夫伐廧咎如傳曰討赤狄之餘焉是赤狄已滅盡矣知鮮虞與肥皆白狄之别種也杜以昔陽為肥國之都樂平沾縣東有昔陽城疑此為都也下注云鉅鹿下曲陽縣西南有肥累城復疑肥國取彼肥為名也刘炫以為齊在晉東偽會齊師當自晉而東行也假道鮮虞遂入昔陽則昔陽當在鮮虞之東也今案樂平沾縣在中山新市西南五百餘里何當假道於東北之鮮虞而反入西南之昔陽也既入昔陽而别言滅肥則肥與昔陽不得一安何以昔陽為肥國之為

都也若昔陽即是肥都何以復言鉅鹿下曲陽有肥累之城疑是肥名取於彼也肥為小國竟必不遠豈肥名取鉅鹿之城都於樂平之縣也十五年荀吳伐鮮虞圍鼓杜云鼓白狄之別鉅鹿下曲陽縣有鼓聚炫謂肥鼓並在鉅鹿昔陽即是鼓都在鮮虞之东南也二十二年傳云晉荀吳使師偽糴者負甲以息於昔陽之門外遂襲鼓滅之則昔陽之為鼓都斷可知矣今杜以昔陽為肥國都是者以傳云遂入昔陽即云壬午滅肥是因入而滅之故云昔陽肥國都也昔陽既在樂平沾縣而杜又云鉅鹿下曲陽縣西南有肥累城相去遠者以肥是本封之名後還於昔陽猶若杞國本都陳留後還緣陵鄭本都京兆後還新鄭与此何異且昔陽今屬廣列云下曲陽道路非遠在中山南二百許里刘炫自云肥之与鼓俱在曲陽是知肥累城与昔陽不甚懸絕刘意欲破杜乃云樂平沾縣在中山新市西南五百餘里又自云昔陽鼓國都与肥相近在中山东南是自相矛楯也然鮮虞在北昔陽在南所以得假道鮮虞遂入昔陽者荀吳意欲滅肥恐肥國防備故從晉之北竟偽

欲东南而行徃會荀師故先廻路假道鮮虞南入昔陽如湯之伐桀过路從陑出其不意故也且杜君土地例称有者皆疑辭故杜云樂平沾縣东有昔陽是疑而不定又且都縣移動古今不一則晉時樂平沾縣何知不是今之昔陽但肥都昔陽与鼓相近晉既滅得肥國故二十二年息昔陽之门外遂襲鼓而取之昔陽非鼓都也劉意好異聞妄規杜過非也　注原伯絞周大夫　正義曰杜以原伯絞為周大夫甘簡公為周卿士此無明據以意言耳

季悼至為卿　正義曰悼子之卒不書於経則是未為卿也其卒當在武子之前平子以孫继祖武子卒後即平子立也傳言悼子卒者欲見昭子為卿遠在平子之先　注十年至三命　正義曰十年平子伐莒名書於経即平子於時已為卿矣釋例曰魯之叔孫父兄再命而書於経晉司空亞旅一命而経不書推此知諸侯之卿大夫再命以上皆書於経自一命以下大夫及士経皆称人名氏不得見也劉賈云春秋之序三命以上乃書於経頴氏以為再命称人傳云叔孫昭子三命踰父兄昭公十年昭子始加三命

先氏叔孫皆自見經知所書皆再命也是杜檢傳文知再命書名平子伐莒書名知其已再命矣平子伐莒克之昭子不伐莒也昭子無功而更受三命知平子以功加三命昭子以例加爲三命也

注言昭至先人　正義曰禮記文王世子云其朝于公内朝庶子治之雖有三命不踰父兄鄭玄云治之治公族之禮也唯於内朝則然其餘會聚之事則与庶姓同一命齒于鄉里再命齒于父族三命不齒不齒者不在父兄行列中也彼言三命不踰父兄者自謂在公内朝位在父兄下耳非謂不得受三命踰父兄也叔仲子欲搆二家因禮有三命不踰父兄之法遂言昭子受三命自踰其先人以此爲非禮也平子初得其言不甚曉解故使昭子令自貶黜見昭子不服乃自知其非故懼而歸罪於叔仲子也昭子無兄叔仲子引禮法速言之耳

注言及至書出　正義曰凡言出奔皆自内而出文七年晉先蔑奔秦先在秦地因即秦之故不言出也歸父還自晉至笙遂奔齊笙在魯之竟外故不言出也此言及郊已入魯竟傳言及郊解經所以書出

注恤々

至之貌　正義曰釋詁云恤憂也故以恤々為憂患之意也湫是湫隘故以湫為愁隘之意也詩云攸々旆旗故以攸為懸危之貌也言南蒯之心若此　深思至君圖　正義曰深思而淺謀思慮深而知計淺言其知小而謀大也近身而遠志身卑近而志高遠言其越以求通也家臣而君圖為家臣而謀君事言其非已所當為也上二句言其心下一句指其事為下句而發上句故注倒言也　南蒯枚筮之　正義曰禮有銜枚所銜之木大如箸也今人數物云一枚兩枚則枚是籌之名也尚書大禹謨舜禅禹々讓不受請帝枚卜功臣惟吉之從孔安國云枚謂歷卜之而從其吉彼謂人下一籌使歷卜之也此則不告筮者以所筮之事空下一籌而使之筮故杜云不指其事汎卜吉凶也或以為杜云汎卜吉凶謂枚雷總卜如禮云無雷同是總衆之辭也今俗語云枚雷則其義理或然也　以為大吉　正義曰筮遇此文而辭云黄裳元吉南蒯自以為所謀之事必大吉　注坎險至為忠　正義曰坎彖云習坎重險是坎為險也　説卦云坤順也六

五爻變則上體爲坎〻有險難故爲剛彊也坤道和順故爲温柔
也剛彊以禦難柔順以育正故外彊而能内温所以爲忠也
注水和至本也　正義曰坎爲水〻性和柔坤爲土〻性安正
率循也貞正也用和柔之性以循安正道既和且正信之本故爲
信也　故曰黃裳元吉　正義曰天下之事雖則萬端揔之
猶法大段忠信而已能忠能信無施不可以爲忠信故曰黃裳元
吉解此爻辭之意　黃中至弗當　正義曰既言爻爲此辭
之意又解此辭所言之義也五方則爲五色也黃是中央之色也衣
裳所以飾身裳是在下之飾也元者始也首也於物爲初始於人
爲頭首元是善之長也五方之中猶人之心中〻不忠則不得
其黃之色也身體之下猶名位之下爲下不共則不得其裳之飾
也舉事不善則不得其善之中言爲事不中則非善之長也更
覆言忠共善三者之義外内倡和爲忠言君在内臣在外君倡臣
和不相乖違是名爲忠也行事以信無有虚詐是名爲共也人也
爲德有正直剛柔供養此三者之德使其德無愆乃名爲善也非

此三者忠也共也善也則於此卦不當也不當此卦雖吉不可
注失中德　正義曰極訓為中不得其中言其失中德也此文
以上二句類之當云善不極不得為長文不然者惠伯之語雖反
覆相疊不可字字相對隨便而言故与上不類　注率猶行
也　正義曰率訓循道而行故率猶行也　注三德至克
也　正義曰洪範三德一曰正直二曰剛克三曰柔克孔安國云正
直者能正人之曲直剛克者剛能立事柔克者和柔能治三者皆
人之性也剛則失之於彊柔則失之於弱故貴其能剛能柔彊剛
不苦酷柔不滯溺也供養三德為善者剛則抑之柔則進之以於
意供給長養之使合於中道各成其德乃為善也董遇注本為共
養解云盡共所以養成三德也　且夫至求也　正義曰且
夫易猶此黃裳元吉之易也唯可以占忠信之事不可以占危險
之事也問筮蒯令將欲為何事也且可飾乎言此易所占唯且可
為在下之飾乎不可為餘事也中美能黃忠分黃也上美為元善
則元也下美分裳共則裳也忠善共三者皆成可如此筮之言

吉也三者猶有所闕筮雖吉未可用也　注史易至之飾
正義曰惠伯指論此卦而言史易亦是漫言易故知史易猶言史
易謂此黃裳元吉之易卦也險謂危險言此卦不可以占危險之
事心疑南蒯事險故問將何事也且可為下之飾也欲令南蒯從
下之飾為共　鄉人至士乎　正義曰鄉人以南蒯季氏家臣
而欲反害季氏故為歌以感切之也圃者所以殖菜蔬也杞亦可
食之物我有圃生之杞以喻南蒯在貴欲為亂也若能從我之言
不為亂者是為子也子者男子之美稱不失尊貴乃為子也去我
而背叛者鄙賤之行也倍其鄰近者恥惡之事也若已乎已
乎自遂其心不肯改者則不復是吾黨之士乎　釋木云杞枸檵含
人曰向杞也　注已乎至不改　正義曰杜此解原南蒯之意
蒯若云此事已乎已乎自遂其心如不肯改則此南蒯亦復是吾
黨之士也服虔云已乎已乎決絕之辭則謂歌者自言已意可已
乎已乎此南蒯令已亦是吾黨之士　注秦所遺羽衣　正義
曰文在冠下冐上知是衣也目之以秦明是秦所遺也冐雪服之

知是毛羽之衣可以禦雨雪也　翠被　正義曰釋鳥云翠
鷸樊光云書出交州李巡曰其羽可以飾物郭璞曰似鷰紺色
生鬱林鄭子臧好鷸冠以此鳥之羽飾冠　僕析父從
正義曰劉炫以為僕析父從右尹子華夕見於王為下与華語張本
以規杜令知不然者若僕析父共子華二人同時見王々与之語則
二人並在子華獨對傳應云子華對曰不得直云對故杜以為右
尹子華將夕故下即云對事理分明劉妄規杜過也　注楚
始封君　正義曰此与呂級王孫牟燮父禽父杜所注者皆是
世家文也燮父禽父亦王孫傳於牟言王孫燮禽亦蒙之
注四國至之器　正義曰書序云武王既勝殷邦諸侯班宗彝
作分器旅獒云明王慎德四夷咸賓無有遠邇畢獻方物惟服食
器用王乃昭德之致于異姓之邦無替厥服分寶玉于伯叔之國
時庸展親魯語云古者分同姓以珍玉展親也分異姓以遠方之
職貢使無忘服也是言諸侯皆得天子之分器也定四年傳稱分
魯公以夏后氏之璜封父之繁弱分康叔以大呂之鐘分唐叔以

密須之鼓闕鞏之甲沽洗之鍾其齊之所得則皆以言之　注陸終至是宅　正義曰楚世家云陸終生子六人坼剖而產焉一曰昆吾二曰參胡三曰彭祖四曰會人五曰曹姓六曰季連季連芉姓楚其後也昆五是楚之遠祖之兄也舊許是宅昆吾嘗居許地許既南遷故云舊許是宅其地時屬鄭故云鄭人貪賴其田而不我與哀十七年傳衛侯夢見人登昆吾之觀北面而譟曰登此昆吾之虛杜云今在濮陽城中蓋昆吾居此二處未知孰爲先後也　注四國至不羹　正義曰劉炫以爲楚語云靈王城陳蔡不羹使僕夫子晳問於范無宇曰今吾城三國賦皆千乘亦當晉矣諸侯其來乎對曰是三城者豈不使諸侯之懼焉彼再言三城無四國也縱使不羹有二或當前後遷焉地是並有二也炫規古四字積畫四當爲三以規杜過今知不然者以三之與四古雖積畫錯否難知但今諸儒所注春秋傳本並云四國無作三者國語是不傳之書何可執以爲真而攻左氏劉雖有所規未可從也　注破圭以飾斧柄　正義曰斧柯長三尺和氏之玉長一

尺二寸圭玉此爲斧柄之物故知破之爲飾　注皆古書名
正義曰孔安國尚書序云伏犧神農黄帝之書謂之三墳言大
道也少昊顓頊高辛唐虞之書謂之五典言常道也八卦之説
謂之八索求其義也九州之志謂之丘丘聚也言九州所有土地
所生風氣所宜皆聚此書也楚左史倚相能讀三墳五典八索九
丘即謂上世帝王遺書也周禮外史掌三皇五帝之書鄭玄云
楚靈王所謂三墳五典是也賈逵云三墳三王之書五典五帝之
典八索八王之法九丘九州亡國之戒延篤言張平子説三墳三禮
禮爲人防尔雅曰墳大防也書曰誰能典朕三禮三禮天地人之
禮也五典五帝之常道也八索周禮八議之刑索空空設之九丘
周禮之九刑丘空也亦空設之馬融説三墳三氣陰陽始生天地
人之氣也五典五行也八索八卦九丘九州之數也此諸家者各
意言皆無正驗杜所不信故云皆古書名　注謀父至詩逸正
義曰尚書酒誥云若疇圻父是祈父爲官名也詩小雅有祈父
之篇其詩云祈父予王之爪牙胡轉予于恤毛傳云祈父司馬也

職掌封圻之甲兵鄭箋云此司馬也時人以其職號之故曰祈父杜
用彼詩故云祈父司馬也掌甲兵之職也祈既是官故以招爲其
名謂穆王之時有司馬之官其名曰招也祭公方諫遊行故指
司馬官而爲言也賈逵云祈求也昭明也言求明德也馬融以
圻爲王圻千里王者遊戲不過圻內昭明也言千里之內足以
德　祇宮　正義曰馬融云圻內遊觀之宮也杜不解蓋以爲
王離宮之名也　其詩至之心　正義曰穆王之時有祈父官
名招即是司馬官也職掌兵甲常從王行祭公諫王遊行設言
以戒司馬也言祈招之愔愔美其志性安和愔愔然也女當用此
職掌以明我王之德音也思使我王之德度用如玉然用如金然
使之堅而且重可寶愛也若用民力當隨其所能而制其形模依
此形模用民之力而無有醉飽盈溢之心也以王之遊行必勞擾民
力故令依法用之　法言國至之心　正義曰言國之用民當隨
其力任量其力之所堪而任用之不使勞役過其所堪也如金冶之
器隨器而制形者鑄冶之家將作器而制其模謂之爲形令代猶

名焉用民之力依模用之故言殺民之力也食充其腹謂之飽酒卒其量謂之醉醉飽者是酒食饜饜足過度之名也穆王用民之力不知饜足故令去其醉飽過盈之心　克己復禮仁也

正義曰劉炫云克訓勝也己謂身也有耆慾當以禮義齊之耆慾与禮義交戰使禮義勝其耆慾身得歸復於禮如是乃爲仁也復反也言情爲耆欲所逼已離禮而更歸復之今刊定云克訓勝也己謂身也謂身能勝去耆慾反復於禮也

春秋正義卷第二十八

計一万七千九百八十一字

春秋正義卷第二十九　　　　昭公

國子祭酒上護軍曲阜縣開國子臣孔穎達等奉

十三年注不書至告廟　正義曰定八年傳云陽虎入于讙陽關以叛注云叛不書略家臣則此亦為略家臣故不告廟也以不告廟故史不得書二注互相備　注比去至赴之　正義曰傳稱修陳蔡人以國許復其國而藉其力故書為歸言是陳蔡納之釋例曰韓魏有耦國之彊陳蔡有復國之端故晉趙鞅楚之公子比皆稱歸從諸侯納之例言非晉楚之所能制是其義也　計靈王無道於國其弒不應稱臣又比為觀從所誑迫脅而立比是弒君首謀而反書比弒君者比歸而王死故書比弒其君比雖被脅而立靈王為比而死雖非比弒猶以弒君。罪之加比哀六年注云楚比劫立陳乞流涕子家憚老皆疑於免罪故春秋以而書之以為弒主釋例曰若鄭之歸生齊之陳乞楚之公子比雖本無其心春秋之義亦同大罪是以君子慎所以立也其意以為弒君之惡惡之大者雖則本無其心君實由之而死若舍而不責則下無所惡故書其名成其罪所以示來世勸後人為教之遠防也靈王見弑實無道但欲見比罪故稱臣名非言靈王為有道猶如宣二年晉趙盾弑其君夷皋釋例曰傳言靈公不君又以明於例此弑宜稱君也弑非趙盾而經不變文者以示良史之意深責執政之臣彼為章盾之罪稱臣名此亦為章比之罪稱臣名非言靈王不合弑稱君也又傳稱五月王縊于芋尹申亥氏後年申亥以王柩告則靈王死在五月其死又不在乾谿而經書四月比弑其君虔于乾谿者楚人生失靈王告時未知死否但以乾谿之地失王以為王必死矣本其始禍故以四月弑君赴也劉炫云比以四月敗既敗而王死故以云云同　注比雖至棄疾　正義曰釋例曰諸侯不受先君之命而篡立得與諸侯會者則以成君書之齊商人蔡侯般之屬是也若未得接於諸侯則不稱爵楚公子棄疾殺公子比蔡人殺陳佗齊人殺無知衛人殺州吁公子瑕之屬是也諸侯篡立雖以會諸侯為正此列國之制也至於國內策名

委質即君臣之分已定故諸殺不称君亦与成君同義也傳曰会
于平州以定公位又云若有罪則君列諸会矣此。会為斷也衛以
州吁斉無知皆弑君自立其死称人以殺此比亦弑君而立不称人
以殺而云棄疾殺者棄疾利比之位而殺之其意不以為討賊不
称人所以罪棄疾也釋例云比既得國々人驚乱棄疾從而扇之
比懼自殺皆棄疾之由故書公子棄疾殺公子比是言不称弑其
君又説罪棄疾之意也　注魯不至不諱　正義曰宣七年公
会晋侯云々于黒壤傳曰晋侯之立也公不朝焉又不使大夫聘
晋人止公于会盟于黄
之也彼公不与盟諱而不書此書之者彼不相朝聘公實有罪諱
國之悪故不書其盟此時公實無罪非是國悪故書而不諱　襄
三十一年傳曰晋公室卑政在修家韓宣子為政不能圖諸侯
魯不堪晋求讒慝弘多是以有平丘之会此年傳云邾人莒
人愬于晋曰魯朝夕伐我幾亡矣注云自昭公即位邾魯同好
又不朝夕伐莒無故怨（怨）愬晋人信之所謂讒慝弘多是言晋侯

讒言云無罪非國惡故不諱也　注陳蔡至曰歸　正義曰公
羊傳曰此皆滅國也其言歸何不與諸侯專封也其意言諸侯
不得專封不與楚封陳蔡使若陳蔡之君自國而歸之然
以是故稱爵言歸若言各自有爵非由楚也杜以傳言平生
故稱爵以歸國非入國始爲君也禮諸侯不生名二君皆書名
者稱爵以其受封于楚書名以其未成爲君稱名稱爵兩見之
也諸侯納之曰歸成十八年傳例　注例來至曰滅　正義曰例
來楚邑不繫者大都以名通者例皆不繫國用大師焉曰
滅襄十三年傳例　傳非也　正義曰非三代服叛之道也　民
疾至聚也　正義曰季氏既執貴人人皆憎疾季氏而叛之爲
南氏之積聚也　楚子至而行　正義曰易稱善不積不足以成
名惡不積不足以滅身小人以小善爲無益而弗爲以小惡爲無

傷而弗去也故惡積而不可掩罪大而不可解至於滅身也申
之至戮辱　正義曰王肅云越大夫常壽過也申之會經書淮
夷而不書越者以常壽過有罪不得列會故不書越也戮者陳
其罪惡以徇諸軍言將殺之終亦不殺過至今在楚故怨而作
乱　故遂至成然　正義曰言族者以掩既被殺唯有族存故
言族也韋龜成然皆被奪邑所以不數韋龜而獨數成然者
以是時韋龜已死故不言之上言奪邑者積王之惡見成然怨
恨之深猶父子被奪故也　圍固至居之　正義曰圍固城之
固者克息舟息舟即是其一也以圍時有所毀故更城而居之
注故蔡大史蒼子之子　正義曰言故蔡大史者此時蔡滅見
為楚縣吳令在蔡其父先為蔡国大史故云故蔡大史蒼子
之子也　強与之盟　正義曰二子聞此蔡公之命欲還故觀
従強与之盟遂入襲蔡　依陳蔡人以國　正義曰二子更無
兵衆唯依倚陳蔡人耳以國者許為復其國以此招慰之　蔡公
至而已　正義曰蔡公知之知陳蔡人之情也蔡公楚之公子猶

尚各惜本國恥有報讐之名築疊以示後世故請藏而已　正
僕人　正義曰大僕也周禮下大夫二人　注棘里名闈門也
正義曰吴語云昔楚靈王不君其臣箴諫不入其民不忍飢勞
之殃三軍叛王於乾谿王獨行屏營彷徨於山林之中三日乃
見其涓人疇王呼之曰余不食三日矣疇趨而進王枕其股以寢
於地王寢疇枕王以塊而去之王覺而弗見也乃匍匐將入於棘
闈棘闈不納乃入芋尹申亥氏焉孔晁曰棘楚邑闈門也案襄
二十六年傳言吴伐楚克棘四年傳言吴伐楚入棘以棘為邑
或是也　注癸亥至月誤　正義曰此癸亥之日實在乙卯丙
辰之後傳先言之者因申亥求王遂言王縊是傳終言之也既
以五月繫癸亥之日而乙卯丙辰亦是五月之日雖則言有顛倒
即令蒙此五月之文也劉炫云杜注經書四月誤案上經注云
靈王實以五月死楚人生失靈王本其始禍以赴兩注不同以為
杜非今知不然者以其生失靈王不知死在五月遂以四月始禍
言靈王之死是其錯誤之事於文似異義實一也劉以為二注

文異而規杜氏非也　注不成至之敖　正義曰郟敖与此訾敖
皆不成君无號謚也元年傳云葬王于郟謂之郟敖此云葬子
干于訾實訾敖並以地名冠敖未知其故又世家楚之先君有
若敖霄敖皆在位多年亦稱為敖不知敖是何義　楚師還
自徐　正義曰上云師及訾梁而潰此又云楚師還自徐者
上所云者是乾谿援師此謂蕩侯等五子伐徐師故杜云前年
圍徐之師　注復九年所遷邑　正義曰成十五年許遷于葉
九年傳云遷城父人於陳遷方城外人於許令復遷邑則許還
復葉方城外与城父人各復其本　臣過至致也　正義曰言臣
罪過遍失君命遺忘之求之致与也　子毋勤　正義曰言子
毋以見使為勤勞　尚得天下　正義曰謂得為天子也
注群望星辰山川　正義曰楚語云天子徧祀群神諸侯祀天
地三辰及其土之山川孔晁云三辰日月星也祀天地謂二王
後也非二王後祭分野山川而已又元年傳云辰為商星參為晉
星是諸侯得祭分野之星知此群望是星辰山川於十二次鴻

尾為楚當祀翼軫之星及其國內山川哀六年傳曰江漢睢漳
楚之望也其山蓋荊山衡山之類 徧以璧 正義曰謂以一璧
徧見諸神若神各一璧其璧乃多明無不當其上 注巴姬共
王妾 正義曰知者襄十二年傳云楚司馬子庚聘于秦為夫
人寧禮也彼秦女是夫人明巴姬是妾 亡無愛徵 正義曰
子干之亡楚人無愛念之徵驗也 先神命之 正義曰楚國既
封即有三望三望起於先代故曰先神 其貴至棄矣 正義
曰亡無也其貴位則無矣其寵愛之者又棄矣然則父死棄疾
寵亦棄獨言子干者以子干母賤唯恃父寵父寵又棄矣則無
恃託故專屬子干 注國氏高氏 正義曰僖十二年傳管仲
云有天子之二守國高在是也 注魏犨至所賢 正義曰上
言五人並舉其數下說四士獨據有賢也五人內不數賈佗者
佗以公族從文公不在五人之數也蓋叔向言之意所將為賢即
言之 國有奧主 正義曰室內西南隅謂之奧奧是內之義奧
主國內之主故謂棄疾也 水道不可 正義曰吳地水行故

謂水道不可謂水路不通吳子既辭晉侯乃還而平丘之會
幄幕九張　正義曰周禮幕人掌帷幕幄帟綬之事鄭玄
云王出宮則有是事在旁曰帷在上曰幕皆以布為之四合象
宮室曰幄王所居之帳也帟王在幕若幄中坐上承塵幄
帟皆以繒為之凡四物者以綬連繫焉然則幕與幄異幕大而幄
小幄在幕下張之幄幕九張蓋九幄九幕也　蒭蕘　正義
曰周禮充人掌繫祭祀之牲牷祀五帝則繫于牢蒭之三月
說文云蕘薪也從艹然則蒭者飼牛馬之草也蕘者共燃火之
草也　為此役　正義曰言樵穌為此採蒭蕘之事也　注
董督至多也　正義曰釋詁云董督正也是董為督也　又云庸
勞勞亦功也討之有辭則前敵易克故功多也　天子之
老　正義曰上注云獻公王卿士此注云天子大夫稱老老者是
大夫公卿之揔名詩云方叔元老毛傳云方叔卿士命而為將是
卿士稱老也曲禮云五官之長曰伯自稱於諸侯曰天子之老彼謂
三公者如彼文則三公不得稱天子之老卿亦得稱老者彼說三

公之事言三公之自称不言卿之自称不得因三公也曲禮文
云諸侯使人於諸侯使者曰寡君之老諸侯之使尚得称老明
知天子之卿得称天子之老也 元戎至啓行 正義曰詩小雅
六月之篇也元大也大戎戎車之大在軍前者也啓開行道常訓
耳 焚向至余矣 正義叔向此言論聘朝會盟四事意在
言盟并說會朝聘為次序耳國家之所以敗也有交好之道
而無貢賦之業 交好之事不得常矣有貢賦之常而
無上下之禮事雖有常則不次序矣有上下之禮而無可畏之威雖有
次序則不共敬矣有可畏之威而不昭告神明雖為共敬則不
明著矣信義不明棄共敬也承事不共敬棄次序也班位不序
棄常度也徵會不常棄事宜也事既棄矣則百事不終
國家所由傾覆只為此也聖人知其不可是故明王之制使諸侯
每歲令大夫一聘天子以志識貢賦之業間一歲諸侯親自入朝
以講習上下之禮天子於諸侯再朝而一大會以示可畏之威再
會而一為盟誓以顯諸侯之昭明者也志識貢賦之業 在於交

好故使聘也講習上下之禮在於等差故使朝也亦可畏之威在於衆聚故為會也昭明德之信在於告神故為盟也自古以來遵行此法未之有失也國家存亡之道恒由是與為之則存廢之則亡存亡起於此也今晋以先王之禮主諸侯之盟懼諸侯之事有不治理者是兼脩盟所用之犧牲以來至此而有諸侯君求終竟盟約之事也君言曰令余必廢之何脩盟之有必於此猶唯君自圖謀之寡君聞君之命矣言晋知脩必背盟即欲與之戰

注業貢賦之業　正義曰下句再復述此事云歳聘以志業每年聘者所以共貢賦耳知此業者是貢賦之業也下又云志業於好說聘事而謂之好則好謂交好諸侯天子雖尊卑不同亦是交好然則有事者謂有交好之事也不經者經訓常也謂交好不常也或聘不以時或貢賦不充是不常也　注威須至義著　正義曰昭亦明也昭為昭告神祇明謂信義明著言會雖　示威威猶未著必須昭告神明以要束其心而後天子信義始得明著於天下矣　注信義至不成　正義曰杜以信義不明威無可畏

則是棄威也不畏威則禮不行是棄禮也无禮則无經无經則无
業故百事所以不成劉炫以此傳四文皆緣上而致下事甚上
則事業禮威所致則經序共明傳既言不明棄共自然當云不
共棄序不序棄經不經棄更令杜云不明則棄威不威棄禮
无禮無經無經無業以杜違背傳文而規杜失令知劉義非者杜
以不明棄共不共棄序不序棄經不經棄更自是傳文分明但
傳云百事不終明知非從棄共棄序其威禮而棄也杜与傳共
爲表裏非是違傳劉不解杜意妄爲規過謬矣　注志識至
職業　正義曰志是記識故爲識也歲歲使於天子所以獻其貢
賦令諸國各自記其職貢是脩其職業也　注三年至之序
正義曰間朝者據聘爲言也既云歲聘因從聘歲爲始更間
一乃朝故知間朝是三年而一朝也朝以正班爵之義卒長幼
之序与下注令以訓上下之則制財用之節皆莊二十三年傳文也
注十二至之下　正義曰顯昭明三字皆爲明也十二年而爲一盟
者大明黜陟之法猶使之有明德者襃顯升進之於此盟以然

顯諸侯有昭明之德者皆誓神明所以昭明王之信義以示黜陟必有信也計此十二年間凡八聘四朝再會一盟方嶽之下也尚書周官曰六年五服一朝又六年王乃時巡考制度于四岳諸侯各朝于方岳大明黜陟如彼文六年五服諸侯一時朝王即此再朝而會是也此傳之文與尚書正合杜言巡守盟于方嶽謂與彼義符同以此是周典之舊法也而周禮之文不載此法大行人云侯服歲壹見其貢祀物甸服二歲壹見其貢嬪物男服三歲壹見其貢器物采服四歲壹見其貢服物衞服五歲壹

歲壹見其貢貨物先儒說周禮者皆以彼為六服諸侯各以服數來朝與此傳文無由得合先達通儒未有解者古書亡滅不可備知然則尚書周官是成王號令之辭尚書之言定是正法左氏復與彼合言必不虛周禮又是明文不得不信蓋周公成王之時即自有此二法也又周禮每歲一見唯言貢物何必見者即是親朝各計道路短長或當遣使貢耳先儒謂彼為朝未有以據大行人又云十有二歲王巡守

殷國巡守之歲周禮同尚書六年一朝尚書何必違禮又大宗
伯云時見曰會殷見曰同鄭玄以爲時見無常期也諸侯有不
順服者王將有征討之事合諸侯而命事焉十二歲王如不巡守
則六服盡朝朝禮之殷見鄭以時見無常期者出自鄭之意耳
非有明文可據也殷見是此再會而盟時見當此再朝而會未
必即如鄭說時見爲無常期也蓋此傳及尚書是正禮也大行
人歲一見者是遣使貢物非親朝也今此上聘朝會無以爲諸
侯於天子之禮然諸侯相朝亦當然也故云志業於好講禮於
等示威於衆其昭明於神無天子於諸侯之禮然王官之伯及
霸主亦得與諸侯爲盟故晉爲盟主以此告齊令齊受盟也
必知此朝聘文兼諸侯者以釋例引明王之制八聘四朝云文襄
之制因而簡之三歲而聘五歲而朝以諸侯爲文明歲聘間朝兼
諸侯相朝也知盟年朝會俱行者以傳云再朝而會云云故知
盟年朝會不廢也又云歲聘以志業不言再聘以行朝故知朝
年不行聘禮但以朝聘君臣不等盟會敵禮相當故朝年不行

聘盟年得有朝令知有盟者傳云同盟至故也　小國言之正義曰申上不用尋盟之意也其意是小國言之可不可則大國制之也大國謂其須盟言已不敢違也　注建立至游也正義曰釋天云緇廣充幅長尋曰旐繼旐曰旆郭璞曰帛續旐末爲燕尾者然則旐謂旂身旆謂旂尾旆綴於旐本是相連之物非別體也而不曳其旆當纏繼於干頭蓋如禮記所云旆旌德車結旌也釋天又云練旒九周禮所謂九游七游游即是旆故云旆游也然郭氏既云旆繼於旐令之燕尾即旆是旐末然天子十有二游并屬於一幅之廣於理不可蓋游數多者旁綴於緣如今之旗是也其軍前之旆如郭璞之說　注軍將至恐之　正義曰本作旆者爲飾而曳之以爲容飾結之爲非常曳之爲得常復旆之者曳之爲復常也軍法戰則飾旆晉人飾旆似其將戰故曳旆以恐之諸侯見其曳旆而皆畏之　注自昭至伐莒正義曰三年傳穆子云曹滕二邾實不忘我好又無相伐之事是昭公即位邾莒同好也不朝夕伐莒者案元年十年再伐莒耳是

不朝夕伐也　注債仆也　正義曰前覆曰仆言牛倒豚上豚必死也言牛雖瘠者猶魯以晉為無德輕之故以瘦牛自喻　注承貢賦之次　正義曰承者奉上之稱後承前下承上故以承為次多貢賦之次言所出貢賦多少之次當承何國之下故言多承也鄭衆云多所當奉承貢賦之輕重　注公侯至者多　正義曰周禮大司徒云公地方五百里其食者半侯地方四百里伯地方三百里其食者參之一子地方二百里男地方百里其食者四之一鄭康成注云食者必足其國禮俗喪紀祭祀之用乃貢其餘上公之地以一易侯伯之地以再易子男之地以三易是上公優饒其半以為荒萊之地侯伯優饒其三分之二子男優饒其四分之三是大國優饒少而出貢多少小國優饒多而出貢少假令大國小國其地美惡一種則地多者貢多地少者貢少故杜云公侯地廣所貢者多是也　注甸服至貢者　正義曰禹貢云五百里甸服孔安國云規方千里之內謂之甸服為天子服治田去王城面五百里王制云千里之內曰甸鄭玄云服治田出

穀稅是甸服獨天子畿内也畿内於京師路近令其共正職貢故
貢重也言卑而貢重者畿内有公卿大夫之采邑公八命卿六命
大夫四命其列位卑於畿外公侯伯子男也周禮小司徒鄭注云
井田之法備於一同今止於都者采地食者皆四之一其制三等
百里之國凡四都一都之田稅入於王五十里之國凡四縣一縣之田
稅入於王二十五里之國凡四甸一甸之田稅入於王食采者卑与尊
同故云卑而貢重也畿外之國則卑者貢輕尊者貢重　注
言鄭至之貢　正義曰鄭伯男也舊有多說鄭衆服虔云鄭
伯爵在男服也周禮男服在三距王城千五百里鄭去京師不
容此數賈逵云男當作南獨南面之君也子產爭國小貢重輒
言鄭伯爲南面之君復何所益南面君者豈貢得輕乎鄭志
云男獨男也周之舊俗雖爲侯伯皆食子男之地鄭之此言
不知所出鄭食子男之地不知復在何時武公既遷東鄭并十
邑爲國不得食子男之地右西鄭之時食子男之地則今爲大
國自當貢重子產不得遠言上世國小以距今之貢重晉之朝

士焉肯更屈而自日中以至于昏乎原此諸說悉皆不通周語云鄭伯男也王而卑之是不尊貴也王肅注此与彼皆云鄭伯爵而連男言之猶言曰公侯足句辭也杜用王說言鄭國在甸服之外其爵列於伯子男言己爵卑國小不應出公侯之貢也今使從公侯之貢懼弗給也諸侯地有五等命有三等伯居五等之中与侯同受七命據地小大分為二等則侯同於公伯同子男僖九年在喪之例云公侯曰子言不及伯是不得同於侯也僖二十九年大夫會國君之例云在禮卿不會公侯會伯子男可也是伯國下同子男也子產自言其君爵卑下列子男為例故云鄭伯男也　行理至不至　正義曰言晉國使人來責貢賦之命無月不至於鄭每月皆來也　注藝法制　正義曰服虔云藝極也一曰常也二者並非正訓杜以藝為經藝故為法制也貢有法制定數徵求無限則不可共也　貢獻無極　正義曰極謂限極無極謂無已時　諸侯至瀆乎　正義曰言諸侯若來討鄭其可不由子輕易晉乎　貳偷至暇討　正義曰政

出多門則其情不一情既不一則名懷苟且各自苟且免於目
前無人爲國遠慮也爲此二心爲此苟且不有間暇何暇來討鄭
乎　使狄人守之　正義曰有北狄之人從晉師來會故使狄
人守因猶如長岸之戰楚使隨人守舟　注蒲伏至取飲
正義曰蒲伏即匍匐也說文云匍手行也匐伏地也詩陳后稷
之初生云誕實匍匐令司鐸射竊往飲季孫之似小兒伏
地而手行也冰是箭筩之蓋相傳爲然本作此冰以蓋箭筩
脫而用之可以取飲此以壺盛飲用此冰以飲之　無爲善矣 爲
正義曰子産言我此日行善唯子皮知之今子皮既卒無人
知我之善故云無爲更須爲善矣　詩云至禮也　正義曰
此詩小雅南山有臺之篇詩云樂只君子以其能爲邦家之
基也今子産是君子之人所求樂者也仲尼復言曰盟主
會合諸侯限藝貢賦之事使貢賦有常是爲禮也盟主
制定貢賦是爲得禮則子産爭之不爲有失嫌爭競無禮故以
禮明之晉荀至鮮虞　正義曰上云悉起以有上軍左有晉

侯從平丘會還行至著雍聞鮮虞不警遂使荀吳侵之非從本國而去故云自著雍以上軍侵鮮虞也　注得安民之禮　正義曰此乃還動而云安者以狐死首丘人生戀舊往被靈王偪徙元情悲眷故居平王令復從其所欲民心獲安故云得安民之禮也　十四年注四同盟　正義曰曹伯負芻以襄十八年冬十月卒則武公立十九年盟于柷柯二十年于澶淵二十五年于重丘二十七年于宋皆曹侯在是四同盟也　注以禍至惡之　正義曰莒是小國其卿多不備禮唯莊僖之世有莒慶見經爾來唯牟夷以竊地故書以外更無見者今意恢非卿亦書故解其意云云釋例曰禍莫大於享國有家禍莫甚於骨肉相殘故公子取國及爲亂見殺者亦皆書之不必繫於爲卿故公子糾意恢以公子見書於經是解非卿而書之意也諸公子大夫被殺而書名皆是惡之文意恢與亂君爲黨故書名惡之　傳注以舍至罪也　正義曰一命大夫經書爲人以卿之貴得備名氏若有罪過宜貶黜者他國之卿則稱某人

魯卿不得自稱魯人有罪則貶去其族々去則非卿此舍意如
之族是為罪已也季孫本實伐莒晉人討而執之放令歸魯
荷晉恩德罪已亦以尊晉故云尊晉罪已也文二年晉人宋
人陳人鄭人伐秦傳稱晉先且居宋公子成陳袁選鄭公子歸
生伐秦卿不書為穆公故尊秦也謂之崇德注云秦穆悔過
終用孟明故貶四國大夫以尊秦也此貶意如以尊晉其事与
彼同也此意如至自晉傳言尊晉罪已二十四年婼至自晉傳
亦云尊晉不言罪已但是去族傳文不同者釋例曰意如至
自晉傳言尊晉罪已婼至自晉傳復重發但言尊晉者意如
以罪見執宜在罪已罪々已々婼本使人不應見執故尊晉而已内大夫
行還皆不書至異於公也今此二人執而見釋更以書至是義
也若然季孫見執為魯有罪矣而往年公不与盟注云非國
惡故不諱者魯實伐莒取鄆若以伐莒責魯々則無辭而
兼受邾人之訴妄稱朝夕伐我為此不与公盟故言非國之惡其
執季孫不是無罪也子服惠伯云寡君未知其罪而執其老

者拒晉之辭耳　注二人南蒯家臣　正義曰世族譜司徒
老祁爲一人慮癸爲一人服虔云司徒姓也老祁字也慮癸亦
姓字也二子季氏家臣也杜以下句請於南蒯曰臣願受盟知
是南蒯家臣　注君謂季氏　正義曰費是季氏之邑南蒯
已是季氏家臣此南蒯之下群臣還欲以邑季氏知君謂季
氏　注南蒯至至實也　正義曰經書齊師圍費則叛亦應
書經〻不書叛故解其意也南蒯雖以費叛降齊費人不
從未專屬齊故齊師已圍費齊人不救是其未專屬齊也二子
逐蒯而費復其舊使是本未去魯故經不書叛費是二子自
以費叛非齊人來叛也齊人因其自叛而使文子致邑施恩於
魯欲以假好非事實也　夏楚子至物官　正義曰周禮司
兵掌五兵鄭衆云五兵者戈殳戟酋矛夷矛鄭玄云步卒之
五兵則無夷矛而有弓矢然則兵者戰器之名戰必令人執兵
因即名人爲兵也此簡上國之兵謂料簡人丁之彊弱於宗丘之
地集而簡之且即慰撫其民也大體貧窮相類細言窮困於

貧々者家少貨財窮弱全無生業多財貨以与貧者 捿生業
以救窮者孤弱幼少無父母有賜与以長成之老疾之於藥膳
有饋餼以養育之孤介持獨者收斂之不使流散有水火之災
寇盗之患者救助之孤子寡妻寬其賦税雖有罪戾原情可
恕者赦放之文 邪慝惡為民害者 詰治之賢才淹滞未蒙任
用者舉用之外人新来者禮待之舊人未用者進叙之施禄於
功勲使有功必得禄也和合其親戚使宗族皆相親也任賢良以
職事使野無遺賢準事能以任官皆令才職相當不使違方易務
此皆撫民之事也　注上國至楚地　正義曰下云簡東國之兵
亦如之。此是簡西國之兵也西國東國皆是楚人在國之東西知
者以水皆東流西方居上流故謂之上國西為上則東為下々言
東則此是西互相見也　注分与也振救也　正義曰分減富者
之財以与貧者則分為施与之名故分為与也窮者全無
生業或捿之田宅賜之器物以救濟之　注介特至流散　正義
曰傳称一介行李達澤有介麋焉則介亦特之義也介特謂單

身特立無兄弟妻子者無所附著或將轉移收聚之令有附依不使流散　注寬其賦稅　正義曰服虔以宥為寬赦其罪杜以下云赦罪戾則此宥非寬罪故以為寬其賦稅也王制云少而無父謂之孤老而無子謂之獨老而無妻謂之矜老而無夫謂之寡此四者天民之窮而無告者也皆有常餼然則孤寡常有餼賜本無賦稅而云寬賦稅者正以不責賦稅即是寬之也孤寡之貧者有餼賜能自給者免賦稅文雖不言鰥獨宥與孤寡必同　注物事也　正義曰任良謂選賢而任之也物官謂量事而官之也賈逵云物官量能授官也鄭衆云物官相其才之所宜而官之是也　息民五年　正義曰謂從此簡兵之後息民不征既滿五年而後用師征伐是為禮也即十九年城州來以桃吳是也案十七年與吳戰于長岸未滿五年而云息民五年者平王之意息民五年長岸之戰吳來伐楚被伐不可不戰雖戰非王本心也　注邢侯至楚人　正義曰巫人雍子皆故楚人也襄二十六年傳稱巫臣奔晉晉人與之邢雍子奔晉晉人與之鄐則

鄐是雍子之田也邢侯巫臣之子而得與之爭鄐者孔晁注晉語
云邢與鄐此爭疆界　叔魚攝理　正義曰晉語云士景伯如楚
叔魚為贊理孔晁云景伯晉理官叔魚佐之景伯聘楚叔魚專
斷　注蔽斷也　正義曰周禮大司寇云凡庶民之獄訟以邦成
蔽之鄭衆云蔽之斷其獄訟也尚書康誥云服念五六日至于旬
時丕蔽要囚孔安國云服膺思五六日至於十日至于三月乃大
斷之皆以蔽為斷是相傳為說　乃施至於市　正義曰晉語說
此事云叔向既對宣子邢侯聞之而逃遂施邢侯氏孔晁云廢其
族也則國語讀為弛訓之為廢家語說此事亦為弛王肅注云弛
宜為施施行也服虔云施罪於邢侯施猶劾也邢侯亡故劾之杜無
注當從施也成十七年晉殺三郤皆尸於朝此尸於市者以其賤
故也　三數至末減　正義曰三度數叔魚之惡不為薄輕言其
重厚極言之也三者即下云數其賄也稱其詐也言其貪也是
也服虔讀減為咸下屬為句不為末者不為末殺隱蔽之也
咸曰義也言人皆曰叔向是義安也　注三惡暴虐頗　正義

曰尚書武王數紂之罪泰誓云敢行暴虐牧誓云俾暴虐于百姓武成云暴殄天物害虐烝民然則暴是亂下之稱虐是殺害之名大同而小異　注三罪至疑之　正義曰杜讀此文言猶義也夫言不是義也故言以直傷義謂非向非是義也劉炫云直則是義而規杜氏今知不然者義者於事合宜所為得理直者唯無阿曲未能圓通故書云直而溫若直而無溫則非德也義是義之與直二者不同故上傳云義也夫此傳云猶義也夫於義之下並云夫夫是疑怪之辭故杜以為非義哉可謂之直矣故仲尼云叔向古之遺直也不云遺義是直與義別劉以直義為一而規杜氏非也　十五年有事至卒事　正義曰有事謂有祭事于武公之宮廟也祭必有樂樂有文舞武舞文執羽籥武執干鏚其入廟也必先文而後武當籥始入叔弓暴卒故於是去樂不用而終卒祭事也叔弓之卒當籥入之時故舉籥入也及其去之則猶樂皆去故云去樂鐘鼓管磬悉皆去之非獨去籥舞也祭禮鼎俎既陳籩豆既設然後舞樂始入緣先祖之心以大臣之卒必

聞樂不樂又孝子之心不忍徹已設之饌故去樂卒事　注略
書至立之　正義曰閔二年吉禘于莊公僖八年禘于大廟彼皆
書禘此傳言禘于武公則亦是禘不書爲禘而言有事者此
經所書不論禘祭是非略書有祭事者本爲叔弓卒起也止
爲叔弓之卒須道當祭之時所書不爲禘也釋例曰三年之禘
自國之常〻事不書故唯書此數事祭雖經常亦記仲遂叔
弓之非常也是言叔弓之卒非常故書之也釋例亦云凡三年
喪畢然後禘於是遂以三年爲節莫仍計除喪即吉之月卜
日而後行事無復常月也是以經書禘及大事傳唯是莊公之速
他無非時之譏也即如例言三年一禘若計襄公之薨則禘當在
二年五年八年十一年十四年此年非禘年也若計齊歸之薨則
禘當在十三年十六年此年亦非禘年也而云祭雖經常者釋例
曰禘于大廟禮之常也各于其宮時之爲也雖非三年大祭而
書禘用禘禮也昭二十五年傳曰將禘於襄公亦其義也是言
于武宮者時之所爲實非禘年用禘禮此實非常但經之所書

唯譏莊公之速其餘不復譏耳既不以為譏即是得常故云祭雖以常非乃為如常也武宮者魯武公廟毀已久矣成六年復立之遂即不毀明堂位云魯公之廟文世室也武公之廟武世室也鄭玄云此二廟象周有文武之廟也世室者不毀之名是魯以武公為不毀之廟故禘于其宮不于大廟亦如常也 傳戒百官 正義曰周禮大宰祀五帝前期十日帥執事而卜日遂戒享先王亦如之鄭玄云前期前所諏之日也十日容散齊七日致齊三日也執事宗伯大卜之屬既卜又戒百官以始齊此戒百官亦謂戒之令齊故杜云齊戒言是齊之戒也祭統云及時將祭君子乃齊齊之為言齊也齊不齊以致齊也是故君子之齊也專致其精明之德也故散齊七日以定之致齊三日以齊之定之之謂齊齊者精明之至也是將祭必齊祭必齊祭前豫戒之也 注祲妖氛氣也 正義曰周禮有眂祲之官鄭玄云祲陰陽氣相侵漸成祥者其職掌十煇之法一曰祲二曰象鄭衆云煇為日光氣也然則祲是陰陽之氣相侵之名日光之氣有名為祲祲之所是非

猶見於日光故杜云祲妖氣也梓慎唯言見祲不言祲之所在爲祭而言故疑云蓋見於宗廟故以爲非祭祥也月令云氣霧冥冥則氛氛氣也以言喪氛故以氛爲惡氣也見赤黑之祲以爲喪氛則赤黑是喪象梓慎有以知之服虔云水黑火赤水々相遇云々　其在涖事乎　正義曰既見喪氛又言喪之所在其在涖事之人乎意疑涖事者當其咎也　在下位　正義曰言在下位可恥辱也服虔以辱從下讀訓之爲欲々必求之　吾助子請妄也　二三子莫之如也　正義曰言二三子皆莫如吳之是信然而至異也　正義曰然此朝吳於事必豫前知其爲人之有異於餘人也　好惡至所適　正義曰所好必善所惡必惡在上者所好所惡不有愆過則下民知所適歸言皆知歸於善也　獲一邑而教民怠　正義曰若不受其降民皆一心事其本國不敢怠惰以叛其主今若受其降人便是許其叛主則是教我國人令其外叛是雖獲一邑而教民怠惰不守死事君是所得少所失多鼓人至吾君　正義曰言今不聽降叛使鼓人能事其君也教民

不怠是我亦能事吾君也　注知義至示義　正義曰知義所在在於事君不怠惰不苟求生也十七年荀吳詐祭于雒以滅六渾二十二年負甲偽羅以入昔陽而此時獨得降而不納者此時荀吳自度已力必其能獲故因以示義　注嘗壺嘗所獻壺樽　正義曰周禮司尊彝云秋嘗冬烝其饋獻用兩壺尊鄭玄云壺者以壺為尊燕禮云司宮尊于東楹之西兩方壺左玄酒是禮法有以壺為樽　注拜戎不暇　正義曰數為戎所侵陵拜謝戎師不有閒暇　注參虛至分野　正義曰實沈之次晉之分野上繫參之虛域故云參虛　注鏚鉞至香酒　正義曰廣雅云鏚鉞斧也俱是斧也蓋鉞大而斧小大公六韜云大柯斧重八斤一名天鉞是鉞大於斧也尚書牧誓云武王左杖黃鉞孔安國云以黃金飾斧是鉞以金飾也秬黑黍釋草文也周禮有鬯人之官鄭玄云鬯釀秬為酒芬香條暢於上下也是鬯為香酒也賜之鏚鉞者使之專殺戮也賜之秬鬯者使之祭先祖也王制云諸侯賜弓矢然後征賜鈇鉞然後殺賜圭瓚然後為鬯詩陳宣王

賜召穆公云秬鬯一卣告于文人是也　撫征東夏　正義曰服虔
撫之叛者征之晉於諸夏國差近西故令主東夏　福祚至焉
在　正義曰言福祚之不在叔父此福祚更焉所在乎言其不在
他也登隊即是在之義也　注孫伯至世祖　正義曰孫伯黶爲
晉之正卿世掌典籍有功故曰籍氏是籍談九世祖也其九世之
次世本云黶生司空頡々生角里叔子々生叔正官伯々生司徒公
々生曲沃正少襄々生司功大伯々生侯季子々生籍游々生談
々生秦是也九世之祖称高祖者言是高遠之祖也鄭子以少皞
爲高祖意与此同　注辛有至其後　正義曰僖二十二年傳曰
平王之東遷也辛有適伊川則辛有平王時人也此王因籍談
董言晉國唯有籍董二族世掌典籍　籍父其無後乎　正
義曰定十四年晉人敗范中行氏之師於潞獲籍秦々即談之
子是其後　王其至謂終　正義曰言王其不得以壽終乎言
將失命而横死也吾聞之心之所樂必卒於此焉今王在憂而樂
是爲樂憂也亦既樂憂必以憂卒若性命之卒以憂而死不

可謂之終也言以憂死是不終其天年也　注天子至年喪
正義曰喪服斬衰三年章內有父為長子傳曰何以三年也正
體於上又乃將所傳重也齊衰杖期章內有夫為妻傳曰為妻
何以期也妻至親也服問曰君所主夫人妻大子適婦鄭玄云
言妻見大夫以下亦為此三人為喪主記言君者主謂諸侯而天
子亦與妻為喪主也然則妻服齊衰期耳而傳以后崩大子卒
為三年之喪二者喪服杖期章內有父在為母傳曰何以期屈
也至尊在不敢申其私親也父必三年然後娶達子之志也父以
其子有三年之戚為之三年不娶則夫之於妻有三年之義故可
通謂之三年之喪　於是至喪也　正義曰吊喪送葬之賓不
合與之宴樂王於是乎以喪賓共宴樂又求常寶之器在憂而
為此樂其為樂憂甚矣且求器又非禮也諸侯有常器之來
獻王者乃為嘉功之由諸侯自有善功乃作常器以獻　其功獻
非由喪也言王不可責喪賓獻器也　三年至非禮　正義曰遂
由申也竟也其意言三年之喪雖貴為天子由常申遂其服使

終日月乃是禮也除喪大速是非禮也王雖不能遂竟其服猶
當静嘿而已不宜宴樂而宴樂以早亦非禮也　注天子至不遂
正義曰禮葬日爲虞既虞之後乃爲卒哭之祭喪服傳稱成
服之後晝夜哭無時既虞之後朝夕各一哭而已卒哭者謂卒此
無時之哭故鄭玄士喪禮注云卒哭虞後祭名始者朝夕之間哀
至即哭至此祭止唯朝夕哭而已傳稱既葬除喪譏王不遂其服
知天子諸侯除喪當在卒哭今王既葬而除故譏其不遂也杜云
卒止也止哭與鄭不同若如此言除喪當在卒哭而上下杜注多
云既葬除喪者以葬日即虞虞即卒哭卒哭去葬相去不遠
共在一月葬是大事書於經故成君以否皆舉葬言之　注
言今至禮也　正義曰王不能遂服乃與喪賓宴又失禮也以
其喪服將終早除猶可宴事必不可也襄十六年葬晉悼公
平公即位會于溴梁與諸侯宴于溫又九年八月葬我小君穆
姜其年十二月晉侯以公宴于河上傳皆無譏則卒哭之後得宴
樂　禮王之大經　正義曰經者綱紀之言也傳稱經國家經

鄭箋詩序云經夫婦中庸云凡為天下國家有九經言禮是王之
大經紀也服虔云經常也常所當行也　言以至用之　正義
曰人之出言所以成典法也典法所以記禮經也王一動而失二禮
忘已大經矣而多為言語舉先王分器之典將焉用之　十六年
楚子至殺之　正義曰四夷之名在西曰戎春秋之時錯居中國杜
言河南新城縣東南有蠻城則是內地之戎在楚北又戎是種號
蠻是國名子爵也十一年楚子虔誘蔡侯般殺之彼書楚子之
名此不書楚子名者彼注云蔡大夫深怨故以楚子名告此非蠻
人所告蓋楚人不以其君名告故不得書其名也公羊傳曰楚
子何以不名夷狄相誘君子不疾也曷為不疾若不疾乃疾之
也言其不足疾更是深責之也賈逵云楚子不名以立其子二
說異於杜也蔡侯般書名蠻子不名者釋例曰諸見執者已在
罪賤之地書名與否非例所加或名不名從所赴之文　傳公在
至之也　正義曰禮君不在國則守國之臣每月告廟　云公在
其處釋君不得親自朝廟之意若於歲首不在則或史書之

於策襄二十九年春王正月公在楚傳曰釋不朝正於廟是也
此年正月公在晉計亦應告廟書策但爲晉人執止公不以被
執告廟故史不書諱之　齊侯伐徐　正義曰虚举經文者經
在楚誘戎蠻上傳依經文故先举之下有徐人行成之事非虚举
但行成在誘蠻後故先依次举經於上爲下徐人行成起本也不
下此經文就徐人者出自史意　楚子至禮也　正義曰蠻子雖
与楚舊交无至誠信故云与蠻子之无信也誘而殺之誠爲不
可楚能復立其子大勝遂滅其國嫌其殺父立子於爲非禮故禮
之也大舜之刑也鯀殛而禹興周公之誅也放蔡叔而立蔡仲是
立子爲得禮　詩曰至得乎　正義曰詩小雅雨无正之篇也周
家舊爲天下所宗既衰滅矣其亂无所止定也執政大夫離
散其居處人皆異心无有知我民之勞苦者其是此事之謂乎
言今晉衰微不能止亂晉之諸卿異心不憂民之勞苦如詩人之
所云　孔張至縣閒　正義曰諸侯享賓之禮已唯有公食大夫
禮存耳其禮云大夫納賓〃入門左鄭玄云左西方賓位也又云

及廟門公揖入賓入三揖至于階三讓公升二等賓升大夫立于
東夾南西面北上士立于門東北面西上鄭玄云自卿大夫至此不
先即位從君而入者以助君饗食賓自其事也享食事俱在廟
鄭玄饗食並言則享位亦當然也孔張後至蓋賓入廟門乃
始來至當從大夫適東夾之南西面位也張乃立於客間賓入未
升階立于西方孔張入客行間也執政禦之適客後張乃移立於
客之西也又禦之適縣間適鍾磬樂肆之間也大射禮者亦諸侯
之禮也樂人宿縣于阼階東笙磬西面其南笙鍾其南鑮皆南
陳西階之西頌磬東面其南鍾其南鑮皆南陳張初立客間已
在西方被禦適客後又益西也又被禦適縣間蓋又復益西入於
頌磬鍾鑮之間也 幾爲至陵我 正義曰幾度爲之笑而不於
我加陵言數被笑必陵侮我也服虔云幾近也孔張失位近爲所
笑近者未至之辭客已笑訖何言近也 注緣事至偏頗 正
義曰事有相類真僞難以緣此事類以致偏頗雖非故心亦爲罪
也服虔讀類爲纇解云頗偏也纇不平也 會朝之不敬 正

義曰此孔張失位則是於朝不敬而子産不以爲耻者此謂出外令朝大國非謂在本國故注云謂其禮敬大國之心　使命之不聽　正義曰謂若伯有使子皙如楚不肯行是也　注子孔至之政　正義曰襄十年盜殺鄭公子騑公子發公孫輒傳曰子孔當國至十九年鄭殺子孔　注卿得至於家　正義曰士以上皆得立廟則孔張雖是大夫亦得立廟而云卿得立廟者以子孔是卿故以卿言之服虔云祀其所自出之君於家以爲大祖案禮記郊特牲曰諸侯不敢祖天子大夫不敢祖諸侯而公廟之設於私家非禮也安得祀所出之君爲大祖乎　注受脤至祭也　正義曰周禮掌蜃云祭祀共蜃器之蜃鄭玄云蜃大蛤飾祭器之屬也蜃之器以蜃飾因名焉鄭衆云蜃可以白器令色白是蜃爲器名祭肉盛之脤器以獻遺人因名祭肉爲脤孔張是大夫也而云受脤歸脤故知受脤爲君祭以肉賜大夫歸脤謂大夫祭以肉歸於公也故周禮祭僕凡祭祀致福者展而受之是在下之祭有歸脤之義又傳有成子受脤于社前代諸儒皆以脤

為祭社之肉故云皆社之戎祭也劉炫故違傳證以破先儒以為
脤亦祭廟之肉以規杜氏文無所出其義非也然大夫不得私自
出軍自祭私社而得歸脤於公者謂大夫奉君命以戎事攝祭
於社故社亦言祭歸肉於公亦不謂家祭也　注其祭至君祭
正義曰謂鄭伯其祭在先君之廟孔張有助祭著位在廟中必
有事為業言其所掌有常也服虔以為其祭在廟謂孔張先
祖配廟食案周禮司勳云凡有功者銘書於王之大常祭於大
烝司勳詔之則配廟食者皆是有功之臣子孔作亂而死云孫洩
因妖鬼而立不得有配食在廟　注玉環至為雙　正義曰下
云韓子奉命以使而求玉焉知環是玉環也釋器云肉倍好謂之
壁好倍肉謂之瑗肉好若一謂之環李巡云好孔也肉倍好邊肉大
其孔小也好倍肉其孔大邊肉小也肉好若一其孔及邊肉大小
適等曰環是環亦壁之類也言其一在鄭商則其一在　韓子知
其同工共朴相與為雙故韓子欲得而雙之　僑聞至之患
正義曰僑聞君子非無賄之難家貧無賄不為難立於職位

而無善名是為身之大患言韓子當患無令名不宜患家
無賄也僑聞為國家者非不能事大字小之難事大國愛
小國不為難也無禮以定其位是國之大患言鄭當患位不定不宜
患事晉之難也 下句自大國之人至則失位矣此覆無禮定位也
言若韓子至獨非罪乎此覆無令名也此辭一為韓子一為鄭國
故再言 僑聞服虔斷字小之難以下為義解云字養也言事
大國易養小國難然則鄭人豈憂養小國乎尚未能離經
辭句復何須注述大典且字為愛不為養也 吾且至位矣
正義曰若晉之大史求無不得則鄭國乃為晉之邊鄙之邑不
復成國獨失國君之位矣 出一玉以起二罪 正義曰一共一否
為鄭國之罪也貪淫為韓子之罪也 注銳細小 正義曰說
文云銳芒也鋒芒尖故為細小言得利小也服虔云銳折也銳
是鋒芒不得為折 買諸賈人 正義曰賈人即商人也行
曰商坐曰賈對文雖別散則不殊故商賈並言之 注鄭本
至人俱 正義曰世本云鄭桓公封域林即漢之京兆鄭縣是也

本在周之西都畿内也鄭語称史伯為桓公謀使桓公寄帑与賄於虢鄶之國桓公從之其子武公遂滅虢鄶而國之當桓公東遷帑賄之時并与商人俱來也　毋或匄奪　正義曰六年傳称楚公子棄疾之過鄭也不強匄則匄是乞也乞則可也唯不得強耳此言毋或匄奪亦謂不得強匄乞奪取也乞之与乞一字也取則入声与則去声也此匄亦有取与此傳言匄謂取也昭書称祖渢匄民謂与民　強奪商人　正義曰上云買諸賈人則是私買而子産謂之強奪者韓子以威偪之其賈必賤故商人欲得告君大夫子産知其非私買故云然也　徼二罪　正義曰謂晉失諸侯鄭為邊邑　注餞送行飲酒　正義曰詩云飲餞于祢毛傳云祖而舍軷飲酒於其側曰餞　野有蔓草　正義曰野有蔓草思遇時也君之澤不下流民窮於兵革男女失時思不期而會焉其詩云野有蔓草零露漙兮有美一人清揚婉兮邂逅相遇適我願兮注云清揚眉目之間婉然美好邂逅不期而會適其時願　注言鄭至韓子

正義曰羔裘刺朝也言古之君子以風其朝焉釋訓云之子者是
子也彥韓子也鄭玄云已語辭也舍猶處也渝變也處舍不變
謂守死善道見危授命之類也釋訓云美士為彥言一邦之美士
以美韓子也　褰裳至他人　正義曰褰裳思見正也狂童恣
行國人思大國之正己也其詩云子惠思我褰裳涉溱注云子者
彥大國之正卿子若愛而思我々國有突篡國之事而可征而正
之我則揭衣涉溱水往告難也又云子不思我豈無他人注云言
他人有先鄉齊晉宋衛後之荊楚　注是褰裳　正義曰是猶
此々也子之言此褰裳之詩也不有是告他人之事其能終相善乎
風雨　正義曰風雨思君子也亂世則思君子不改其度焉其詩
云風雨淒々雞鳴喈々注云風且雨淒々然雞猶守時而鳴喈々
然喻君子雖居亂世不變改其節度又云既見君子云胡不夷注
云胡何也夷說也思而見之云何而心不說　注詢美且都　正
義曰詢信也都閑也言信美好且閑習於威儀是憂樂宣子之
志　蘀兮　正義曰蘀兮刺忽也君弱臣強不倡而和也其詩

云蘀兮蘀兮風其吹女注云蘀槁也槁謂木葉也木葉槁待風乃落喻君有政教臣乃行之言此者刺今不然又云叔兮伯兮倡予和女注云叔伯言群臣長幼也群臣無其君而行自以強弱相服女倡矣我則將和之言此者刺其自專也　我將　正義曰我將祀文王於明堂也云儀式刑文王之典日靖四方我其夙夜畏天之威于時保之注云早夜敬天於是得安文王之道　將因至早乎　正義曰言將因是君幼弱以習奢傲之事既習奢傲實以爲常常行輕　君之禮能無早乎　十七年注大辰至故書　正義曰釋天云大辰房心尾也大火謂之大辰李巡云大辰蒼龍宿之體最爲明故曰房心尾也大火蒼龍宿心以候四時故曰辰孫炎曰龍星明者以爲時候故曰大辰大火也心在中最明故時候主焉云羊傳曰孛者何彗星也彗爲箒也言其狀似埽箒光芒孛孛然妖變之星非常所有故書之傳稱孛于大辰西徑也書于大辰者蓋在其星之西仍在大辰分度之内故也云于大辰　注吴楚至楚地　正義曰傳稱大敗吴師又云大敗楚師

是兩皆大敗也縱使兩皆来告無肯自云負敗者故但書戰而
不書敗也傳稱令尹陽匄則是楚之貴臣而云楚人者楚人恥
其敗以賤者告也　傳采菽　正義曰采菽刺幽王慢諸侯也云
采菽采菽筐之筥之君子来朝何錫予之雖無予之路車乘馬
注云賜諸侯以車馬言雖無予之尚以爲薄　菁々者莪
正義曰菁々者莪云既見君子樂且有儀既見君子者官
爵之而得見也見則心既喜樂又以禮儀見接　不有至久
乎　正義曰言不有學問之人以治其國々々不能長久乎
請之　正義曰陰陽之氣運行於天一消一息周而復始十一月
建子爲陽始五月建午爲陰始以易爻卦言之從建子之後每
月一陽息一陰消至四月建巳六陰消盡六陽並盛是爲純乾之
卦正陽之月也從建午之後每月一陰息一陽消至十月建亥六
陽消盡六陰並盛是爲純坤之卦正陰之月也此年六月日食是
夏之四月正陽之月也　禮正陽之月日食諸侯當用幣於社故
魯之祝史依禮請所用之幣　昭子至禮也　正義曰昭子

雖不言正月而云日食之禮明此月即是正月也文十五年傳與
此昭子之言正同是正陽有此禮也殺牲盛饌曰舉故天子不舉
謂去盛饌也郊特牲云社所以神地之道也祭土而主陰氣也
則社是群陰所聚論語云鳴鼓而攻之伐鼓者是攻責之事
故為責群陰亦以責上公也二十九年傳曰封為上公祀為貴
神社稷五祀是尊是奉是社為上公之神尊於諸侯故諸侯用幣
於社請上公亦所以請群陰請令勿侵陽也然伐鼓於社云
責群陰用幣於社云請上公社文是一二注不同者以天子之尊
無所不責故云責群陰也諸侯南面之君於諸侯之內唯請上公
故云請上公也　平子至則否　正義曰平子聞有此禮而不
知正月是周之六月故止其請幣仍說正禮慝惡也人情愛陽
而惡陰故謂陰為慝五月陰始生故四月陰未作也平子亦不
識慝為陰義故請雖得禮而心不肯從平子蓋以正月為歲
首之月故云其餘則否　大史曰在此月也　正義曰大史以平
子不識正月故為辯之所言慝未作所以行伐鼓用幣之禮正

當在此月也因為說日食之禮引夏書以證之　注降物素服
正義曰降物謂減其物采也昏義曰日食則天子素服知百官
降物亦素服也古之素服禮無明文蓋象朝服而用素為之如
今之單衣也近世儀注日食則擊鼓於大社天子單衣介幘辟正
殿坐東西堂百官白服坐本司大常率官屬繞大廟過時乃罷
樂奏鼓　正義曰樂奏鼓與下瞽奏鼓一也樂謂作樂之人即
瞽矇也奏訓進也孔安國尚書傳云瞽樂官樂官進鼓則伐之
故杜云伐鼓也其日食王或有至社親伐鼓之時故周禮大僕云凡
軍旅田役贊王鼓救日月食亦如之鄭玄云王通鼓佐擊其餘面
則日食王有親鼓之時也　故夏至人走　正義曰此尚書胤征
文也彼云乃季秋月朔辰弗集于房彼季秋日食亦以此禮救
之傳言唯正月朔日食乃有伐鼓用幣餘月則否引夏書而与
夏書違者蓋先代尚質凡有日食皆用鼓幣周禮極文周家
禮法見事有差降唯正陽之月特用鼓幣餘月則否　注逸
書至則食　正義曰杜以鳥止謂之集故訓集為安也孔安國云

房所合之次集合也不合則日食可知與杜少異　注車馬至備
也　正義曰杜以馳是馬疾行故云車馬曰馳步曰走孔安國云
嗇夫主幣之官馳取幣禮天神嗇夫於周禮無文鄭注覲禮云
嗇夫蓋司空之屬也則官屬司空庶人在官若胥徒之屬使人
取幣而禮天神也衆人走共救日食之百役也嗇夫取幣未必馳
車蓋馳走相對變其文耳言禮天神者謂天子之禮傳無天
子禮天神之事文不具　不君〻矣　正義曰日食陰侵陽臣侵
君之象救日食所以助君抑臣也平子不肯救日食乃是不君
事其君也劉炫云乃是不復以君為君矣　注少皞至名官
正義曰帝系云黃帝生玄囂也史記云黃帝正妃生二子其後
皆有天下其一曰玄囂是為青陽降居江水言降居江水
謂不為帝也此傳言其以鳥名官則是為帝明矣故世本及春
秋緯皆言青陽即是少皞黃帝之子代黃帝之有天下號曰
金天氏少皞氏身號金天氏代號也晉語稱青陽與黃帝同德
故為姬姓黃帝之子十四人為十二姓其十二有姬有己青陽

既爲姬姓則巳姓非青陽之後而世本巳姓出自少皡非青陽也
事遠書亡不可委悉耳　注黄帝至官也　正義曰史記云
黄帝者少典之子名曰軒轅爲天子代神農氏是爲黄帝晉語
云黄帝以姬水成爲姬姓是姬姓之祖也以少皡氏之立有鳳鳥
之瑞而以鳥紀事黄帝以雲紀事明其初受天命有雲瑞也雲
之爲瑞未能審也史記天官書曰若煙非煙若雲非雲郁郁紛
紛蕭索輪囷是謂卿雲或作慶雲或作景雲孝經援神
契曰德至山陵則景雲出服虔云黄帝受命得景雲之瑞故以雲
紀事黄帝雲瑞或當是景雲也百官師長皆以雲爲名號
即是以雲紀綱諸事也雲爲官名更無所出唯文十八年傳云縉
雲氏有不才子疑是黄帝時官故云縉雲氏蓋其一官也
注炎帝至百官　正義曰帝系世本皆爲炎帝即神農氏炎
帝身號神農代號也譙周爲古史以爲炎帝与神農各爲一
人此杜義晉語云炎帝以姜水成爲姜姓是爲姜姓之祖也火
之爲瑞亦未審也　注共工至名官　正義曰共工氏霸有力

列条注文也此傳從黃帝向上逆陳之知共工在神農前大皞後
也水之爲瑞亦未審也　注大皞至命官　正義曰月令孟春
云其帝大皞易下繫云包犧氏之王天下也即大皞身號伏犧
代號也僖二十一年傳云任宿須句風姓也實司大皞知大皞是
風姓之祖也龍之爲瑞亦未審也此黃帝以上四代用雲火水
龍紀事其官之名必用雲火水龍爲之但書典散亡更無文紀其
名不可復知故杜不復妄說唯有縉雲見傳疑是黃帝官耳服
虔云黃帝以雲名官蓋春官爲青雲氏夏官爲縉雲氏秋官
爲白雲氏冬官爲黑雲氏中官爲黃雲氏炎帝以火名官春
官爲大火夏官爲鶉火秋官爲西火冬官爲北火中官爲中火
共工以水名官春官爲東水夏官爲南水秋官爲西水冬官爲
北水中官爲中水大皞以龍名官春官爲青龍氏夏官爲赤龍
氏秋官爲白龍氏冬官爲黑龍氏中官爲黃龍氏此皆事無
所見苟出肺腸少皞鳥紀不以五方名官焉知彼四代者皆以四
時五方名官乎以縉爲赤色則夏官爲縉雲焉知餘方不更

為之目而云指春黄為名也以天文有大火鶉火即云春為大火
夏為鶉火其餘何故也以西北名火也此皆虛而不經故不可采
用注鳳鳥至之官　正義曰釋鳥云鶠鳳其雌皇則此鳥雄曰鳳
雌曰皇說文云鳳神鳥也山海經云丹穴之山有鳥焉其狀如鶴
五采而文名曰鳳皇見則天下大安寧運斗樞云天樞德見則
鳳皇翔中候握河紀云堯即政七十年鳳皇止庭伯禹拜曰昔帝
軒提象鳳巢阿閣白虎通云黄帝時鳳皇蔽日而至止於東
園終身不去諸書皆言有聖德鳳皇乃来是鳳皇知天時　君
也曆正主治曆數正天時之官故名其官為鳳鳥氏也當時名
官直為鳥名而已其所職掌與後代名官所司事同所言曆正以
下及司徒司寇工農之屬皆以後代之官所掌之託言之示事
時鳥名如今之此官也　注玄鳥至分者　正義曰說文云燕玄
鳥也釋鳥云燕燕鳦郭璞曰詩云燕燕于飛一名玄鳥齊人呼
鳦詩云天命玄鳥月令云玄鳥至之日是一名玄鳥也或單呼為
燕或重名燕燕異方語也此鳥以春分来秋分去故以名官使之

主二分　注伯趙至々止　正義曰釋鳥云鵙伯勞也樊光曰春秋
云伯趙氏司至伯趙鵙也以夏至來冬至去郭璞曰似鶷鶡而大
此鳥以夏至來鳴冬至止去故以名官使之主二至也月令仲夏
之月鵙始鳴蔡邕云鵙伯勞也一曰伯趙應時而鳴為陰候也詩
云七月鳴鵙者鄭玄云豳地晩寒鳥物之候從其氣焉王肅云七
當為五古文五字似七故誤　注青鳥至啓止　正義曰青為鶬
鶊尓雅無文先儒相傳説耳立春立夏鳴之啓此鳥以立春鳴立
夏止故以名官使之主立春立夏　注丹鳥至屬官　正義曰
釋鳥雉之類有鷩雉樊光曰丹雉也少皥氏以鳥名官丹鳥氏司
閉以立秋來立冬去入水為蜃周禮王享先公服鷩冕郭璞曰似
山雞而小冠背毛黄腹下赤項緑色鮮明是解丹鳥為鷩雉也
立秋立冬鳴之閉此鳥以秋來冬去故以名官使之主立秋立冬也
分至啓閉立四官使主之鳳皇氏為之長故云四鳥皆歷正之屬
官也　注祝鳩至教民　正義曰釋鳥云隹其鳺鴀今人云隹一
名夫不今楚鳩也樊光曰春秋云祝鳩氏司徒祝鳩即隹其夫不

孝故爲司徒郭璞曰今鵻鳩也詩云翩々者隹毛傳云鵻夫不也一
宿之鳥鄭玄云一宿者一意於其所宿之木又云夫不鳥之慤謹者
人皆愛之則此是謹慤孝順之鳥故名司徒之官教人使之孝也
注鴡鳩至法制　正義曰釋鳥云鴡鳩王鴡李巡云王鴡一名鴡
鳩郭璞云鵰類今江东呼之爲鶚好在江渚山邊食魚毛詩傳曰
鳥摯而有別則鴡鳩是摯鷙之鳥又能雄雌有別也司馬主
兵又主法制摯伐又當法制分明故以此鳥名官使主司馬之職
注鳲鳩至水土　正義曰釋鳥云鳲鳩鴶鵴樊光曰春秋云鳲鳩
氏司空心平均故爲司空郭璞曰今之布穀也孫炎曰方言云鳲鳩
自關而东謂之戴勝陸璣毛詩義疏云今梁宋之間謂布穀爲
鴶鵴則布穀是鳲鳩明矣而揚雄云鳲鳩是戴勝也今戴勝自生
穴中不巢生雄言非也詩云鳲鳩在桑其子七兮毛傳云鳲鳩之七
養其子朝從上下莫從下上平均如一是鳲鳩平均故爲司空尚書
舜典云伯禹作司空帝曰禹汝平水土惟時懋哉是司空主平水
土也　注爽鳩至盜賊　正義曰釋鳥云鷹鶆鳩樊光曰來鳩

爽鳩也春秋曰爽鳩氏司寇鷹鷙故爲司寇郭璞曰鵃當爲爽字之誤耳左傳作爽鳩是也鷹是鷙擊之鳥司寇主擊盜賊故爲司寇　注鶻鳩至司事　正義曰釋鳥云鶌鳩鶻鵃舍人曰鶌鳩一名鶻鵃今之班鳩也樊光曰春秋云鶻鳩氏司事春來冬去孫炎曰鶻鳩一名鳴鳩月令云鳴鳩拂其羽郭璞云今江東亦呼爲鶻鵃似山鵲而小短尾青黑色多聲即是此也舊說及廣雅皆云班鳩非也所瑞班鳩鳴鳩雖有異同其言春來冬去舊有此說國家營事繕治營物一年之間無時暫止故以鳥名司事之官也司事理營造之事於六官皆屬司空此司空司事名爲一官者古今代異猶如舜典司空與共工各爲一官也　注鳩聚至爲名　正義曰鳩聚釋詁文也治民尚其集聚惡其流散故以鳩爲官名欲其聚斂民也　注五雉至翬雉　正義曰釋鳥雉之屬十有四其說四方之雉西方鷷東方曰鶅南方曰曰曷北方曰鵗舍人曰釋四方之雉名也杜言四方之雉唯南方不同也釋鳥又云鸐山雉樊光曰其羽可持而舞詩云右手秉翟郭

璞云長尾者尔雅之文翟与翯别而賈逵亦云南方曰翟雉則先儒相傳為説杜從之也釋鳥又云伊洛而南素質五采皆備成章曰翬李巡曰素質五采備具文章鮮明曰翬孫炎曰翬雉白質五采為文也傳言五雉必取五方伊洛土之中區明其取翬雉与四方之雉為五也賈逵云西方曰鷷雉攻木之工也東方曰鶅雉摶埴之工也南方曰翬雉攻金之工也北方曰鵗雉攻皮之工也伊洛而南曰翬雉設五色之工也樊光注尔雅四方之雉配工亦与賈同唯翬雉不配工耳案賈樊所言之工出於考工記耳而考工記更有刮摩之工凡有六工非唯五也且記是後世之書少皞時未必如記所説又以工配雉無所馮據不可采用故杜不言　利器至民者　正義曰雉夷近夷雉訓夷之為平故以雉名工正之官使其利便民之器用正丈尺之度斗斛之量所以平均下民也樊光服虔云雉者夷也夷平也使度量器用平也　注扈有至民事　正義曰釋鳥自春扈鳻鶞至宵扈嘖嘖凡七扈其文相次与此注正同李巡摠釋之云諸扈別春夏秋冬四時之名唶唶

嘖々鳥聲貌也郭璞曰諸扈皆因其毛色音聲以爲名竊藍
青色釋鳥又云鶞鶊老扈鴳桑扈竊脂注爾雅者舍人李巡孫
炎郭璞皆斷老上屬扈下屬解云鶞一名鶊老鴳一名扈々雀
也唯樊光斷鶞鶊爲句以老下屬注云春秋云九扈爲九農正九
扈者春扈夏扈秋扈冬扈棘扈宵扈桑扈老扈是
以老爲下屬唯鴳不重耳李巡云竊脂一名桑扈郭璞曰俗謂
之青雀觜曲食肉好盜脂膏因名云鄭玄詩箋云竊脂肉食陸
璣毛詩義疏云竊脂青雀也好竊人脯肉及筩中膏故以名竊
脂也諸儒說竊脂皆謂盜人脂膏也即如此言竊玄竊黃者豈復
盜竊玄黃乎　爾雅釋獸云虎竊毛謂之虦貓魋如小熊竊毛而
黃竊毛皆謂淺毛竊即古之淺字但此鳥其色不純竊玄淺黑
也竊藍淺青也竊黃淺黃也竊丹淺赤也四色皆具則竊脂爲
淺白也其唶々（嘖々然）則聲音爲之名矣其春扈鳻鶞樊光云
鳻鶞言分循也春扈分循五土之宜乃以人事名鳥其義未必然
也爾雅老扈鴳鴳字不重賈服皆云鷃々亦聲音爲名也賈逵

云春扈分循相五土之宜趣民耕種者也夏扈竊玄趣民耘苗者也秋扈竊藍趣民收斂者也冬扈竊黃趣民蓋蔵者也棘扈竊丹為果驅鳥者也行扈唶々晝為民驅鳥者也宵扈唶[嘖]々夜為農驅獸者也桑扈竊脂為蠶驅雀者也老扈鷃々趣民收麥令不得晏起者也舍人樊光注尓雅其言亦与賈同其意皆謂以扈為官還令依時循扈而動作也然則趣民耕耘及收斂蓋蔵其事可得召民使聚而揔歸令之其為果驅鳥蠶驅雀豈得多置官方使之就果樹入蠶室為民驅之哉又晝驅鳥夜驅獸不可竟日通宵常在田野溥天之下何以可周且其言不經難可據信也杜云以九扈為九農之號各隨其宜以教民事以舊說不可采用又不能知其職掌故未言之　自顓至故也　正義曰傳言少皞摯之立也鳳鳥適至則鳳鳥以初立時至也因其初立而有此瑞鳥遂即以鳥紀事雲火水龍亦以初立而有此瑞用之以紀庶事自顓頊以来初立之時既無遠瑞不能紀以遠而乃紀於近天瑞遠民事近為民之師長而命其官以

民事則爲不能致遠端故　注年二十八　正義曰沈文何云襄三十一年注云仲尼年十歲計至此年二十七今云二十八誤　失官學在四夷　正義曰王肅云郯中國也故吳伐郯季文子歎曰中國不振旅蠻夷入伐吾亡無日矣孔子稱學在四夷疾時學廢也郯少皞之後以其世則遠以其國則小矣魯周公之後以其世則近以其國則大矣然其禮不如郯故孔子發此言也失官爲所居之官不脩其職也仲尼學樂於萇弘問禮於郯子是聖人無常師　注夏之至天漢　正義曰星孛文在冬下經傳皆無其月但冬以十月爲初故以夏之八月解之也月令仲秋之月日在角昏牽牛中大辰是房心尾也其星處於東方之時在角星之北故以八月之昏角星與日俱沒大辰見於西方也天漢在箕斗之間於是時天漢西南東北邪列於天大辰之星見在天漢之西也今孛星又出於大辰之西而尾東指光芒歷辰星而東及天漢也　彗所至新也　正義曰彗帚第也其形似彗故名焉第所以掃去塵彗星象之故所以除舊布新也言此星見必有除舊之事

今茲至而伏　正義曰梓慎云往年吾見之是其徵也當時火出之時而彗星已見是隨火而行也今年火星之出而彗星章明是彗漸益長未即消滅必當火入之時与火俱伏也服虔注本火出而章必火火入而伏重火别句孫毓云賈氏舊文無重火字　注得天正　正義曰斗柄所指一歲十二月分為四時夏以建寅為正斗柄東指為春南指為夏是為得天四時之正也若殷周之正則不得正　宋大辰之虚　正義曰虚者舊居之處也陳為大皡之虚鄭為祝融之虚衞為顓頊之虚皆先王先公嘗居此地謂之虚可矣大辰星名非人居也而亦謂之虚者以天之十二次地之十二域大辰為大火之次是宋之區域故謂宋為大辰之虚猶謂晋地為參虚　水火之牡　正義曰獸曰牡々々是雄也陰陽之書有五行嫁娶之法火畏水故以丁為壬妃是水為火之雄　注丙午至勝火　正義曰丙是火日午是火位壬是水日子是水位故丙午為火壬子為水々火合而相薄則是夫妻合而相親々則將行其意或水從火或火從水但彗在大辰為多及漢

為少水少而火多故水不勝火火行其意水必助之故此丙子壬午之日當有火災　若火至壬午　正義曰劉炫云丙子壬午並俱是水火合日但二字之內先言者彊若火入而伏則連秋至春歷大陰水用事並同其欲水當先火故疑火入而伏則必以壬午也劉炫並為此釋杜既無注其壬午之事理則未詳　注瓘斝至禳火　正義曰瓘是玉名此傳所云皆是成就之器故知瓘是珪也斝是爵名玉字在斝瓚之間知斝亦以玉為之故云斝玉爵也周禮典瑞云祼圭有瓚鄭司農云於圭頭為器可以挹鬯祼祭謂之瓚國語謂之鬯瓚鄭玄云漢禮瓚槃大五升口徑八寸下有槃口徑一尺考工記玉人云祼圭尺有二寸有瓚以祀廟鄭玄云瓚如槃其柄用圭有流前注鄭玄詩箋云圭瓚之狀以圭為柄黃金為勺青金為外朱中央是瓚為勺共祭祀之器也裨竈欲用此三物以禳火　卜戰不吉　正義曰陽匄心不決死戰必殺將將死是不吉也司馬子魚志在必死不以將死為凶故卜之得吉敗吳之後吳人敗之終是不吉　注穆王曾孫　正

義曰依世本穆王生王子揚々生尹々生令尹匄　注隧出入道

正義曰守舟者魚環而塹之塹猶不合有出入之路故滿路置炭

以防吳人也

春秋正義卷第二十九

計二万八百六字

春秋正義卷第三十　　昭公

國子祭酒上護軍曲阜縣開國子臣孔穎達等奉

勅撰

十八年注來告至曰災　正義曰傳稱皆來告火知是來告故書也春秋書他國之災皆是來告而書公羊傳曰宋衛陳鄭災何以書記異也何異爾異其同日而俱災外異不書此何以書爲天下記異也穀梁亦云其志以同日也杜因此傳有來告之文故顯而異之天火曰災宣十六年傳例也　注自葉至爲文　正義曰成十五年許遷于葉自是以後許常以葉爲都九年許遷于夷是自葉遷于夷也十三年傳曰楚之滅蔡也靈王遷許胡沈道房申於荆焉平王即位既封陳蔡而皆復之禮也注云荆々山也滅蔡在十一年許又從夷遷於荆山平王復之復其本國許又歸於葉也故知此年遷于白羽是其自葉遷也且傳云葉在楚方城外之蔽也其欲遷之時許在葉也案傳王子勝言於楚子使之遷許則是楚人遷許非許自遷楚爲發意遷許々亦畏鄭樂遷故以自遷爲

文若許不樂遷楚強遷之當云楚人遷許如宋不遷宿齊人遷陽
之類不得云許遷于白羽以其自遷為文知許人自樂遷也傳
注代居其位 正義曰毛氏世有采地為畿内之國於時天子微
弱故自殺自代不能禁之 是昆至何待 正義曰是乙卯者昆
吾之君惡熟之日也由其修故以此日死也而毛得以此日成其
修惡於王都不亡何待 注昆吾至同誅 正義曰鄭語云黎為
高辛氏火正命之曰祝融其後八姓昆吾為夏伯楚世家云顓頊
生稱稱生卷章卷章生黎黎為高辛氏火正共工氏作亂帝使黎
誅之而不盡帝誅黎使其弟吳回居火正為祝融回生陸終終生
子六人坼剖而産焉其長曰昆吾虞翻曰昆吾為己姓封昆吾世
本云昆吾者衛是也然則昆吾國名言昆吾夏伯者以表昆吾國
君其上世嘗為夏伯其惡熟誅者此氏為伯之身當是後世之孫
耳詩云韋顧既伐昆吾夏桀共桀同文又傳云乙卯亡知以乙卯日
与桀同時誅 注東北至之始 正義曰東北曰融風易緯作調
風但是東北風一風有二名東北木之始故融風為木也木是火

之母火得風而盛故融為火之始　戊寅至大甚　正義曰甚者
益盛之言也丙子初風連日不息至戊寅而風益甚至壬午而風
又大甚初言融風是東北風也蓋自丙子至壬午風不廻而稍益
盛傳無主言魯國之風彼四國亦當然也　注大庭至之言　正
義曰大庭氏古天子之國名也先儒舊說皆云炎帝號神農氏一
曰大庭氏服虔云在黃帝前鄭玄詩譜云大庭在軒轅之前亦以
大庭為炎帝也對文則藏馬曰廄藏車曰庫曲禮云在府言府在
庫言庫鄭玄云府謂寶藏貨賄之處庫車馬兵甲之處又大學稱
云未有府庫財非其財者則庫亦藏財貨非獨車馬甲兵也古之
大庭當都於魯其處在魯城內魯於其處作庫而其地高顯故梓
慎登之以望氣梓慎往年言其將火今更望氣參驗近占以審已
前年之言信也梓慎所望々天氣耳非能望見火也而何休難云
宋衛陳鄭去魯皆數千里為登高以見其火豈實事哉劉炫云案
左傳不言望火何以言見其火玄卿以為孔子登泰山見吳門々
白馬離婁覩千里之毫末梓慎既非常人何知不見數百里之烟

火孔子在陳知桓僖災者豈復望見之乎若是火知災則人皆知
之矣何所貴乎梓慎左氏傳而編記之哉且四國去魯纔數百里
而何休云數千里虽意欲其遠亦虛妄之極梓慎所望自當有以
知之不知是何氣知其災也服虔云四國皆有火氣也梓慎不言
夜望安知望皆陳獨望皆何所望哉今以為服解義或然也將
有大祥　正義曰祥者善惡之徵中庸云國家將興必有禎祥
則吉祥也國家將亡必有妖孽則凶祥也則祥是善事而里析
以民動國亡為大祥者彼對文言耳書序云亳有祥桑穀共生于
朝五行傳云時有青眚青祥白眚白祥之類皆以惡徵為祥是祥
有善有惡故杜云祥變異之氣　弗良及也　正義曰良是語辭
史傳多云良所未悟良有以也是古今共有此語也而服虔云弗
良及者不能及也良能也能非良之訓妄言耳　注晉人至前也
正義曰下云出新客禁舊客勿出於宮此辭于東門明是晉人新
來未入故辭之不使前也此新也蓋聘使也晉人往因驪姬之亂
詛無畜群公子故文襄之世公子皆出在他國自成公更立公族

國內始有公子故使之来聘也自晋適鄭嘗入四〔西之〕門而辭之東門
者鄭城西臨洧水其西異門蓋從東門入為便故辭于東門　注
二子至之位　正義曰子寬游吉之子世族譜子寬與游速渾罕
為一人駟帯子子上六年死矣氏别有子上兆駟帯也世族譜雜
人內有子上異子寬明子寬与渾罕為一人也楚語說事神之禮
云使名姓之後能知犧牲之物彝器之量屏攝之位壇場之所而
心率舊典者為之宗知屏攝是祭祀之位也鄭衆云攝〻束茅以
為屏蔽其事或當然　注祏廟至救護　正義曰每廟木主皆以
石函盛之當祭則出之事畢則納於函藏於廟之北壁之內所以辟
火災也文二年傳云鄭祖厲王故知鄭之周廟是厲王廟也既有
火災皆須防守故合群主就於祖王廟易救護也衛次仲云右主
八寸左主七寸廣厚三寸穿中央達四方也范甯云天子主長尺
二寸諸侯主長一尺也白虎通云納之西壁　使府至其事　正
義曰曲禮云在府言府在庫言庫皆是藏財賄之處故使其人各
自儆守以防火也周官有大府內府外府天府玉府泉府而無掌

庫之官蓋府庫通言庫亦謂之府也諸侯國異政殊故府庫並言
行火至登城　正義曰此除司馬司寇之下亦是二宮使之行火
所災欲令人救之也言城下之人為部伍行列以登城亦是司馬
司寇之人備其寇也　注司野至之人　正義曰傳言野司寇則
司寇之官在野周禮司寇屬官有縣士掌野知野司寇是縣士也
鄭玄縣士注云地距王城二百里以外至三百里曰野三百里以
外至四百里曰縣四百里以外至五百里曰都都縣野之地其邑
非王子弟公卿大夫之采地則皆公邑也謂之縣縣士掌其獄焉
言掌野者郊外曰野大總言之也獄居近野之縣獄在二百里上
縣之縣獄在三百里上都之縣獄在四百里上如鄭此言采邑之
民有獄則采地之官長各自斷之若公邑之民有獄則縣士斷之
縣士司寇屬官所掌在野故此傳謂之野司寇也縣士職曰各掌
其縣之民數而聽其獄訟若邦有大役聚衆庶則各掌其縣之禁
令則諸侯縣士亦當然也縣士分在四方不聞火火之時四方
乃聞有災故戒使各保其所應受徵役之人皆令具備以待上命

慮有所須當徵之　郊人至國北　正義曰周禮鄉在郊内遂在郊外諸侯亦當然郊人當謂郊内鄉之人也祝史掌祭祀之官也使此鄉人助祝史除地在城之北作壇場爲祭処也就國北者南爲陽北爲陰就大陰禳火也　注玄冥至火神　正義曰月令冬云其神玄冥知玄冥水神也周語云夏之亡也回禄信於黔隧先儒注左傳及國語者皆云回禄火神或當有所見也二十九年傳脩及熙爲玄冥則玄冥祭脩熙不知回禄祭何人楚之先吳回爲祝融或云回禄即吳回也祭水神欲令水抑火祭火神欲令火自止禳其餘災慮更火也　陳許之先亡也　正義曰哀十七年楚滅陳也定六年鄭游速帥師滅許其後復立許悼公之孫成是爲元公其子結元年獲麟之歲也當戰國首爲楚所滅　注鄅妘至行之　正義曰鄅爲妘姓世本文也周之六月夏之四月種稲之時其君自出觀行之藉猶藉蹈藉踐履之義故爲履行之服虔云藉耕種於藉田也　攝其首焉　正義曰攝訓爲持也斬得闕門者首而持其頭　而舍其女　正義曰言止舍其女而留之　周其

至亡乎　正義曰周室其將亂乎夫其國內之人必多有是不說學問之說也國內多有此言而後流傳及其在位之大人大人謂公卿大夫也大人患其國內有多學而失其道者而疑惑於此言謂此言有道理也大人於是又為言曰其實可以無學〻〻不為害也以為無害而遂不學則苟且而可也一國之人皆懷苟且不識上下之序不知尊卑之義於是在下者陵侮其上在上者替廢其位上下失序能無亂乎夫學如殖草木也今人日長日進猶草木之生枝葉也不學則日知日退將如草木之墮（除之）落枝葉也原氏其亡滅乎　大為至禮也　正義曰祭社有常而云大為社者此非常祭之月而為火特祭蓋君臣未共禮物備具大於常祭故稱大也周禮女巫掌祓除釁浴祓禳皆除凶之祭徧於四方之神女尚書咸秩無文苟可祭者悉皆祭之所以振訏除去火災禮也嫌多祭非禮故禮之　子大至道北　正義曰鄭簡公之卒將為葬除（除之）亦欲毀游氏之廟則游吉宅近大路故數將徹毀也其廟當在宅內以其居處狹隘故廟在道南寢在道北也寢即游吉所居宅

也　過期三日　正義曰此量其庭之大小而豫計之以庭小之故
當過期三日欲除道使閽望及期得了亦不知本期當幾日也
卜筮至牲玉　正義曰言爲鄭卜筮何故有災宜禱何神奔走而
望祭之祭山川故爲望也莊二十五年傳云天災有幣無牲而云
不愛牲玉者天之見異非求人飲食隨時告請則有幣無牲若祭
求弭災者則當有牲雲漢之詩美宣王爲旱禱神云靡愛斯牲圭
璧既卒亦是用牲玉也　注撊然勁忿貌　正義曰服虔云撊然
猛貌也方言云撊猛也晉魏之間曰撊杜言勁忿貌亦是猛也但
述晉人責鄭之意故以勁忿解之　將以誰罪　正義曰將以誰
爲罪而欲授兵疑其畏晉襲之欲禦晉擊之　望走在晉　正義
曰其所瞻望奔走而歸之者唯在晉耳　注傳言子産有備　正
義曰國有火災懼被人襲登陴固守是有備也　而居楚地　正
義曰當時許都於葉釋例土地名葉在楚界許本偪於鄭請遷近
楚楚以葉與之故爲居楚地　注十三至居葉　正義曰案十三
年云楚之滅蔡也靈王遷許胡沈道房申於荆則許從夷遷向荆

也平王復之當從荆却向夷自夷向葉注不言自荆還葉者蓋以許還于夷見經故據以為言其實自荆還也　注自以至事楚　正義曰劉炫云當時許之於楚更無異望非敢恃舊國不事楚當以畏鄭之故外設備禦不得專心事楚耳今杜必以為舊國不專心事楚者以此傳許稱鄭人云余舊國許畏於鄭尚以舊國不肯事鄭明以舊國亦不專心事楚劉以為畏鄭不專心事楚苟背傳文而規杜氏非也　十九年注加弑至藥物　正義曰案傳許君飲止之藥而卒耳實非止弑也言書曰弑其君則仲尼矜意書弑也實非弑而加弑者責止事父不舍其藥物言藥當信醫不須已自為也釋例曰醫非三世不服其藥古之愼戒也人子之孝當盡心嘗禱而已藥物之齊非所習也許止身為國嗣國非無醫而輕

畀卜之

果進藥故罪同於弑雖原其本心而春秋不赦其罪蓋為教之遠防也　傳注蓋為至聘蔡　正義曰賈逵云楚子在蔡為蔡公時也杜以楚子十一年為蔡公十三年而即位若在蔡生子唯一二歲耳未堪立師傅也至今七年未得云建可室矣故疑為大子時

聘蔡也　注貴鄩至以告　正義曰隱四年莒人伐杞取牟婁僖
二十三年齊侯伐宋圍緡伐國而圍邑取邑皆書於經知此不書
圍取不以告也　注止獨至由醫　正義曰言飲太子止之藥専
以止為藥主是止獨進藥不由醫也　君子至可也　正義曰此
君子論止之罪也言為人臣子盡心盡力以事君父如禮記文王
世子之為即自足矣如此則舍去藥物已不干知於禮可也此許
世子不舍藥物致令君死是違人子之道故書於秋書其弑君解經
書弑君之意也　楚子至伐濮　正義曰費無極因此生意令王
收南方使太子居城父舉此為發端　及老至去之　正義曰紡
謂紡麻作纑也此婦人以麻纑度城高下令長与城等而去藏之
去即藏也字書去作弆羌莒謂掌物也今關西仍呼為弆東人輕
言為去音莒　刘炫云紡謂紡麻作纑為布作纑之法有小繩紀其升
縷纑既為布繩皆所用婦人不肯棄之積而留之以此小繩度城
而去之　注因紡至報讐　正義曰連所紡者謂連所紡之纑以
為繩故下云投繩城外或解以為連紀纑之繩然紀纑之繩其物

細小而短何可以度城婦人意欲報讐故豫纑以爲繩故杜云連所紡所紡即纑也　注投繩至而出　正義曰傳言投諸外者當是繫繩城上而投其所垂於外婦人則隨之而出劉炫云唯投繩城外婦人不出令知不然者婦人既託於紀鄣則是愛惜身命若投繩不去身則交死若唯繫繩城上則身不離城何得言獻諸子占明知將此婦人而獻之子占師則因繩在城而夜縋登焉劉以爲唯投繩城外而規杜氏非也入紀　正義曰此紀即上紀鄣也釋例土地名於莒地有紀鄣紀二名東海贛榆縣東北有紀城　注子瑕子游絲父　正義曰案世本子游子瑕並公孫蠆之子杜云絲父未詳　注聳懼也　正義曰釋詁云竦懼也竦与聳音義同　注大死至日昏　正義曰此皆賈逵言也周禮大司樂云大札令弛縣鄭玄云札疫癘也是札大疫死也尔雅云瘥病也以此說死事而与札相對故解爲小疫也成二年傳說鄭靈公早死云夭子蠻是夭爲少死也尚書六極一曰凶短折孔安國云短未六十折未三十是短折爲早死之名故爲夭也子生三月父名之未

名之曰昏謂未三月而死也未名不得為臣揔說諸死連言之耳
懼隊宗主　正義曰大夫繼世為一宗之主恐隊失之也服虔云
祏主藏於宗廟故曰宗主少牢饋食大夫禮也大夫無主何所隊
乎　二三老　正義曰二三老者鄭之卿大夫也服虔云二三老
駟偃家臣上言私族於謀而立長親豈得家臣不知也　息民五
年　正。曰平王以十三年五月始即位其年兵乱未息今歳又義
役民城州來其閒唯有五年　民樂其性　正義曰性生也兵革
並起則民不樂生國家和平乃樂生　禜焉　正義曰禜祭名元
年傳曰山川之神則水旱癘疫之不時於是乎禜之禳之至止也
正義曰言禳之則彼渕是其室也其室既近禳之不難但吾無求
於龍〻亦無求於我乃止也言其不復祭　室於怒市於色　正
義曰室内於自家相瞋怒市於他人作色怨二十年注嘗有至曹
邑　正義曰宣十年傳例曰凡諸侯之大夫違告於諸侯曰某氏
之守臣某失守宗廟敢告所有玉帛之使者則告不然則否注云
玉帛之使謂聘恩好不接故不告如杜之意此為奔者之身嘗有

玉帛之使於彼國已經相接則告若奔者未嘗往聘恩好不接則
不告唯告奔者嘗聘之國餘不告也曹會曾來聘曹故云嘗有玉
帛之使來告故書也此與二十二年宋華亥向寧華定自宋南里
出奔楚其文正同彼華亥等入南里以叛又從南里出奔則此亦
應然賈逵云前此以鄭叛也叛便從鄭而出叛不告故不書是言
既以鄭叛又從鄭而出也南里繫宋此鄭不繫曹者鄭是大都得
以名通南里是宋都之里非別邑故繫於宋此鄭及定十一年蕭
皆是別邑故不繫國也曹是小國其臣書名者少此會書名蓋備
於禮成為卿也釋例曰小國之卿或命而禮儀不備或未加命數
故不書之邾畀我之等其奔亡亦多所書唯數人而已知其合制
者少也杜言數人謂此公孫會與邾快邾畀我也是杜意以會備
禮成卿故書名也劉炫云春秋未嘗書曹人來聘非徒會不見經
炫謂玉帛之使謂國家所有交好皆告之非奔者之身嘗聘也今
贊又云所以舉亥向寧射姑等不見有玉帛來聘者以其時未為
卿也注奔豹至不得　正義曰襄十年鄭尉止司臣等殺子駟

子國書曰盜殺鄭公子騑公子發尉止之徒皆士書之爲盜釋例
曰士殺大夫則書曰盜則此書盜賊之使同於士也三十一年傳
說春秋褒貶之義云或求名而不得或欲蓋而名章懲不義也齊
豹爲衛司寇守嗣大夫作而不義其書爲盜又曰春秋書齊豹曰
盜懲不義也宣十七年傳例曰凡稱弟皆母弟也此傳曰母兄稱
兄此縶與衛侯同母故稱兄　傳注是歲至歷也　正義曰歷法
十九年爲一章章首之歲必周之正月朔旦冬至僖五年正月辛
亥朔日南至是章首之歲年也計僖五年至往年合一百三十三年
是爲七章今年復爲章首故云是歲朔旦冬至之歲也朔旦冬至
環正月之朔當言正月己丑朔日南至今傳乃云二月己丑日南
至是錯名正月爲二月也歷之正法往年十二月後宜置閏月即二
此年正月當是往年閏月此年二月乃是正月故朔日己丑日南
至也時史失閏往年錯不置閏閏更在二月之後傳於八月之下
乃云閏月戊辰殺宣姜是閏在二月後也不言在八月後而云在
二月後者以正月之前當置閏二月之後即不可故據二月言之

時史謬閏月爲正月故經因史而書正月從其誤而書之傳以經
之正月實非正月更具於二月記南至之日以正歷之失也日南
至者謂冬至也冬至者周之正月之中氣歷法閏月無中氣中氣
必在前月之内時史誤以閏月爲正月而置冬至於二月之朔既
不曉歷數故閏月之與冬至悉皆錯也杜下注云時魯侯不行登
臺之禮使梓慎望氣是杜意以爲當時魯之君臣知此己丑是冬
至之日但不知其不合在二月耳服虔云梓慎知失閏二月冬至
故猶以二月望氣則服意以爲當時魯人置冬至於正月之内猶
梓慎知二月己丑是真冬至耳其義或當然也　正義
曰服虔云城父人城父大夫也　尒其至爲愈　正義曰勉謂勞
力尒其勉之令勉力報讐比於相從俱死爲愈也病差謂之愈言
其勝共死也服虔云相從愈於共死則服意相從使貧從其言也
語法兩人交互乃得稱相猶使貧從己語不得爲相從也　乃見
鱄設諸焉　正義曰見謂爲之紹介使之見光下文齊豹見宗魯
於公孟亦然猶論語云門人見之也　公如華氏請焉　正義曰

公未知諸人已死故猶往請之　注欒景至公弟　正義曰定十
年經書宋公之弟辰時當景公之世辰及地不得為元公弟也世
族譜辰地皆云元公子此諸本皆云元公弟當時轉寫誤耳　注
周猶終竟也　正義曰杜意終不從子言是終事子即謂殺公孟
之言使華齊御公孟　正義曰諸本皆華上有使子字計華齊是公
孟之臣自為公孟之御非齊氏所當使必不得有使字當以上
文有使祝鼃使一乘下有使華寅乘貳車使華寅執蓋以此妄加
使字今定本有使非也　乘驅自閲門　正義曰乘驅者乘車而
疾驅也閲門者衛城門蓋偏側之門其路遠齊氏　注掫行夜
正義曰下云終夕與於燎故知掫是行夜也說文云掫夜戒有所
擊也從手取聲　注未致至禮見　正義曰客禮見者若已致君
命則享有庭實復有私覿私面之禮今為未致使故但以良馬見
也　丁巳晦　正義曰丙辰丁巳乃是頻日其事既多不應二日
之中并為此事今杜不云日誤者以誤在可知故杜不言且宣二
年壬申朝于武宮注云壬申十月五日既有日而無月冬又在壬

申下昭傳文無較例又注哀十二年傳云此事經在十二月螽上
令倒在下更具列其月以為別者丘明本不以為義例故不皆齊
同如杜此言或傳因簡牘之辭不復具顯其日月劉炫以為日誤
而規杜氏非也　負子　正義曰謚法外内用情曰負　注子石
公孫青　正義曰案世本頃公生子夏騅騅生子石青是也　左
康至相及　正義曰此非康誥之全文引其意而言之其本文云
子弗祗服厥父事大傷厥考心于父不能字厥子乃疾厥子于弟
弗念天顯乃弗克恭厥兄兄亦不念鞠子哀大不友于弟惟弔茲
不于我政人得罪孔安國云至此不孝不慈弗友不恭不於我執
政之人得罪乎道教不至所致又曰文王作罰刑茲無赦言刑此
不孝不慈之人無赦也刑不慈者不可刑其父又刑其子刑不孝
者不可刑其子又刑其父是為父子兄弟罪不相及　注琴張至
名牢　正義曰家語云孔子弟子琴張與宗魯友七十子篇云琴
牢衛人字子開一字張則以字配姓為琴張即牢曰子云是也賈
逵鄭衆皆以為子張即顓孫師服虔云案七十子傳云子張少孔

子四十餘歲孔子是時四十一未有子張鄭賈之説不知所出
子城適晉　正義曰上云八子奔鄭而此又云適晉者子城本意
與七子同心奔鄭故上云奔鄭及其敗後遂率意適晉以請師
子死至其訽　正義曰言我子死亡自有天命々々欲盡此人所
免我不忍其恥欲喪子以代之不能事人　正義曰言年齒既長
不能從國事人爲臣　齊侯疥遂痁　正義曰後魏之世嘗使李
繪聘梁々人袁狎與繪言及春秋説此事云疥當爲痎々是小瘧
痁是大瘧疥患積久以小致大非疥也狎之所言梁主之説也案
説文疥搔也瘧熱寒休作痁有熱瘧痎二日一發瘧今人瘧有二
日一發亦有頻日發者俗人仍呼二日一發久不差者爲痎瘧則
梁主之言信而有徵也是齊侯之瘧初二日一發後遂頻日熱發
故曰疥遂痁以此久不差故諸侯之賓問疾者多在齊也若其不
然疥搔小患與瘧不類何云疥遂痁乎徐仙民音作痎是先儒舊
説皆爲疥遂痁初疥後瘧耳今定本亦作疥　期而　正義曰期三
百有六旬又六日法天數三百六十五度四分度之一帝言向從

全數故言三百六十又六日合三百六十五日又四分度之一分欠三分不成六日大月却還天朞十度小月不盡置閏 注欲殺嚚固 正義曰服虔云祝固齊大祝史嚚大史也謂祝史之固陋嚚闇不能盡禮薦美至於鬼神殺也其意以為祛誅祝史之嚚闇固陋者嚚固非人名也案莊三十二年神降于莘虢公使祝應宗區史嚚享焉彼是人名則此亦名也世族譜齊雜人內有祝固史嚚此云欲殺嚚固是杜必以為人名也 晏子曰至不祈 正義曰彼傳趙武對曰夫子之家事治言於晉國無隱情其祝史陳信於鬼神無愧辭此晏子言之其辭微多於彼其意亦不異也 光輔五君 正義曰文公 為戎右襄靈為大夫成公為卿景公為大傳 上下無怨 正義曰此猶如孝經上下無怨也言人臣及民上下無相怨耳服虔云上下謂人神無怨即如服言下云上下怨疾復是人與神相怨疾也 輸掠其聚 正義曰輸隨也故為隨毀奪其所聚之物 肆行非度 正義曰肆縱恣也恣意行非法度之事也 不思謗讟 正義曰俗本作畏字本作思 其蓋至

誣也　正義曰掩蓋愆失妄數美善是矯詐誣罔也　注衡鹿至
民共　正義曰周禮司徒之屬有林衡之官掌巡林麓之禁鄭玄
云衡平也平林麓之大小及所生者竹木生平地曰林山足曰麓
此置衡鹿之官守山林之木是其宜也舟是行水之器鮫是大魚
之名澤中有水有魚故以舟鮫為官名也周禮山澤之官皆名為
虞每大澤大藪中士四人鄭玄云虞度也度知山之大小及所生
者澤水所鍾也水希曰藪則藪是少水之澤立官使之候望故以
虞候為名也海是水之大神有時祈望祭之因以祈望為主海之
官也此皆齊自立名故與周禮不同山澤之利當與民共之言公
立此官使之守掌專山澤之利不與民共故鬼神怒而加病也
注介隔至私物　正義曰聘禮及竟謁關人鄭玄云古者竟上為
關又周禮司關注云關界上之門然則禮之正法國之竟界之上
乃有關耳自竟至國更無關也齊於竟内更復置關不與常禮同
以隔外内故注介為隔也迫近國都為關以隔邊鄙之人縣鄙之
人入從國之政役近關又征税奪其私物而使民困也布常無藝

正義曰布其義尋常之政毋準藝私欲至則應　正義曰言氏嬖寵之臣私有所欲長養其情求物共之民不共給則應之以罪聊攝至以西　正義曰聊攝姑尤皆是邑也管仲奔楚言其竟界所至故遠舉河海也晏子言其人多故唯舉屬邑言之也　旃以至虞人　正義曰周禮孤卿建旃大夫尊故麾旃以招之也逸詩翹翹車乘招我以弓古者聘士以弓故弓以招士也諸侯服皮冠以田虞人掌田獵故皮冠以招虞人也　醯醢鹽梅　正義曰醯酢也醢肉醬也梅果實似杏而酢禮記內則炮豚之法云調之以醯醢尚書說命云若作和羹爾惟鹽梅是古人調鼎用梅醯也時說和羹而不言豉古人未有豉也禮記內則楚辭招魂備論飲食而言不及豉史游急就篇乃有蕪荑鹽豉蓋秦漢以來始為之耳　齊之至其過　正義曰齊之者使酸鹹適中濟益其味不足者洩減其味大過者　詩曰至有爭　正義曰詩言殷王中宗非徒身自賢明亦有和羹之臣臣與其君可否相濟如宰夫之和齊羹也氏臣既敬戒其事矣既志性和平矣中宗總齊大政自上及下無怨

恨之言時民皆有無爭鬭訟者也言其上下悉如和羹　注詩頌
至大羹　正義曰詩商頌列祖之篇祀中宗之詩也中宗殷王大
戊湯之玄孫也有桑穀之異懼而脩德殷道復興故表顯之號爲
中宗殷人祭其廟述其德而歌此詩也言亦有者臣能諫君〃能
改悔亦者而無須之意也言中宗能与臣之賢者和齊可否其爲
政教如宰夫和齊羹之味也敬戒且平言此賢臣之性行也樂記
云大羹不和鄭玄云大羹肉湆不調以鹽菜桓二年傳云大羹不
致注云大羹肉汁不致五味和羹備五味異於大羹也　注鬷總
至和羹　正義曰鬷總遐大詩毛傳文也言中宗爲天子總大政
能使上下皆如和羹尋傳引此詩證民皆爭心則以時靡有爭謂
時皆有爭也　一氣　正義曰服虔云歌氣也杜言須氣以動則
一氣不生爲歌吹人以氣生動皆由氣彈絲擊石莫不用氣〃是
作樂之主故先言之人作諸樂皆須氣以動則与服不異　二體
正義曰樂之動身體者唯有舞耳文舞執羽籥武舞執干戚舞者
有文武之二體　三類　正義曰樂以歌詩爲主詩有風雅頌其

類各別知三類是風雅頌也一國之事諸侯之詩為風天下之事天子之詩為雅成功告神為頌是三者類別各不同　四物　正義曰樂之所用八音之器金石絲竹匏土革木其物非一處能備故雜用四方之物以成器　五聲　正義曰漢書律歷志云五聲者宮商角徵羽也所以作樂者諧八音蕩滌人之邪志令其正性移風易俗也五聲和八音諧而樂成商之為言章也物成熟可章度也角觸也物觸地而出戴芒角也宮中也居中央暢四方唱始生為四聲綱也徵祉也物盛大而蕃祉也羽宇也物聚宇而覆之也夫聲者中於宮觸於角祉於徵章於商宇於羽故四聲為宮紀也是五聲之名義也聲之清濁凡有五品自然之理也聖人配於五方宮居其中商角徵羽分配四方四時之物春生夏長秋成冬聚取其變而為之名也志又云五聲之本生黃鐘之律九寸為宮或益或損以定商角徵羽九六相生陰陽之應也樂記云宮為君商為臣角為民徵為事羽為物月令春其音角夏其音徵中央土其音宮秋其音商冬其音羽鄭玄云聲始於宮宮數八十一屬土

以其最濁君之象也三分宮去一以生徵徵數五十四屬火以其
徵清事之象也三分徵益一以生商商數七十二屬金以其濁次
宮臣之象也三分商去一以生羽羽數四十八屬水以為最清物
之象也三分羽益一以生角角數六十四屬木以其清濁中民之
象也志言或損或益者下生三分損一上生三分益一九六相生
者以九生六是三損一也以六生九是三益一也損益之數清濁
之差其可以相準況以黃鍾九寸自乘為九九八十一定之為宮
數因宮而損益以定商角徵羽之差言其相校如此數也唯相準
況耳非言實有此數可用之也　六律　正義曰周禮大師掌六
律六呂以合陰陽之聲陽聲黃鍾大蔟姑洗蕤賓夷則無射陰聲
大呂應鍾南呂林鍾小呂夾鍾月令以小呂為仲呂律歷志云律
有十二陽六為律陰六為呂黃帝之所作也黃帝使伶倫自大夏
之西崐崘之陰取竹之竅厚均者斷兩節間而吹之以為黃鍾之
宮制十二筩以聽鳳皇之鳴其雄鳴為六雌鳴亦六以比黃鍾之
宮是為律本黃鍾黃者中之色也鍾者種也天之中數五五為聲

聲上宮五聲莫大焉地之中數六〻為律〻有形有色〻上黄五
色莫盛焉故陽氣施種於黄泉孳萌萬物為六氣元也以黄色名
元氣律者著宮聲也始於子在十一月大呂旅也言陰大旅助呂
黄鍾宣氣而牙物也位於丑在十二月大蔟蔟奏也言陽氣大奏
地而達物也位於寅在正月夾鍾言陰夾助大蔟宣四方之氣
而出種物也位於卯在二月沽洗〻絜也言陽氣洗物辜絜之也
彼注云辜必也位於辰在三月仲呂言微陰始起未成著於其中
旅助沽洗宣氣齊物也位於巳在四月蕤賓〻繼也賓道也言陽
氣始道陰氣使繼養物也位於午在五月林鍾〻林君也言陰氣受
任助蕤賓君主種物使長大茂盛也位於未在六月夷則〻法也
言陽氣正法度而使陰氣夷當傷之位也位於申在七月南呂南
任也言陰氣旅助夷則任成萬物也位於酉在八月無射〻厭也
言陽氣究物而使陰氣畢剥落之終而復始無厭已也位於戌在
九月應鍾言陰氣應無射該藏物而雜陽閡種也彼注云外閡萬
曰閡位於亥在十月是解六律六呂之名義也如志之言初為律

者以竹為之吹其葭也其後則用銅為之以候氣後漢書章帝時
零陵大学奚景於隱冷道舜祠下得白玉管是古人或以玉為管
也後漢書云候氣之法為土室三重戶閉塗釁必周密布緹縵於
室中以木為案每律各一內庫外高從其方位加律其上以葭莩
灰實其端案歷而候之其月氣至則灰飛而管通蓋葭灰之通与
天地之氣通故取律以候氣月令正月律中大蔟鄭玄云律者候
氣之管以竹為之中猶應也正月氣至則大蔟之律應〻謂吹灰
也是其舊說然也其律呂相生鄭注周礼大師職云黃鍾之初九
下生林鍾之初六林鍾又上生大蔟之九二大蔟又下生南呂之
六二南呂又上生沽洗之九三。洗沽本又下生應鍾之六三應鍾又
上生蕤賓之九四蕤賓又上生大呂之六四大呂又下生夷則之
九五夷則又上生夾鍾之六五夾鍾又下生無射之上九無射又
上生中呂之上六同位者象夫妻異位者象子母所謂律取妻而
呂生子也子午以東為上生子午以西為下生五下六上乃一終
矣鄭玄云同位象夫妻者黃鍾初九林鍾初六及大蔟九二南呂

六二之類同在初二之位故象夫妻異位象子母者謂林鍾初六生大蔟九二初之與二其數不同故為異位象子母律生於呂是為同位故云律取妻呂生於律則為異位故云呂生子言五下者謂林鍾夷則南呂無射應鍾皆是子午以東之管下而生之故云下生六上者謂大呂大蔟夾鍾姑洗仲呂蕤賓皆是子午以西之

也賈逵注周語云周有七音謂七律謂七器音也黃鍾為宮大蔟為商姑洗為角林鍾為徵南呂為羽應鍾為變宮蕤賓為變徵是五音以外更加變宮變徵為七音也周語云景王將鑄無射問律於伶州鳩對曰律所以立均出度也古之神瞽考中聲而量之以制度律均鍾百官軌儀故先王貴之王曰七律者何對曰昔武王伐殷歲在鶉火月在天駟日在析木之津辰在斗柄星在天黿星與辰之位皆在北維我姬氏出自天黿則我皇妣大姜之姪逢公

之所馮神也歲之所在則我周之分野也月之所在辰馬農祥我
大祖后稷之所經緯也王欲合是五位三所而用之自鶉及駟七
列也南北之揆七月也凡神人以數合之以聲昭之數合聲和然
後可同也故以七同其數而以律和其聲於是乎有七律也是言
周樂有七音之意也五位者歲月日辰星之位也三所者星與日
辰之位是一所也歲之所在是二所也月之所在是三所也劉歆
三統之術筭此五位所在武王以殷之十二月二十八日戊午發
師其年歲星在鶉火之次也其日月合宿於房五度房即天駟之
星也日在箕七度箕於次爲析木之津也日月之會謂之辰斗
柄斗前也戊午後三日得周二月辛酉朔日月合宿於箕一度在
斗前一度是爲辰在斗柄也星在天黿者星於五星爲水星辰星
是也天黿即玄枵次之別名也於是辰星在婺女之宿其分在天
黿之宿次也鶉是張星也駟是房星也天宿以右旋爲次張翼軫
角亢氐房凡七宿是自鶉火至駟爲七列。宿有七也鶉火在午列
天黿在子斗柄所建月移一次是自午至子爲南北之揆七月也

揆度也度量星之有七月也武王既見其時如此因此以要比合之其數有七也以聲昭明之聲亦宜有七也故以七同其數五聲之外加以變宮變徵也此二變者舊樂無之聲或不會而以律和其聲調和其聲使与五聲諧會謂之七音由此也武王始加二變周樂有七音耳以前未有七杜言武王伐紂自午及子凡七日者尚書泰誓云戊午王次于河朔又牧誓云時甲子昧爽王朝至于商郊牧野乃誓又武成云戊午師逾孟津癸亥陳于商郊甲子受率其旅若林前徒倒戈攻于後以北血流漂杵一戎衣天下大定是自戊午至甲子七日也劉炫云杜既取國語之文以七同其數以律和其聲何為又云自午及子凡七日乎是杜意以武王為七日之故而作樂用七音也違國語之文是杜說謬今知不然者以尚書國語俱有七義事得兩通故杜兼而取之劉以為杜背國語之文而規杜過非也

八風

正義曰易緯通卦驗云立春調風至春分明庶風至立夏清明風至夏至景風至立秋涼風至秋分閶闔風至立冬不周風至冬至廣莫風至調風一名融風十八年

傳云是謂融風是謂融同也此八方之風以八節而至但八方風
氣寒暑不同樂能調陰陽和節氣隱五年傳曰舞所以節八音而
行八風故樂以八風相成也八節之風亦與八卦八音相配賈逵
云兌為金為閶闔風也乾為石為不周風也坎為革為廣莫風也
艮為匏為融風也震為竹為明庶風也巽為木為清明風也離為
絲為景風也坤為土為涼風也是先儒依易緯配八風也　九歌
正義曰九歌之事尚書大禹謨與文七年傳具有其文　清濁至
周疏　正義曰周疏以上凡十事皆兩字相對其義相反乃言樂
者如此相反以成音曲猶羹之水火相反人之和而不同也杜訓
周為密則疏為希亦相反也俗本疏作流易繫辭云周流六虛仲
尼燕居云周流無不徧也涉彼文而誤耳杜既以周為密則流當
為疏今定本作流非也　詩曰德音不瑕　正義曰豳風狼跋
美周公攝政遠則四國流言近則成王不知周大夫美其不失其
聖也云公孫碩膚德音不瑕鄭玄云不瑕言不可疵瑕也　注季
蒯至氏者　正義曰此杜傳說也以逢伯是殷之諸侯比左逢伯

之前故以爲虞夏時也爽鳩在少皞之在虞夏歷代多矣未必其間更無他姓據晏子之言云代爽鳩氏耳　古若至願也　正義曰自古若其無死爽鳩至今猶存則此齊地是爽鳩氏得而樂也君不得爲齊君不死之事此樂爽鳩氏之有非君所願樂也晏子以爽鳩氏爲始故言爽鳩之樂計爽鳩以前處齊地者猶應大有人矣　盡殺之盜少止　正義曰既言盡殺之復云盜少止者盡殺盡萑苻之内盜也盜少止謂鄭國餘處之盜由此少止　詩曰至和也　正義曰此詩大雅民勞之篇刺厲王之詩也其下十句詩之文也仲尼分爲三段每以一句釋之汔其也康綏皆安也止辭也於是厲王以苛政勞民故言當今之民亦大疲勞止其可以小息之中國京師也四方諸夏也施惠於此京師中國以綏彼諸夏之民此四句者欲其施之以寬也詭隨謂詭人爲善隨人小惡此雖之小者其事不可含從也毋得從此詭隨之人以謹勑惡彼無善之人無善之惡大於詭隨詭隨不從則無善息止是謹勑之也寇虐之惡人又大於無善式用也遏止也憯曾也王當嚴爲

刑威用止臣民之間有爲寇盜苟且曾不畏明白之刑者此四句
者欲其糾之以猛也柔安也迩近也能謂材能也王者當以寛政
安慰遠人使之懷附則各以材能自進者是近人也遠者懷德而
皈近者以能自進用此以定我爲王之功此二句者言平之以和
也　注詩大雅云々　正義曰釋詁云汔幾也杜以幾其同庶故
以汔爲其也康綏皆安及下注遍止皆釋詁文也式用憯曾釋言
文也　又曰至々也　正義曰詩商頌長發之篇述成湯之德也
湯之爲政不大強不大急不大剛不大柔布行政教優々然和緩
百種福祿於是聚而歸之言其和之至也競強釋言文也絿急適
聚毛傳文也　及子至聞之　正義曰案上子大叔悔後已云仲
尼曰善哉令方言及子產卒聞之者上所云先美子大叔之善法
政用子產生時法也此出涕重美子產身之賢故傳云及子產平
卒欤
欲顯仲尼美之意也　二十一年注自外至里名　正義曰賈逵
云書入華貙兄弟作亂召而逆之是賈以此入從國逆之例也釋
例曰春秋稱入其例有二施於師旅則曰弗地在於復皈則曰國逆

國逆又以立爲例逆而不立别非例所及諸左例外稱入出自外入内記事常辭義無所取而賈氏皆以爲例如此甚多是杜意以賈伐逆之爲悅故云自外至故曰入以顯異之也五年傳叔孫昭子數豎牛之罪云又披其邑將以赦罪彼注云披析也此分析君邑以自屬已故曰叛也傳稱華氏居盧門以南里叛宋城舊墉及桑林之門守之知此南里是宋城之内里名　傳注周景至無射　正義曰周語云景王二十一年鑄大錢二十三年將鑄無射單穆公曰不可作重幣以絶民資又鑄大鐘以鮮其繼三年之中而有離民之器二焉國其危哉王不聽問之伶州鳩對王又弗聽卒鑄大鳩州鐘二十四年鐘成一十五年王崩孔晁於二十四年注云昭二十一年如彼文則此年鑄鐘成之年而傳云將鐘無射者此爲州鳩之言張本州鳩以未成之時爲此言故此年發傳而言將也州鳩此下之言與周語州鳩之言全不同者彼是對王之問此是自言其事異時别言故不同也周語及此皆論鐘事故云無射鐘名其着於律應無射之管故以律名名鐘襄十九年季武子作林鐘亦

是鍾者應林鍾之律也此無射之鍾在王城鑄之敬王居洛陽蓋
移就之也秦滅因其鍾徙於長安歷漢魏晉常在長安及劉裕滅
姚泓又移於江東歷宋齊梁陳其鍾猶在東魏使魏收聘梁收作
聘遊賦云珍是淫器無射高縣是也及開皇九年平陳又遷於西
京置大常寺時人悉共見之至十五年勑毀之　注省風至移之
正義曰漢書地理志曰凡民函五常之性而有剛柔緩急音聲不
同繫水土之風氣故謂之風好惡取舍動靜無常隨君上之情欲
故謂之俗是解風俗之名但風俗盛衰隨時隆替國之將滅風敝
俗煩天子采詩者省此風俗之敝乃作樂以移之孝經曰移風
易俗莫善於樂孔安國云風化也俗常也移大平之化易衰敝之
常也地理志以風為本俗為末言聖王在上統理人倫必移其本
而易其末此混同天下一之乎中和然後王教成是說作樂移風
之事也　器以至行之　正義曰為上言鍾者之器也故此云器
以鍾之言器以鍾聚其音又上言音者樂之興也故此云興以行之
兼上語不論者亦猶易繫辭云天尊地卑乾坤定矣卑高以陳貴

賤位矣隨文便而言耳 小者至不槬 正義曰言小不至窕則窕是細之意也大不至槬則槬是大之義也說文云窕深肆極也由細故能極於深是窕為細不滿謂不能充滿心也槬者迫横故為横大心所不容故不入心也下窕則不咸亦如字本或作感鄉反 注不在至幼齒 正義曰喪大記云國君初死之禮云既正尸子坐于東方卿大夫父兄子姓立于東方有司庶士哭于堂下北面鄭玄云正尸者謂遷尸牖下南首也子姓謂衆子孫也姓之言生也其男子立於主人後彼言子坐東方謂大子即鄭所謂主人也彼初死之時即別適庶說其至葬君道成矣大子失其位明其不在適子位也位在卑是以長幼為齒蓋處其庶兄之下 注鮑國至七牢 正義曰十四年傳曰司徒老祁慮癸來歸費齊侯使鮑文子致之是鮑國歸費之事也杜以周禮掌客云上公饔餼九牢侯伯七牢子男五牢以諸侯牢禮各以其命數卿大夫來者亦當牢禮如其命數計鮑國齊卿不過三命於法當三牢而魯人失禮為鮑國七牢也下云加四為十一知本七也劉炫云案聘禮

使卿主國待之饔餼五牢則臣之牢禮不依命數鮑國禮當五牢
加二牢耳今知非者杜以掌客諸侯牢禮各依命數以卿大夫從
文故杜據諸侯言之不得卿大夫以下亦依命數而列以鄭注掌
客爵卿五牢爵大夫三牢爵士大牢而規杜非也　士鞅怒　正
義曰七牢於禮厚矣而鞅怒者但陳設為鞅々必不怒其時魯人
報云鮑國之禮鞅遂怒其輕已　亟言之　正義曰服虔云亟疾
也疾言之欲使信則服虔讀為亟也或當為亟々數也數也言之
抑君有命可若何　正義曰抑語助若如也言吾有讒子得多僚
也雖知其讒既不能殺多僚華貙雖枉為君有逐貙之命可如何
言無如之何遂謀逐之　分同至過也　正義曰日月之行交則
相食自然之理但日為君象月為臣象陰既侵陽如臣掩君聖人
因之設教制為輕重以夏之四月純陽之月時陽極盛陰氣未作
正當陽盛之時不宜為弱陰所侵以為大忌此月日食災最重也
餘非陽盛之月為災稍輕至於分至之月日食即不為災又解不
為災之意以二分晝夜等似其同一道二至長短極並行則相過

以爲理必相侵故言不爲災劉炫云此皆假其事以爲等差其實災之大小不如此也且詩云十月之交朔月辛卯日有食之亦孔之醜先儒以爲周之十月夏之八月秋分之月也而甚可醜惡七年四月甲辰朔日食春分之月也而云魯衛惡之衛大魯小安在乎二分之食不爲災足明此是先賢寓言非實事也　注二分至相過　正義曰日之行天一歲一周月之行天二十九日有餘已得一周日月異道互相交錯月之一周必半在日道裏從外而入內也半在日道表從內而出外也或六入七出或七入六出凡十三出入而與日一會歷家課之交道通而計之一百七十三日有餘而有一交交在望前朔則日食望則月食交在望後望則月食後月朔則日食此自然之常數也交數滿則相過非二至乃相過也傳之所言以二分日夜等者春分之時朔則日在婁望則月在角秋分之時朔則日在角望則月在婁婁角是天之中道日月俱從中道故晝夜等似有體敵之理月可敵日冬至之時朔則日在斗望則月在井夏至之時朔則日在井望則月在斗斗井南北晝夜

長短之極似若月之極長可以掩日光故云至相過相縣殊
也此皆唯冬至耳言二至者全句以成文此皆假託以為言也以
日者天之大明人君之象不可虧損故於正陽之張未法為重於
分至之月其害為輕於餘月之食其災為水假之以垂訓非實事
也
其他至為水　正義曰其他月非分至之月則為災日食是
陰侵陽是陽不勝也故日食常為水災莊二十三年六月日食秋
大水此二十四年五月日食梓慎曰將水昭子曰旱也其年八月
大雩旱也則亦不是常為水也又七年四月甲辰朔日食非分之
月而云魯衛惡之常水之言既無其驗是知是賢聖假託日食以
為戒耳　而不能送亡君　正義曰服虔以君上屬孫毓以君下
屬杜注不明亦似上屬　注徽識也　正義曰禮記大傳云聖人
南面而治天下必改正朔殊徽號鄭玄云徽號旌旗之名也周禮
大司馬云中夏教茇舍辨號名之用帥以門名縣鄙各以其名家
以號名鄉以州名野以邑名百官各象其事以辨軍之夜事鄭玄
云號名者徽識所以相別也鄉遂之屬謂之名家之屬謂之號百

官之屬謂之事左國以表朝位左軍又象其制而爲之被之以備死事師謂軍將及師帥旅帥至五長也以門名者所被徽識如其在門所樹者凡此言以也象也皆謂其制同耳縣鄙謂縣正鄙師至鄰長也家謂食采地者之臣也鄉以州名亦謂州長至比長也野謂公邑大夫百官以其職從王者此六者皆書其官與名氏焉夜事戒夜守之事也草止者慎於夜於是主別其部職如鄭此言則徽識制如旌旗書其所任之官與姓名於上被之於背以備其死知是誰之尸也士喪禮云爲銘各以其物亡則以緇長半幅赬末長終幅廣三寸書銘于末曰某氏某之柩今之銘旌旗幡也此生之徽識如死之銘旌其制之大小蓋亦如銘旌也書其官名即今之軍記令其各自揚徽欲知其勛公多少如漢書絳侯之令軍人云爲劉氏者左袒　呂封人華豹　正義曰呂邑封人官名豹即下文華豹是也本或豹上有華王肅董遇並曰呂封人華豹釋例譜一人再見名字不同皆兩載之宗雜人内有呂封人豹華豹爲一人知此本無華也今定本有華　闕矣　正義曰闕鳩環本又

作弯　不狎鄙　正義曰服虔云狎更也子城謂華豹曰不更射爲鄙一曰城言我不狎習故鄙然則豹已閔矣何慮不射也子城何當屬之云不更射爲鄙城方与豹相射此非謙讓之所又何須自言不習爲鄙服之二說皆非杜亦訓狎爲更言遞也城謂豹更女頻射我不使我得更遞是爲鄙也豹服此言故抽矢而止此豹亦不違軍之戰禮也　諸侯唯宋事其君　正義曰言諸侯之內唯宋之臣民善事其君言必前未嘗有叛逆者也俗本或無其字若無其字則是唯宋事楚撿於時宋國不屬楚也　王曰而告我也後　正義曰謂大宰犯諫在華登出師之後　德君必甚　正義曰荷恩謂之德言荷君恩必甚也　二十二年注叔鞅至曰亂　正義曰傳曰叔鞅至自京師言王室之亂是魯史承叔鞅之言而書之也閔馬父聞叔鞅之言乃逆度其事云子朝必不克是未知誰是誰非也故史但書曰亂不言其人々々爲亂魯史書事必待告乃書傳聞行言不書之此叔鞅之言即書策者魯是周之宗國既聞王室之亂義當欵位救之魯聞周亂所憂在已承言即書

是魯之憂王室也公羊傳曰何言乎王室亂言不及外也其意言兄弟爭位室內自亂其亂不及外國故指言王室也 注辟子至即位 正義曰鞏簡公敗績于京甘平公亦敗焉單子欲告急於晉以王如平時遂如圃車次于皇是辟子朝之難出居皇也王人以左皇告故書皇也景王既葬猛當成君仍書名者王室大亂未得以禮即位故也如莒展弒君而立未會諸侯元年書莒展輿出奔吳鄭忽嗣父而立鄭人賤之不以爲君桓十一年書鄭忽出奔衛然則未成君者法當書名此王猛雖未即位異於諸侯故稱王而以名繫之劉炫云以王當國亦如莒展以名繫國也 注未即至言崩 正義曰未即位不成爲王故不言崩也書王子猛卒者未成爲君繫父言之故稱子猶魯之子般子野卒 注戌月云云 正義曰案傳十二月庚戌晉籍談云云庚戌上去癸酉三十七日若此月癸酉朔其月不得有庚戌也又傳十二月下有閏月晉箕遺云云又云辛丑伐京辛丑是壬寅之前日也二十三年傳曰正月壬寅朔二師圍郊則辛丑是閏月之晦日也又計以年

正月之朔与今年十二月朔中有一閏如去嵗為五十九日此年
十二月嵗為癸酉朔經書癸酉明是誤也故言長曆推校十一月
小甲戌朔傳有乙酉十二日也又有己丑十六日也十二月大癸
卯朔傳有庚戌八日也　閏月小癸酉朔傳有閏月辛丑二十九日
也明年正月壬寅朔則上下符合矣　傳無元至乱人　正義曰
元高也衰善也獎勸也無高貴不善之事以勸乱人為悪也易曰
亢竜有悔言其位高也　若華至也已　正義曰若華氏知困而
致死戰或敗諸侯之師也楚恥無功而疾戰々勝則楚猶有功二
者並収吾諸侯之利也聞楚師将至華氏即出亦是楚之功也不
如出之以為楚功其此華氏亦無所能為也已　言雖放令出亦不
復能為宋害言宋人慮更為害决欲取殺之故諸侯之戍國請出
之宋人乃從之　王子至立之　正義曰賈逵云賓孟子朝之傳
也　王愛子朝因愛其傅（傳）故朝起並有寵於景王也　王与賓孟並談
說之欲立朝為大子周語云景王欲殺下门子乃云賓孟適郊見
雄雞賈逵云下门子周大夫王猛之傅也景王欲立朝故先殺猛

傳然則王与賓孟言說既欲立朝乃殺猛傳殘久不決故賓孟假
雄雞斷尾以勸之　注子朝至之傳　正義曰二十六年傳子朝
使告于諸侯云單劉贊私立少知朝年長於猛也賓孟欲立子朝
以是子朝之傳　劉獻至去之　正義曰伯盆是果決有知謀者
也願得殺賓孟去子朝所以彊單子之心故劉子亦与同志共立
子猛也於賓孟云願殺之於子朝云願去之者朝是王之寵子王
在不可專殺願遂去而已獻謚法知質有聖曰獻　賓孟至何害
正義曰說文云犧宗廟之牲也曲禮云天子以犧牛鄭玄云犧純
毛也周禮牧人掌牧六牲以共祭祀之牲牷鄭玄云六牲謂牛馬
羊豕犬雞牷體完具也又曰祭祀共犧牲以授充人繫之鄭玄云
犧牲毛羽完具也授充人者當殊養之然則祭祀之牲選其毛羽
完具者養之以為犧犧者寵養祭牲之名賓孟感雞以毛羽牷具
恐其被養為犧故自斷其尾殘毀其形賓孟怪而問之侍者曰自
憚其犧言此雞難畏其被寵養也賓孟因此感悟疾歸以雞事告
王且又言曰雞其憚畏為人用乎人則異於是雞矣雞被寵飾終

當見殺人被寵飾則當貴盛此其所以異於雞也犧者寵牲之名因以犧喻寵子即名寵子為犧言寵愛為犧者依法用牲令寵愛為犧者乃實用人言犧當用純德之人猶如祭犧當用純色之牲也他人之有純德寵之如犧後實招禍難矣己子之有純德寵之如犧有何害也但人有親疎若疎人被寵愛為犧實為禍難若己家親屬寵愛如犧有何患害他人謂子猛親屬謂子朝也犧者實用人上人是對牲為稱普據凡人也人犧實難此下人據疎外之人人字雖同上下人意異　注雞犧雖見寵飾　正義曰犧者繫養之名耳言寵飾者當養之時必為之服飾以異之於今之繫五采也史記稱楚王欲以莊周為國相使者曰郊祭犧牛養之數歲衣以文繡牽入大廟是時欲為孤豚豈可得乎是亦飾之事　注言設至異之　正義曰賓孟言人犧實難假疎人以為說令為疎姓之人寵養疎人擅權害主故言設使寵人如寵犧則不宜假人以招禍難假借他人以權或將反來害己子猛雖亦王子不得王寵與他人無異使犧在己家則無患害己喻子朝子朝是己之子

欲使王早寵異之如寵犧也　注十五至不應　正義曰賈逵以爲大子壽卒景王不立適子鄭衆以爲壽卒王命猛代之後欲廢猛立朝耳服虔以賈爲然杜今從鄭說者二十六年傳閔子馬云子朝干景之命則景有命矣若不命猛更命誰乎若子朝子猛並未有命俱是庶子朝年又長於次當立自求爲嗣宜矣劉蚠何以惡其爲亂而欲去之若俱未被立王意不偏群臣共黨王命爲嗣則莫敢不從何須將殺單以立朝也杜以此知大子壽卒王立劉子猛爲適其後復欲立子朝而王意未定賓孟感雞自毀因此感稱子朝之美王心許賓孟故不應處其德言也　注四月十九日　正義曰此於乙丑之下言四月十九日戊辰之下言二十二日顯言此二日者此年之傳其日最多經之與傳又時月多錯故此顯言二日欲令自此以下依次推之易驗耳　注王子猛次正　正義曰猛朝俱是王子單劉必欲立猛明猛是次正當立故也公羊多有次正之語杜取爲說猛爲次正不知其本蓋是大子壽之母弟或是穆后姪娣之子或母貴也　注須子至劉黨　正義曰此

下二十三年單子劉子樊齊以王如劉故知是單劉黨也　及領至平時　正義曰此上言遂夜取王以如莊宮遂與召莊謀殺子單旗與之重盟必來來而殺之王子還遂奔王追單子及領遂與重盟而還殺摯荒者爲前王如莊宮令單子使王而出奔更殺取摯荒以解說此事單子覺還欲背又奔平時　注八子靈景之族　正義曰以上言王子還此八人還居其首還既稱王子明八子皆王子也故知靈景之族　簡公平公　正義曰謚法一意不懈曰簡布綱持紀曰平　注皆爲子朝所敗　正義曰知爲子朝所敗者以傳云敗績于京故知是敬王黨爲子朝所敗也　注戊寅至月誤　正義曰傳言七月戊寅杜以長曆推校之戊寅是七月二日明傳是也經書王猛居皇乃在六月下知經六月誤也　注百工至所敗　正義曰知單氏所敗者以上云伐單氏下云反伐之是單氏反伐百工也若單氏被敗焉能反伐百工　注丁巳至秋誤　正義曰傳言冬十月丁巳杜以長曆推之丁巳是十月十四日經書此事在秋其下乃有冬知經誤　注乙酉至悼王　正義

曰傳言十一月乙酉杜以長歷推校之乙酉是十一月十二日知經書十月誤也上云單子逆悼王于莊宮悼王即猛也經書爲卒傳言其謚故解之雖未即位周人謚曰悼王敬王猛之母弟敬王位定乃追謚之　注敬王至子匄　正義曰敬王名匄本紀文也本紀不言敬王是猛之母弟先儒相傳說耳謚法夙夜共事曰敬

春秋正義卷第三十

計一万七千四百四十五字

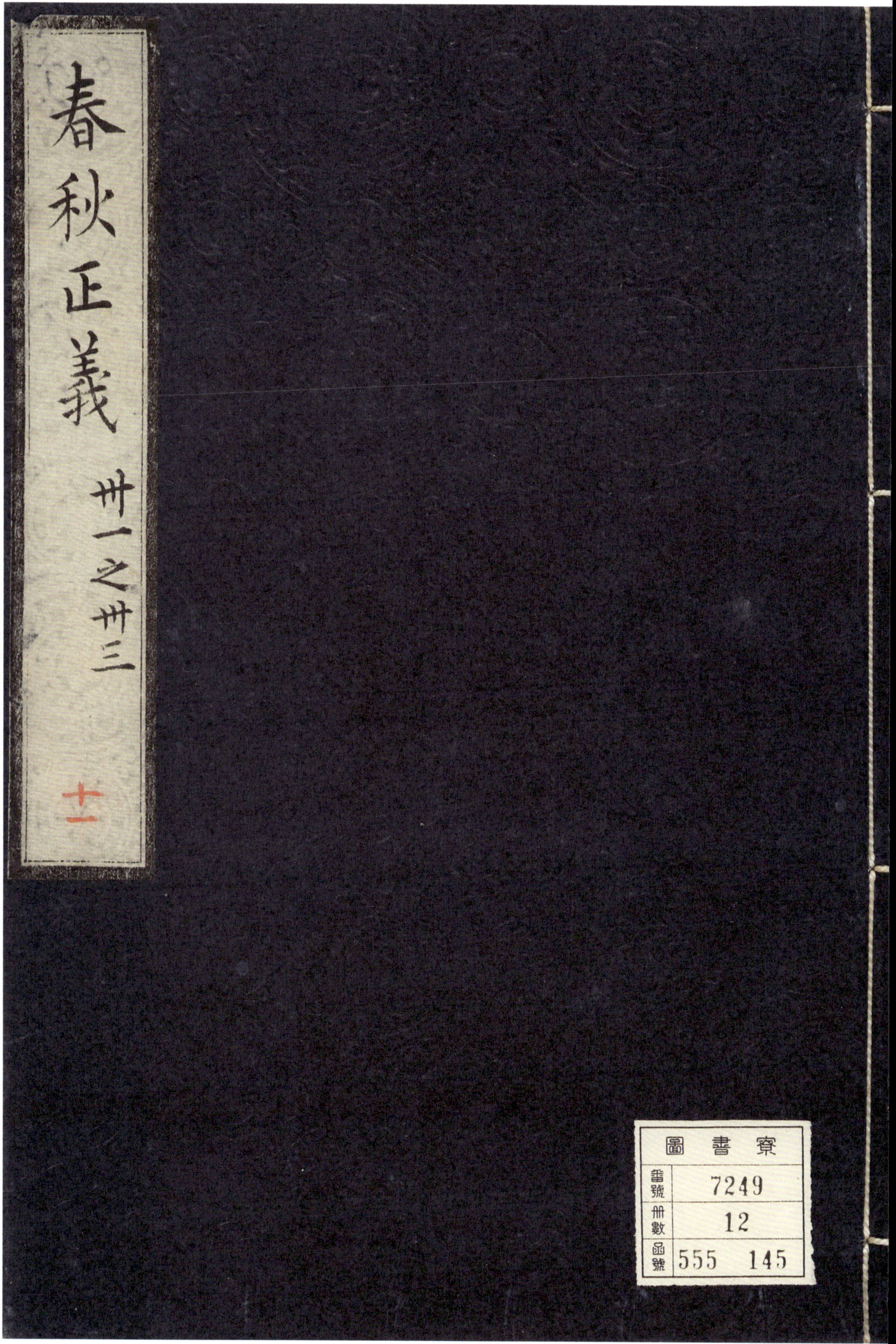

春秋正義　卅一之卅三

十二

春秋正義卷第三十一　昭公

国子祭酒上護軍曲阜縣開国子臣孔　穎達　等奉

勅撰

二十三年注称行至使人　正義曰傳説魯取邾師則是魯有罪矣而説晉執者凡諸侯有罪盟主當以師討之不宜執其使人故譏之　注討子至從赴　正義曰往年傳閏月辛丑晉師王師伐京毀其西南注云京子朝所在此年傳正月壬寅朔二師圍郊計辛丑壬寅頻日耳蓋京城毀郊是子朝之邑故二師囲之故云討子朝也郊不繫周者大都以名通也傳称朔日囲郊癸丑乃叔鞅卒癸丑正月十二日也是囲郊在叔鞅卒前也晉人来告囲郊不以囲郊日告之告在叔鞅卒後故經書在後是從赴也囲郊在朔或亦在叔孫婼如晉之前但行无日未必不以朔行叔鞅卒有日而言之　吳敗至雞父　正義曰此戰胡沈之君是胡沈君自將也頓序於上頓亦君自將也獲陳大夫陳是大夫將則蔡許亦大夫將也故云頓胡沈蔡陳許君在臣上各自以大小序耳桓十三

年經書齊師宋師衛師燕師敗績此不每國各言師而惣云師者傳
无其說杜不爲注是史略文非義例也賈逵云不國〻各言師惡其
同役而不同心案隱十年宋人蔡人衛人伐戴鄭伯伐取之傳曰
宋衛既入鄭而以伐戴召蔡人〻〻怒故不和而敗亦是同役而不
同心彼既不變其文此何當變文以見義乎賈之妄也　注不言楚
〻不戰　正義曰杜知楚之不戰者以傳云戰于雞父吳子以罪人先
犯胡沈与陳三國敗舍胡沈之囚使奔許与蔡頓師譟而從之三
國奔是戰於雞父之時先犯胡沈陳後破許蔡頓也六國既陳戰
驚奔下傳始云楚師大奔是六國敗後楚之師怖懼不得成陳望風
而奔故傳云不言戰楚未陳杜云不言楚〻不戰刘炫用服虔義
云不言楚〻諱敗不告然則必其楚之人來告容或諱敗若吳人來
告豈代楚諱乎刘違背傳文而規杜非也　注國虽至曰滅　正義
曰公羊傳曰君死于位曰滅其意言本國虽存其君見殺与滅國
相類擬君身言之謂之滅　注大夫至玄孫　正義曰宣二年鄭
人獲華元生獲也哀十一年獲齊國書死獲也故云大夫死生通曰獲案

世本宣公生子夏々生御叔々生徵舒々生惠子晉々生御寇々
生悼子齧々是徵舒曾孫杜云玄孫未詳　注敬王至城外
正義曰此是傳无其文不言无傳者傳稱六月庚寅單子劉子樊
齊以王如劉前從劉而居狄泉不是全无其文故不云无傳也狄
泉今洛陽城內大倉西南池水是也若在城內宜云王居城周知此時
在城外也今在城內者土地名云或曰定元年城成周乃遷之入城內也
注尹氏至欲立　正義曰宣王之世有尹吉甫春秋以來數有尹
子見經是其食采於尹世為周卿士也以其世為卿士宗族強盛
故能專意立朝不言尹子而言尹氏者見其氏族強故已立之也敬王
是單劉所立不書單子立者敬王猛之母弟兄死次正當立々之是
常朝不應立々廢以亂國昏尹氏之朝所以惡尹氏也隱四年衛人
立晉善其得衆昏衛人言舉國共立之此書尹氏立之朝明非周人
所欲立獨尹氏立之耳　傳注離姑至武城　正義曰邾魯接連
竟界相錯邾人從翼邑還邾先經魯之武城然後始至離姑而後
至邾故舉離姑為道次　武城人塞其前　正義曰此所塞之道必

有險道當是已過武城之邑未出武城之竟故得塞其前斷其後
而攻取之　注取邾至公命　正義曰傳言武城人則是武城之大
夫自專為此謀也既取邾師邾始愬晉晉人來討乃令叔孫往謝
叔孫以年初即行則魯取邾師是在往年因叔孫婼如晉追言之
注坐訟曲直　正義曰周禮小司寇云命夫命婦不躬坐獄訟凡
斷獄者皆令競者坐而受其辭故使並坐訟曲直　注在禮至之君
正義曰僖二十九年傳曰在禮卿不會公侯會伯子男可也於禮得
與相會故尚小國之君　注分別至服回　正義曰賈逵云使邾魯
大夫各居一館鄭衆云使叔孫子服回各居一館邾魯大夫本不同
館无爲後言使各居一館也謂分別叔孫與子服回不得相見各聽
其辭耳服虔並載兩說仍云賈氏近之案傳文各居一館之下即云
士伯聽其辭而愬諸宣子乃皆執之則皆執各居一館者也若是
邾魯別館豈執邾大夫乎且下云館叔孫於箕舍子服回於他邑
明此各居一館是分別子服與叔孫恐其相教示　注二子至執之
正義曰魯人實取邾師二子辭不屈者蓋以朝聘征伐過他國必

假道乃行邾人不假魯道是邾亦合責不假道小過也取其師大罪
也蹊田奪牛之報已甚故士伯怒而執之又因其使足以謝邾故
晉以明年秋之　士伯至如吏　正義曰御謂進引也引叔孫詣
於獄也叔孫從者唯有四人先過於邾君之館然後以之如吏故杜云
欲使邾人見叔孫之屈辱　請其吠狗　正義曰狗有吠守者爲主獵
者主獵者貴吠守者賤吏人請叔孫乞其吠守之狗　注自京至之
邑　正義曰知自京入尹者以前年子朝在京王師焚毁其西南不
言克京又今年二師圍郊不言子朝在郊故云自京入尹劉炫以爲
前年王師已克京子朝從京入郊郊潰不知子朝所在而規杜非
也　注殳長至死刃　正義曰詩毛傳文也考工記云殳長尋有
四尺八尺曰尋是其長丈二也又考工記戈戟皆有刃殳不言刃
是死刃也　威克至必濟　正義曰尚書胤征云威克厥愛允濟愛
克厥威允罔功是古有此言　注七月至不意　正義曰成十六年
傳郤至云陳不違晦以犯天忌我必克之注云晦月終陰之盡故
兵家以爲忌楚以兵之忌日不意吳來擊之必不設備吳人故違兵

忌以晦出而戰擊楚所不意也僖二十年泓之戰書己巳朔成十六年鄢陵之戰書甲午晦此書戊辰而不言晦者釋例曰經傳之見晦朔此時史隨其日而存之无義例也賈氏云泓之戰說宋襄故書朔鄢陵之戰說楚子故書晦雞父之戰夷之故不書晦左氏既无此說案雞父之戰經傳備詳其例非夷之實晦戰而經不書晦明經不以晦示褒貶　注國君至得也　正義曰傳言舍胡沈之囚使曰吾君死矣是胡沈之君死稱滅也釋例曰國君者社稷之主百姓之望當与社稷宗廟共其存亡者也而見獲於敵國雖存若亡死之与生皆与滅同故曰胡子髡沈子逞滅諸以戰傷死雖敗績而不見擒故經皆不曰滅則杜意國君生見獲亦書為滅也劉炫謂此胡沈之君戰死故言滅也春秋君戰生見獲者皆言以歸不書滅何得言雖存若亡皆為滅公羊傳曰其言滅獲何別君臣也君死于位曰滅生得曰獲大夫生死皆曰獲以為君死曰滅生曰以歸韓戰獲晉侯從大夫例故書獲以規杜失今知非者莊十年齊師滅譚譚子奔莒定六年鄭游速滅許以許男斯歸是君存稱滅劉炫以為生

獲於敵但言以歸不得稱滅規杜非也但君存國滅則滅文在上
滅譚滅許是也國存君死則滅文在下胡子沈子是也　注經書至
而死　正義曰經書乙未地震謂魯國之地動也丁酉南宮極震
則周地亦震周魯相去千里故震日不同以震而死明為屋所壓
注謂幽至岐崩　正義曰周語云幽王二年西周三川皆震伯陽
父曰周將亡矣陽伏而不能出陰迫而不能烝於是有地震今三川
實震是陽失其所而鎮陰也陽失而在陰原必塞原塞國必亡夫
水土演而民用也土無所演民乏財用不亡何待昔伊洛竭而夏
亡河竭而商亡今周德若二代之季矣其川原又塞塞必竭夫國必依
山川山崩川竭亡之徵也川竭山必崩若亡不過十年數之紀也夫天
之所棄不過其紀是歲也三川竭岐山崩十一年幽王乃滅注國語
者亦云三川涇渭洛也西周在雍州之域周礼職方氏正西曰雍州
其川涇汭其浸渭洛鄭玄云浸可以為灌溉者　大子至追之
正義曰土地名郹是蔡地蔡在楚之東北故建母在郹得召吳人
也於時蔡常從楚且失夫人故薳越追之　注諸樊至大子　正義曰

吳子諸樊吳王僚之伯父也僚子又名諸樊乃与伯祖同名吳人
虽是東夷理亦不應然也此久遠之昏又字經篆隸或誤耳　注楚
用至自固　正義曰襄十四年子囊將死遺言謂子庚必城郢君子
謂子囊忠將死不忘衛社稷可不謂忠乎彼子囊城郢君子謂之
為忠此囊瓦城郢沈尹戌謂之必亡直不同者国而无城不可以治
楚自文王都郢城郭未固子囊欲城之其事未暇將死而令城
郢故可謂之為忠今郢既固矣足以為治而囊瓦畏吳侵偪恐其
寇入國都更復增修其城以求自固不能遠抗邊竟唯欲近守城
郭沈尹謂之必亡為其直畏故也　注在依十八年　正義曰直
在十九年諸本皆然當是轉寫誤　明其伍候　正義曰賈服王
董皆作五候賈服云五候五方之候也敬授民時四方中央之候
王云五候山候林候澤候川候平地候也董云五候候四方国中
之若謀也杜作伍候故云使民有部伍相為候望彼諸本蓋以上多
云四故誤為五也　不僭不貪　正義曰不僭守信也不貪廉
正也不懦不受辱也不強不陵人者　此皆論守竟之事不僭不貪不

貪不耆謂不往侵隣国也不懦謂不使人侵已也　詩曰至厥德
正義曰詩大雅文王篇也無念々々也聿述也言王者念女先祖之法
則述當述治其先祖之德以顯之　注四君至賢者　正義曰楚
世家云周成王始封熊繹於楚以子男之田居丹陽歷十四君至於
熊儀是為若敖々々生霄敖々々生蚡冒々々卒弟熊達立是為
武王々々生文王始都郢杜文十六年云蚡冒楚武王父與不從世
家以蚡冒為武王兄要沈尹以四君為賢故特言之　土不過同
正義曰言土雖至九百里猶止名同故云不過同非謂百里以下也
知者以楚是子爵土方二百里明非百里也　猶不城郢　正義曰如
楚世家云武王以上未都於郢揔為時都郢故以郢言之謂不築其
其国都也　二十四年注丁酉至無月　正義曰此年五月乙未朔
一大一小七月當甲午朔九月癸巳朔五月得丁酉文在八月之下是為
日而无月也　注楚邑至大師　正義曰大都以名通故不繫楚之
也襄十三年傳例曰用大師焉曰滅　傳注度謀至无害　正義
曰同德度義尚書泰誓文也劉炫云案孔安國云德鈞則秉義者

強萇弘此言取彼為說必其与彼德同乃度義之勝負但使德勝不畏彼強故即引泰誓而勸其務德杜為不見古文故致有此謬今知非者彼尚書之文論兩敵對戰揆度有義者強此論甘氏又往既不亡同德何亡度義為意有異与書義不同且引詩斷章其類多矣劉以為杜違尚書之文而規其過非也　注四夷正義曰孔安國云夷人謂平人杜為夷狄之人者案四年傳曰商紂為黎之蒐東夷叛之孔杜各自為義其意俱通劉炫以杜為過而規其短非也　注貶婼言罪已　正義曰卿當備書名氏去氏則為貶責貶婼之族喜於得免所以尊晉而自屈也釋例曰意如至自晉傳言爲晉罪已婼至自晉傳後重發但言舍晉者意如以罪見執宜在罪已婼本使人不應見執故尊晉而已內大夫行還皆不告至異於公也今此二人執而釋更以書至見義也杜言見義有見其喜得釋特告廟而書至也　晉使至周故　正義曰晉助敬王久矣今使景伯如周問曲直者以子朝更強久諍未決晉人恐敬王不成更審甚之故疑而使察之也晉人於此乃辭王子

朝不納其使則以前猶與往来其心兩望至此始絶耳　注詩小至
恥之　正義曰此詩小雅蓼莪刺幽王之詩也或曰餅是器罍大
餅小實由罍所資餅是小器常稟受於罍今餅罄盡罍更無物
以共餅惟是罍之恥也餅喻周罍喻晉言周之微弱恃依
於晉今王室亂矣晉亢力以助之是晉之恥也詩注云餅小而盡
罍大而盈刺王不使富分貧衆恤寡　王及圍陽而還　正義
曰王歸行及圍陽倉與壽夢而還歸於越也　注詩大雅
正義曰此詩大雅桑柔刺厲王之詩也　二十五年注此鳥至故書
正義曰此鳥穴居今驗猶然考工記云鸜鵒不踰濟禹貢道沇水
東流為濟入于河溢為滎東出于陶丘北又東至于菏又東北會
于汶又北東入于海濟經齊魯之界魯在汶水之南鸜鵒北方之
鳥南不踰濟舊不在魯界今来魯而不穴又巢居故曰来巢傳曰
書所無也是非常故書也公羊傳曰何以書記異也何異爾非中
國之禽也宜穴又巢穀梁亦然案今大河以北皆有鸜鵒不得云
非國之禽也宜穴又巢信然　注季辛至上吏　正義曰月有三辛

上辛上旬之辛也季辛下旬之辛也長歷推校此年七月己丑朔上辛日三日下辛二十三日也不書其月之辰空言辛者本見旱甚欲知二雩相去遠近耳无取於辰故空書辛也季辛又雩不言大者言又見其重上辛是大雩明季辛亦大雩也春秋旱則修雩雩而得雨則書雩喜雩有益雩而不得雨則書旱以明災成此書二雩者上辛雩而得雨雨少尋即為旱故季辛又雩傳曰秋書再雩旱甚也是言前雩少得雨旱甚而後雩故賈云上辛不注是也公羊傳曰又雩者何又雩者非雩也聚以逐季氏也公以九月始孫豈七月已与季氏戰爭若使時實不旱亦不得託雩以聚眾矣　傳君子至必亡　正義曰揚子法言云何以動而見敬曰敬人何以動而見侮曰侮人然則貴人者人亦貴之卑人者人亦卑之此言凡人輕賤其身則不已以尊貴之道及於他人若君子己自貴其身者已先貴人欲其身之貴是以須有禮然後已以尊貴之道及於他人既尊貴他人是以有禮　賦新宮　正義曰燕禮記云升歌鹿鳴下管新宮鄭玄云新宮小雅逸篇也其詩既逸知是小雅篇者管即笙也以

燕礼及郷飲酒升歌笙歌同用小雅知新宮必是小雅但其詩辞
義皆亡无以知其意也　注詩小註賦之　正義曰周人思得賢女
以配君子車舝詩序也杜以下云逆女故知將為季孫迎宋公之女
故賦之杜必知為逆女而賦者以車舝之詩論逆女之事其詩云間関
車之舝兮思孌季女逝兮言間関然設此車舝思憶孌然季女
而往迎之又云辰彼碩女令德来教皆論迎女之事又昭子因聘
逆女已共宋公平論故於享礼之時而賦車轄猶知季文子如来
致女还賦韓奕之詩与此正同又何不可而刘炫以為昭子賦車
轄不為逆女又以新宮非昏烟之事而規杜已然新宮既亡焉知非是
親好苟生異見於義非也　注坐宋註礼坐　正義曰燕礼云司
宮設賓于戸西東上小臣設公席于阼階上西郷是礼坐公西向賓
南向也宋公使昭子右坐令在宋公之右蓋在宋公之北同西向以相
近言其改礼坐也　注平子至若姊　正義曰公若即平子之叔父也
不言平子之姑而云公若之姊明公若是平子庶叔此姑与公若同母
故曰公若姊也　注文子武子平子　正義曰武子生悼子〻〻生

平子政在季氏唯云三世不数悼子者悼子未為卿而卒不執魯政故不数也十二年傳曰季悼子之卒也叔孫昭子以再命為卿〻必再命乃得經書名氏七年三月經書叔孫婼如齊涖盟其年十一月季孫宿卒是悼子先武子而卒平子以孫繼祖也　簡子云非礼　正義曰案記云簠簋俎豆制度文章礼之器也升降上下周旋裼襲礼之文也又曰鋪筵席陳尊俎列籩豆以升降為礼者礼之末節也故有司掌之仲尼燕居云子張問礼子曰師爾以為必鋪几筵升降酌獻酬酢然後謂之礼乎言而履之礼也又五年傳云公如晉自郊勞至于贈賄礼無違者晉侯以為知礼女叔齊曰是儀也非礼也此問揖讓周旋之礼人云是儀也非礼也凡此諸文皆言礼与儀異礼之与儀非為大異但所從言之有不同耳礼是儀之心儀是礼之貌本其心謂之礼察其貌謂之儀行礼必為儀為儀未是礼故云儀非礼也鄭玄礼序云礼者体也履也統之於心曰体踐而行之曰履此訓兩釈良有以也鄭謂体為礼履為儀是其所以礼儀別也　夫礼天之性　正義曰自夫礼至

因地之性言礼本法天地也自生其六氣至民失其性言天用氣味色以養人不得過其度也是故爲礼以下言聖王制礼以奉天性不使過其度也經常也義宜也夫礼者天之常道地之宜利民之所行也天地之有常道人民實法則之法則天之明道因循地之恒性人所以制作此礼也此傳文於天言常則地亦常也於地言義則天亦義也覆言天地之經明天地皆有常也天有常明之義地有常利之義也覆云則天之明是天以明爲常因地之性則地以性爲義是天以光明爲常義地以剛柔爲常義々謂義理性謂本性言天地性義有常可以爲法故民法之而爲礼也　注經者道之常義者利之宜　正義曰覆而无外高而在上運行不息日月星辰温涼寒暑皆是天之道也訓經爲常故言道之常也載而无弃物无不殖山川原隰剛柔高下皆是地之利也訓義爲宜故云利之宜也杜以今文孝經云用天之道因地之利故天以道言地以利言之天无形言其有道理也地有質言其有利益也民之所則法象天地象天而爲之者皆是天之常也象地而爲之者皆是地之

宜也故禮為天之經地之義也孝經以孝為天之經地之義者孝是禮之本禮為孝之末本末別名理實不異故取法天地其宜同也

注則者人所履 正義曰民謂人也人稟天地之性而生動作皆象天地其所踐履謂之為則但人有賢与不肖則有過与不及聖人制為中法名之曰禮故禮是民之則也則者人之所履也易及大雅並訓履為禮是禮名由踐履而生也人之本性自然法象天地聖人述後法象天地而制禮教之是禮由天地而來故仲尼說孝子産論禮皆天地民三者並言之

注日月星辰天之明也高下剛柔地之性也 正義曰天之明杜以為日月星辰者以下傳云為父子兄弟昏媾姻亞以象天明若衆星之共北辰故知天明日月星也杜知高下剛柔地之性者以下傳云為君臣上下以則地義則君高臣下臣柔君剛地義則地之性也傳文上下其理分明人法天地其意多種杜以天明地義舉要而言故不備顯刑罰威獄溫慈惠和劉炫責杜不具載其文而規其過非也此傳文天言則地言因者民見地有宜利因取而法效之因亦則之義也既言天之經不可復言地之經故

變文稱義既言則天之明不可復言則地之性故變文言因々之与
則互相通也正是變文使相辟耳　生其六氣　正義曰此言
天用氣味聲色以養人不得過其度也因上則天之下更復本之
於天傳稱天有六氣此言生其六氣謂天生之也用其五行謂天用之
也上天用此五行以養人五行之氣入人之口為五味發見於目
為五色章徹於耳為五聲味以養口色以養目聲以養耳此三者
雖復用以養人々用不得過度々々則為昏乱使人失其恒性故須
為礼以節之　注金木水火土　正義曰洪範云五行一曰
水二曰火三曰木四曰金五曰土孔安国云皆其生數是其以生數
為次也大禹謨說六府云水火金木土穀五行之次与洪範異者
以相剋為次也此注言金木水火土者隨便而言之不以義為次也
五物世所行用故謂之五行五者各有材幹傳又謂之五材此傳
所說礼意々在味色聲也但味色聲本於五行而來五行又是六
氣所生故先言六氣五行然後言於味色聲也釋名五氣於其方
各施行白虎通云言為天行氣故謂之五行　注酸鹹辛苦甘

正義曰洪範又演五行云水曰潤下火曰炎上木曰曲直金曰從革土爰稼穡潤下作鹹炎上作苦曲直作酸從革作辛稼穡作甘孔安國云鹹水鹵所生苦焦氣之味酸木實之性辛金之氣味甘味生於百穀是言五行之氣為五味水味鹹火味苦木味酸金味辛土味甘也五行本性自有此氣々至於人乃為五味々之為異入口乃知言氣為五味謂氣入人口与下章也發也皆據人知為文味為性所有色是形之皃聲是質之響色可近視聲可遠聞自近以及遠故以口目耳所知味色聲為次也　注青黃至見也

正義曰五行之色也木色青火色赤土色黃金色白水色黑也木生柯葉則青金被磨礪則白土黃火赤水黑則本質自然也發見也謂見於人目有此五色　注宮商角徵羽

正義曰聲之清濁差為五等聖人因其有五分配五行其本不由五行而來也但既配五行即以五者為五行之聲土為宮金為商木為角火為徵水為羽聲之清濁入耳乃知章徵於人為五聲也此言章為五聲元年傳云徵為五聲章徵不同者據聲之至人

是为章徹擬人之知覺則為徵驗是彼此之異言耳　注滋味云傷
性　正義曰老子云五味令人口爽五色令人目盲五音令人耳聾
言其過耽耆之則有此病是其過則傷本性也　是故云五味云義
曰口欲嘗味目欲視色耳欲聽聲人之自然之性也欲之不已則失
其性聖人慮其失性是故為礼以奉養其性使不失也牲犧祭祀
所用非人所食而以牲犧奉五味者礼推人道以享神〻之所享肯
是人食尊鬼神亦異其名耳故亦為奉五味　注馬牛羊雞犬豕
正義曰爾雅釋畜馬牛羊犬雞五者之名其豕在釋獸之篇畜養
也家養謂之畜野生謂之獸豕有野豕故因記之於釋獸耳又釋
畜之末別釋馬牛羊豕犬雞六者之名其下題曰六畜謂此是也周
礼膳夫云膳用六牲是庖用六牲也庖人掌共六畜鄭玄云六牲馬牛
羊豕犬雞六畜即六牲也始養之曰畜將用之曰牲是畜牲一也
注麋鹿麏狼兔　正義曰十一年傳曰五牲不相為用注云五牲牛
羊豕犬雞此異彼者以上文已言六畜則五牲非六畜故別解之
周礼庖人掌共六獸鄭衆云六獸麋鹿熊麏野豕兔鄭玄云獸人冬獻

狼夏獻麋又內則無熊則六畜當有狼而熊不屬今杜解五牲之名用鄭玄六獸之說去野豕而以其餘當之也傳稱牛十月曰牲鄭玄云將用之曰牲此五者實獸也擬其將用祭祀故名之曰牲服虔云五牲麋鹿熊狼野豕　注祭天至之犧　正義曰尚書泰誓武王數紂之罪云乃夷居弗事上帝神祇遺厥先宗廟弗祀犧牲粢盛既于凶盜於神祇宗廟之下總言犧牲杜雖不見古文其言闇與之合是祭天地宗廟之牲謂之犧也然則犧亦六畜而別言之者周禮牧人凡祭祀共其犧牲以授充人繫之鄭玄云犧牲毛羽完具也授充人者當殊養之然則六畜之內取其毛羽完具別養以共祭祀者乃名為犧故與六畜異言之也服虔云三犧雁鶩雉也　注謂山至文也　正義曰尚書益稷篇云帝曰予欲觀古人之象日月星辰山龍華蟲作會宗彝藻火粉米黼黻絺繡以五采彰施于五色作服汝明尚書之文如此其解者多有異說孔安國云日月星為三辰華象草華蟲雉也畫三辰山龍華蟲於衣服旌旗會五采也以五采成此畫焉宗廟彝尊亦以　龍華蟲為飾

藻水草有文者火為火字粉若粟冰米若聚米黼若斧形黻為
兩巳相背葛之精者曰絺五色備曰繡如孔此言日也月也星辰也
山也龍也華也蟲也七者畫於衣服旌旗山龍華蟲四者亦畫於宗
廟彝器藻也火也粉也米也黼也黻也六者綉之於裳衣如此數之
則十三章矣天之大數不過十二若為十三無所法象或以為孔并
花蟲為一其言華象草花蟲雉者言象草花之蟲故為雉也若
華别似草安知蟲为雉乎未知孔意必然以否鄭玄讀會
為繢謂畫也絺為綉謂刺也宗彝謂虎蜼也周礼宗廟彝器
有虎彝蜼彝故以宗彝名虎蜼也周礼有衮冕鷩冕毳冕其
衮鷩毳者各是其服章首所畫舉其首章以名服耳
衮是衮龍也衮冕九章以龍為首鷩是花蟲也鷩冕七章
以華蟲為首毳是虎蜼也毳冕五章以虎蜼為首虎毛淺蜼毛
深故以毳言之毳乱毛也如鄭此言則於尚書之文其章不次故於
周礼之注具分辯之鄭於司服之注具引尚書之文乃云此古天子
冕服十二章絺或作綉字之誤也王者相變至周而以日月星辰

畫於旌旗所謂三辰旂旗昭其明也而冕服九章登龍於山登火
於宗彝尊其神明也九章初一曰龍次二曰山次三曰花蟲次四
曰火々次々五曰宗彝皆畫以為繢次六曰藻次七曰粉米次八曰黼
次九曰黻皆絺以為繡則袞之衣五章裳四章凡九也鷩畫以雉
謂花蟲也其衣三章裳四章凡七也毳畫虎蜼謂宗彝也其衣
三章裳二章凡五也是鄭玄之說花蟲為一粉米為一也杜之
此注亦以日月星辰畫於旌旗九文唯言衣服之文謂山也龍
也花也蟲也藻也火也粉米也黼也黻也以此為九杜言花若草
花而不言蟲則花蟲各為一也粉米若白米是粉米共為一也詩
云魚在藻為水草也孔安國云火為火字考工記畫繢之事火
以圜鄭衆云為圜形似火鄭玄云形如半環然則杜言火畫火盞
同安國為火字也粉米色白故粉米若白米也考工記曰白與黑
謂之黼孔安國云黼若斧形謂刃白而身黑故若斧也黻為
兩己相戾今之刺黻猶然也刻桓二年傳曰火龍黼黻昭其文也
者以證此九文是山龍之屬也世本云胡曹作冕注云胡曹黃帝

臣也繫辭云黃帝堯舜垂衣裳而天下治蓋取諸乾坤則冕服
起於黃帝也加飾起自唐虞即尚書云予欲觀古人之象云是也
所以衣服畫日月星等者象王者之德照臨天下如三光之耀也
山体鎮重象王者之德鎮重安靜四方又亦潤益含受如山興雲
致雨也龍者水物也象王者之德流通无壅如水利蒼生又龍
舒卷變化无方象人君有无方之德也花蟲即鷩雉々有文章
表王者有文章之德也宗彝々常也宗廟之常器有虎彝今
唯取虎雌者虎取毛淺而有威雌取毛深而有知以表王者有
深淺之知威猛之德也藻者水草是鮮絜之物生於清水亦
隨短長象王者之德冰清玉絜隨機應物隨民設教不羈而
成也火者火性炎上用表王者之德亦使率土群黎向歸上命也
粉米者米亦濟人之命表王者有濟養之德也黼白与黑形若
斧々亦裁斷以象王者有裁斷之德也黻之言戾々背也黑与
青謂之黻作两己字相背象王者亦綏化兆民亦使向己背
惡以從善故為黻也日之質赤月星之質白山作獐考工記云山

以獐也竜为騰躍之形似猕猴而大也章次如此者王者与天地合其德日月星天用昭明日最为盛所以居先月日生光岁其次之也上以象天下宜法地々之形勢莫大於山故次三光也竜为水物水出於山故次之也花蟲象於礼条文章以礼条文章润於万物故以次竜也宗彝所以次花蟲者言王者既有礼条須威知乃行无威則民不畏无知則教不成故以次也藻所以次宗彝者王者威知之德随世而應故以次也火者言王者有德必向皈仰之如火向上故次之也米所以次火者民既皈王々須濟治々々之理得米內生故次之也黼所以次米者言王者已濟治兆民宜裁斷合理如斧之斷決故以次之黻所以次黼者王既裁斷得所善惡各有分宜人皆背惡從善故以次之 注畫繢五色 正義曰考工記云畫繢之事雜五色東方謂之青南方謂之赤西方謂之白北方謂之黑天謂之玄地謂之黃青与白相次赤与黑相次玄与黃相次鄭玄云此言畫繢六色所象及布采之第次此杜取彼記文省約而為之辭也 注青与至之用 正義曰謂之繡以上皆考工記文也此刺繡

之文以比方相次色亦采也六采謂繢畫五色謂刺綉故令色采之
文異耳鄭注尚書性曰采施曰色味色声三事色居其中故杜言
集此五章以奉成五色之用明上下二文亦集此所陳以奉成五味
五声之用舉中以明上下也　為君至二物　正義曰此更覆上因地
之義也為父子以下至生殖長育覆上則天之明也地有高下聖
人制礼為君臣上下君在上臣在下以法則地之義也以地有剛柔
為夫婦外内夫治外婦治内以經紀二物也物事也治理外内之二
事也上云天之經也地之義也又云則天之明因地之性再重言之皆
先天後地但法地事少則天事多故上先言法天後言法地此先云為
君臣上下以則地義始云為父子兄弟以象天明者以其則地事少
故先言之象天事多欲下就下就以従四時敷其震曜殺戮及生
殖長育皆是象天之事欲使文相連接故後言之也下云以象天明則
此當云以象地性而云以則地義者義之与性一也因其先言故遠
覆上文地之義也　注六親至曰亞　正義曰老子云六親不和焉
有孝慈六親謂父子兄弟夫婦也孝經曰孝莫大於嚴父論語云

北辰居其所而衆星共之六親父為尊嚴衆星北辰為長六親和睦以事嚴父若衆星之共北極是其象天明也妻父為昏壻父為姻兩壻相謂曰亞皆釋親文也重昏曰媾尒雅无文相傳說耳釋親又曰子先生為兄後生為弟男子謂女子先生為姊後生為妹父之姊妹為姑母之昆弟為舅謂我舅者吾謂之甥此皆世俗常言杜不解者為易知故也　注在君至本也　正義曰論語云冉子退朝子曰何晏對曰有政子曰其事也如有政雖不吾以吾其與聞之於時冉子仕於季氏稱季氏有政孔子謂之為事是在君為政在臣為事也此對文別耳論語稱孝友是亦為政明其政事通言也民功曰庸治功曰力周礼司勳文也鄭玄以為庸謂法施於民若后稷力謂制法成治若咎繇司勳又云王功曰勳國功曰功事功曰勞戰功曰多鄭注云王功者若周公國功者若伊尹事功者若禹戰功者若韓信陳平以其恩教務其時要使民春耕夏耘秋斂冬藏聖王之化先致力於民是為礼之本也　注此六至之氣　正義曰賈逵云好生於陽惡生於陰喜生於風怒生於雨哀生於

晦条生於明謂一氣生於一志謬矣杜以元華傳云天有六氣降
生五味謂六氣共生五味非一氣生一味此民之六志亦六氣共生之
非一氣生一志故云此六者皆稟陰陽風雨晦明之氣言共稟六氣
而生也是故云六志　正義曰民有六志其志无限是故人君為
政審陰時之所宜変之所類以制民之六志使之不過節也下云
審則信令謂人君則之知此審則宜類亦是人君別之審者言其
謹慎之意也此六志禮記謂之六情在己內情情動為志情志一也
所從言之異耳　天地之經緯　正義曰言禮之於天地猶織之
有經緯得經緯相錯乃成文如天地得禮始成就　故人至宜乎
正義曰劉炫云禮有宜曲宜直不可信情而行故人之能自曲直
以赴於禮者謂之為成人不能赴禮則不成為人謂之為大不亦宜
乎赴謂奔走言弼諧己性奔走以赴禮也恐劉義未當　注曲直以
弼其性　正義曰性曲者以禮直之性直者以禮曲之故云曲直以
弼其性也　受牒而退　正義曰說文云簡牒也牒札也於時号
令輸王粟具戍人宗之所出人粟之數書之於牒受牒而退言服

從也　鸜之鵒之　正義曰此鳥以兩字為名但謠辭必韻故分言
之注褰袴　正義曰內則云童子不衣裘袴是衣有袴也以可褰也
故以褰為袴　秋昏再雩旱甚　正義曰既言旱甚而經不書
旱者傳言旱甚解經一月再雩々雖由旱甚然而復雩得雨
不至成災故不書旱　注擣芥至介雞　正義曰杜此二解一論
介為芥擣芥子為末播其雞羽賈逵云擣芥子為末播其雞翼
可以坌郈氏雞目是此說也鄭衆云介甲也為雞著甲高誘注
呂氏春秋云鎧著雞頭杜又云或曰不知誰說以膠沙播之亦不可
解蓋以膠塗雞之足爪然後以沙糝之令其澁得傷彼雞也以郈
氏為金距言之則著甲是也　將禘至季氏　正義曰季氏私祭
家廟與禘同日言將禘是豫部分也衆人少季氏先使自足故於
公万者唯有二人其衆万於季氏輕公重已故大夫遂怨　注禘
祭至六人　正義曰釋例曰三年喪畢致新死之主以進於廟於
是乃大祭於大廟以審定昭穆謂之禘々於大廟禮之常也各於
其宮時之為也雖非三年大祭而書禘用禘禮也　釋天云禘大祭也

執干戚而舞謂之万舞也隱五年傳說舞佾之差云諸侯用六是於礼法當三十六人也此以正礼言耳亦不知當時魯君用六佾以否公羊傳曰昭公告子家駒曰季氏僭公室吾欲弑之何如子家駒曰諸侯僭天子大夫僭諸侯久矣公曰吾何僭矣哉子家駒曰設兩觀乘大路朱干玉戚以舞大夏八佾以舞大武此皆天子之礼也如彼傳文爲時或僭八佾不必用六也　注蓋襄公別立廟

正義曰杜以襄若以次遞毀則廟与先公同處禘於襄公亦應蒸祭餘廟今特云禘於襄公似与先公異處故云蓋襄公別立廟

讒人至爲也　正義曰讒人謂公若郈孫之徒譖季氏者勸君使伐季氏以君徼天之幸幸而得勝則以爲己功不勝則推君爲惡不可從也舍民至必也　正義曰克勝也言君從上以來舍民經數代今以求勝此事不可必也　注魯城至入泗　正義曰釈例土地名襄十八年沂水出東莞蓋縣艾山南經琅邪東海至下邳縣入泗此沂水出魯国魯縣西南入泗水是沂水有二也此注云魯城南自有沂水謂出魯縣者也又云大沂水出蓋縣南至下邳

入泗謂襄十八年之沂水也以其有二故辯明之　公徒至而踞
正義曰二十七年傳說此事云豈其伐人而說甲執冰以游則此
踞是游也曲禮云遊毋倨倨是慢也謂傲慢而遊戲　注言毋或
取飲　正義曰賈逵云冰犢丸蓋也則是相傳為此言也方言曰
弓藏謂之鞬或謂之犢丸如彼文則犢丸是盛弓者也此或說犢
丸是箭筩其蓋可以取飲十三年傳云司鐸射奉壺飲冰謂執此
也詩云抑釋掤忌抑鬯弓忌鬯藏弓則冰藏矢也毛傳云掤所以
覆矢掤与冰字雖異音義同是一器也　子家至君上　正義
曰子家子以為公本意自伐季氏非是諸臣所劫令子家意欲得
令諸臣等偽作劫君以伐季氏者令負罪而出君自可止住
注二十五家為社　正義曰礼有里社故郊特牲稱唯為社事單
出里以二十五家為里故知二十五家為社也　天祿至之立　正義
曰天之福祿不可再謂得齊千社後得魯國也胙報也天若報君
終不得過於周公周公止封魯以魯封君足矣若既得魯國又得
千社則是過周公矣周公理不可過得齊千社必失魯國也既失魯

国而以千社為臣於斉誰復与之立也言從君之人皆将棄君去
矣公徒将殺昭子　正義曰昭子謀帰安衆而後納公則独公得入
從公伐季氏者不得入故欲殺昭子也　左師展而帰　正義曰古
者服牛乗馬々以駕車不単騎也至六國之時始有単騎蘇秦所
云車千乗騎万匹是也曲礼云前有車騎者礼記漢世書耳
経典无騎字也炫謂此左師展将以公乗馬而帰欲共公単騎而
帰此騎馬之漸也　服而相之　正義曰言已与父平公盛服飾
而輔相之也　注楅楅至骨也　正義曰説文云楅方木也幹脅
也木以藉脅明是棺中笭牀也宗元所言藉幹者挙脅而言耳非独
為脅故云幹厳骨也　注欲取至成囯　正義曰経書取鄆而伝
言囯鄆故云鄆人自服不成囯以伝云脅取言易也故貫為此解
杜從之也劉炫以為此時囲鄆而未得明年方始取之経即因囲
書取伝言實囲之日非自服也而規杜氏今知非者案二十六年云
囲成亦是囲而不得而脅囲此若囲鄆不得何以不書囲案元
年伐莒取鄆脅取不言伐此囲鄆取鄆亦脅取不言囲其義正同

何爲不可刻何知此年圍鄆未服鄆若未服經何得言取苟出胸臆而規杜氏非也　注僂句至地名　正義曰釋魚云一曰神龜二曰靈龜三曰攝龜四曰寶龜五曰文龜六曰筮龜七曰山龜八曰澤龜九曰水龜十曰火龜則龜名无僂句故云所出地之名臧氏有蔡又有此蓋所寶非一　使爲賈正焉　正義曰賈正如周禮之賈師也賈師二十肆則一人其職云各掌其次之貨賄之治辨其物而均平之禁貴賣者使有恒賈此郈邑大夫使爲賈正使爲郈市之賈正也郈在後爲叔孫私邑此時尚爲公邑故使賈正通計簿於季氏　二十六年公至自齊　正義曰往年公孫于齊齊侯唁公于野井公未必往至齊都而云至自齊者得與齊侯相見雖從齊竟而來亦是自齊也穀梁傳云公次于陽州其曰至自齊何也以齊侯之見公可以言至自齊是也公不得歸其國都而居至者賈云季氏亦欲爲臣故以告廟　天王入于成周　正義曰二十三年七月天王居于狄泉自尔以來單子劉子以東西雖不出王畿而居无定所此時始得入于成周(遂)以成周爲都來告故特書之案傳

子朝奔楚及王入成周皆在十一月經書王入成周子朝奔楚皆在
十月者據告也劉炫云杜以朝既奔楚王始得入〻必在朝奔後經書王
入在前者傳有告于諸侯之語故以為王告入在前朝告奔在後故先
書王入炫謂子朝出亦王告下注与此自違　注召伯逆諸侯
正義曰傳言召伯盈逐王子朝〻及召氏之族奔楚召伯逆王于
尸与王入于成周則召氏族出奔召伯身不奔也知召伯當召氏經譏也
宣十年崔氏出奔書崔氏者非其罪也此尹氏召氏立庶篡適並
為有罪而亦書氏者彼實崔杼身奔非是舉族盡出但於例諸侯
之卿出奔者有罪則名无罪則不名崔杼不合書名因其来告以
族遂書崔氏宗杼无罪也此尹氏召氏舉族悉奔擬實而書与彼
有異故注云尹召族奔非一人故言氏所謂文同而意異也子朝
奔王乃得入書奔在王入下者王入乃告諸侯也劉炫云杜上注云子朝
来告晚何為此注又云王入乃告諸侯以二注不同將為杜失今知不然
者杜意王入乃告謂王入之後子朝乃告杜以傳云癸酉王入于成
周癸未王入于莊宮始云王子朝使告諸侯是王入之後子朝告諸侯

也劉以爲王入乃告擬王告諸侯而規杜失非也 傳注前年王
鄭起 正義曰杜謂往年已取鄭此又發傳言諸侯取鄭者爲下三月
公如鄭以發端也服虔以爲往年諸侯取鄭實圍鄭耳經於圍後
取傳實其意故於是言取劉以服言爲是往年十二月庚辰圍鄭
今年正月庚申取之凡三十一日例唯取言易此圍乃取言易者諸
侯取以君公臣無拒君之義若魯自與之然故唯取以見其易穀
梁曰以其爲公取之故易言之是也 注瑱充耳 正義曰家語云
水至清則無魚人至察則無徒故人君冕而前旒所以蔽明黈纊
塞耳所以蔽聽又詩云玉之瑱也禮以一條五采橫冕上兩頭下
垂繫黃縣縣下又縣玉爲瑱以塞耳 五千庾 正義曰聘禮記
云十六斗曰籔十籔曰秉鄭玄云秉十六斛今江淮之間量名有
爲籔者今文籔爲逾杜擬儀禮今文故以庾爲十六斗五千庾凡
八千斛考工記陶人爲庾實二觳厚半寸脣寸其下文旊人云豆
實三而成觳則觳受斗二升庾實二觳則受二斗四升也彼陶人
所作庾自瓦器今甕之類非量器也與此名同而實異 君若待

于曲棘　正義曰宋公伐卒于曲棘者杜云曲棘宋地陳留外黄
縣城中有曲棘里令齊侯欲納魯君當是從齊向魯必不遠於宋
地子猶令齊君待于曲棘必使止於亭內土地名齊地無曲棘十
年傳栢子召子山而反棘晉杜云齊國西安縣東有戟里亭蓋
此即彼棘也本无曲字涉上卒于曲棘誤加曲耳　射之中楯三寸
正義曰射之中楯瓦先言中之々處更說矢來之狀錄車軓矢激
從車轅之上其矢之匕鏃入著楯瓦者猶深三寸言其弓力多而
矢入深也　注入楯至鏃也　正義曰此覆說中楯之事故知入者
入楯瓦也說文云軥軛下曲者襄十四年傳稱射兩軥而還此与
彼同蓋胸軥字通用耳錄即由也訓為從也從上而過也故言錄過也
宣四年傳云伯棼射王汰輈　注云汰過也此云汰矢激謂矢激汰
其上而過也傳言匕入則匕是入楯者也今人猶謂箭鏃薄而長
闊者為匕是匕為矢鏃也　鬒鬚眉甚口　正義曰說文云鬒稠
髮也鬒鬚眉者言鬚眉皆稠多也甚口者謂大口也　刜林雍
正義曰說文云刜擊也字從刀謂以擊也今江南猶謂刀擊為刜

注鑿一足刖　正義曰既斷其足而云鑿知鑿是一足行也說文
云鑿金色也蓋擊金為色亦名鑿　劉子以王出　正義曰二
十三年傳云六月庚寅單子劉子樊齊以王如劉蓋從劉而居
狄泉自狄泉又居於劉今為子朝所逐蓋自劉而出也服虔云
出成周也案二十三年天王居于狄泉狄泉雖近成周成周不屬王
也其傳云召伯奐南宮極以成周人戍尹二十四年傳云王子朝用
成周之寶珪于河是周常屬子朝之驗也二十五年黃父之會趙簡
子令諸侯之大夫云明年將納王王者欲納之於成周耳若敬王先
在成周更須納之知出者從劉出耳王既棄劉而去故王城人
焚劉　注萑谷至鄩邑　正義曰王雖未有安居終亦不出畿內
知此皆周地也襄十八年楚人伐鄭傳稱公子格率銳師侵費滑胥
靡是本為鄭邑今為周邑也　賂吾至從也　正義曰賂吾以天下
使吾為天子吾益不從也　昔武王克殷　正義曰諸本皆然服
虔王肅並注云文王受命武王伐紂故云文武克殷下句云吾無
專享文武之功則合文武是也杜無注諸本悉作武王克殷疑誤也今定本

亦作武王克殷　夷王　正義曰謚法安民好静曰夷　注不忍
道于彘　正義曰周語云厲王虐國人謗王召公告曰民不堪命也
王怒得衛巫使監謗者以告則殺之國莫敢言道路以目三年乃流
王于彘　劉炫案周本紀民相与叛襲厲王々々出奔于彘周語又
曰彘之亂宣王在召公之宮國人圍之召公知之乃以其子代宣王
言代則國人謂是宣王國語雖不言殺必殺之矣國人相与襲王
々既奔免得王子而殺之若得厲王亦應不舍而杜云不忍害王未必
然也苟謂不忍者不々忍王之虐也令知不然者下云居王于彘是
以理居處厲王于彘又云諸侯釈位以間王政是憂念王政則不忍
者是不忍害王也若其必欲殺王應云王奔于彘劉以為周語云周
人欲殺王子召公以子代之則周人欲殺王子何肯不忍害不以
為不忍者不堪忍王惡案周語但云求王子不云求殺之是益横周語之
文而規杜過非也　注間猶至政事　正義曰周本紀云彘之乱宣
王在召公之宮國人圍之召公以其子代太子々々竟得脱周召二
公二相行政号曰共和元年是釈位与治王政之事也　注宣王至

授也　正義曰周語云召公以其子代宣王〻〻長而立之周本紀云共和十四年厲王死于彘太子靖長于召公家二相乃共立之為王是為宣王是召公長之也共和之年官之政事皆決於二相宣王長而有志堪為人主二相乃致其官政於王也效者致與之義故注云效授也　注攜王至郟鄏　正義曰鄭語稱夏之衰也褒人之神化為二龍以同於王庭而言曰余褒之二君也夏后卜殺之與去之與止之莫吉卜請其漦而藏之吉乃布幣焉而策告之龍亡而漦在櫝而藏之及歷殷周莫之發也及厲王之末發而觀之漦流於庭不可除也王使婦人不幃而譟之化為玄黿以入於王府〻〻之童妾未既齔而遭之既笄而孕當宣王而生不失而育故懼而棄之時有童謠曰檿弧箕服實亡周國於是宣王聞之乃有夫婦鬻是器者王使執而戮之夫婦方戮逃在路哀其夜号也而取之以逸逃於褒〻人有獄而以入於王〻遂置之而嬖是女使至於后而生伯服周語云幽王伐有褒〻人以褒姒女焉褒姒有寵生伯服於是乎與虢石父比逐太子宜臼而立伯服太子

幽奔申々人繒人召西戎以伐周々於是亡昏傳多說其事此其
本也詩序云幽王取申女以为后後得褒姒而黜申后周本紀云
幽王太子母申侯女也而为后王廢后并去太子用褒姒为后以其
子伯服为太子申侯怒乃与繒西戎共殺幽王于驪山之下虜褒
姒尽取周賂而去於是諸侯乃即申侯共立故幽王太子宜臼是为
平王東遷徙於洛邑辟戎寇也魯語云幽王滅于戲々驪山之北
水名也皇甫謐云今京兆新豐東二十里戲亭是也刘炫云如国
語史記之文幽王止立伯服为太子耳既虜褒姒必廢其子未立
为王而得呼为攜王者或幽王死後褒姒之黨立之为王也汲冢書
紀年云平王奔西申而立伯盤以为太子与幽王俱死于戲先是申
侯魯侯及許文公立平王於申以本太子故称天王幽王既死而虢公
翰又立王子余臣於攜周二王並二十一年攜王为晉文公所殺以本
非適故称攜王束晳云案左傳攜王奸命旧說攜王为伯服々々
古文作伯盤非攜王伯服立为王積年諸侯始廢之而立平王其事
或當然　注惠王平王六世孫　正義曰世本云平王生桓王々

生莊王佗々生僖王胡齊々生惠王涼是六代也惠王生襄王鄭々生頃王巨々生匡王班及定王瑜々生簡王夷々生靈王泄心々生景王貴々生悼王猛及敬王匄　感黜不端　正義曰諸本感或作減王肅云感皆也傳感爲七經詩其傳詩有此句王義之寫亦作感杜本當然　在定室乱災　正義曰降者自上而下之言當時秦人有此妖語若似自上而下神馮之然故云降妖也然自受其乱災以上皆是妖語至于靈王以下是子朝演說妖言謂子猛當間王位身服享言諸侯服從獻國之所有　規求无度　正義曰倍本作規服王孫皆陸云玩貪也无䓁倘曰覬兇而愒曰杜云覬愒皆貪也則此言貪求无限度本或作規謬也　倍奸齊盟　正義曰倍即背也違背奸犯齊同之盟也案於時諸侯不有同盟許立子朝單劉未肯與朝結盟而後背之言單劉倍奸齊盟誣之　注攝擣或景王　正義曰是攝言執擣之使不傾危也是贊謂佐助之使得存立也故以攝爲持贊爲佐也杜以先王爲景王則矯誣先王者當謂矯景之命立猛身知先王非先世

之王者以言矯誣是矯詐誣罔擬其人有語矯誣之猶令矯称詔
勑若先世之王去此久遠不得有立猛之意子朝何得称矯誣之乎
又傳云干景之命故杜以先王謂景王刘炫以為先世之王而規杜氏非
也毋速天罰正義曰速召也子朝以單刘為亂従之必有天殃故
勸諸侯死召天罰　昔先王以卜　正義曰先王先世之王不斥一
人蓋自古以来共如此也襄三十一年傳曰公薨立胡女敬歸之子
々野子野卒立敬皈之娣齊皈之子裯穆叔曰大子死有母弟則
立之无則立長年鈞択賢義鈞則卜古之道也非適嗣何必娣之
子彼言大子死立母弟則此言択立長謂无母弟者也彼又云子野非
適嗣何必娣之子然則適嗣立而死當立娣之子也姪与娣同蓋
王后夫人无姪娣之子乃於諸妾之子択立長耳年鈞択賢与此年
鈞以德皆謂母之貴賤等者公羊傳曰立適以長不以賢立子以貴
不以長明母貴則先立也此子朝之母必賤於猛母故子朝言立長之
義不言母之貴賤何休雖年鈞以德之言云人君所賢下必従之雩
乞使王不立愛也鄭玄荅云周礼小司寇掌外朝之政以致万民而

詢焉其三曰詢立君其位王南鄉三公及州長百姓北面群臣西
面群吏東面小司寇以敘進而問焉如此則大衆之口非君所已掩
是王不得立愛之法也公卿立制也 正義曰三公六卿无得私附
王之庶子而妄立之其意言單刘有私情違古制也何休難云大
夫不世功而并由公卿通継嗣左氏由短鄭玄云公卿之世有大功
德先王命所不絶者何難既非鄭荅亦謬 注出斉至不見
正義曰傳言斉有此星而斉侯使禳之明出斉之分野出於玄枵
之次也彗即孛也文十四年有星孛入于北斗十七年有星孛于
大辰彼皆書此不書者時魯不見或陰不見 詩曰至方国 正義
曰詩大雅大明之篇也惟此文王慎小其心翼々然共順也又已明
事上天惟明上天之道思使自得多福其德不有回邪以受四方之
国言四方皆帰之 詩曰至且舞 正義曰詩小雅車舝刺幽
王也 家施不及国 正義曰大夫称家々之所施不得施及国
人言国人是国君之所有大夫不得妄施遺之以樹已私恵陳氏
施及国人是違礼也 大夫不收公利 正義曰尚書洪範曰惟

辟作福惟辟作威臣无有作福作威臣之有作福作威其害于而
家凶于而国是言作福作威君之利也大夫不得聚收公利自作
福也陳氏作福以招国人之心施民作福是收公利也　礼之所地並
正義曰天地人民莫知其始但人稟陰陽之氣生於天地之間天地
既形人民必育易序卦曰有天地然後有万物々々々然後有男
女々々々然後有夫婦々々々然後有父子々々々然後有君
臣々々々然後有上下々々々然後礼義有所錯是之言有天地
即有人民々々々即有父子君臣父子相愛君臣相敬々愛爲礼
之本是与天地並興　先王所上之　正義曰先古聖王所治
理人民者内受陰陽之氣生於天地之中以有上下之礼乃可治
其天下又礼与天地同貴是以先王上之

春秋正義卷第三十一

計一万五千九百四十九字

春秋正義巻第三十二　昭公

国子祭酒上護軍曲阜縣開国子臣孔穎達等奉

勅撰

二十七年注僚亟至在僚　正義曰杜数僚之罪以示其適之驗僚以十六年即位十七年与楚戰于長岸二十三年伐州来敗楚于雞父其年又使大子諸樊入郹二十四年滅巣及鍾離此年又因楚喪而伐之是其亟戰民罷又伐楚喪故光得乗間而動称国以弑罪在僚也言挙国皆欲弑之非獨光之罪故不書光弑

注无極至罪宛　正義曰文七年宋殺其大夫傳曰不称名非其罪也死者无罪則不称其名是称名者皆有罪矣此郤宛書名故杜跡其為罪之状書名所以罪宛也　注快邾至故書　正義曰邾是小国其臣見於経者甚少唯此与襄二十三年邾畀我来奔書者二人而已釋例曰魯之叔孫父兄再命而書於経晋之司空亞旅一命而経不書推此知諸侯大夫再命以上皆書於経自一命以下大夫及士経皆称人名氏不得見此皆典策之正文也小国

之卿或命而礼儀不備或未加命數故不書之邾卑我之等其奔亡亦多而書唯數人而已知其合制者少杜言數人謂此快与卑我及曹公孫會也是言快是邾之命卿備於礼成為卿故書也快不書氏蓋未賜族无可称也　傳注二子至毋弟　正義曰賈逵云然當是相傳說耳未必有正文也三十年傳此二公子奔楚々子大封而定其徒子西諫曰吴光新得國若好吾邊疆使柔服焉猶懼其至吾又疆其讎以重怒之无乃不可乎謂此二子為光之讎或當是僚母弟也　聘于上国　正義曰服虔云上国中国也蓋以吴辟在東南地勢卑下中国在其上流故謂中国為上国也下云遂聘于晉則上国之言不包晉矣當總謂宗衛陳鄭之徒為上国耳亦不知其時聘幾国也經不書未必不至魯檀弓云延陵季子適齊於其反也其長子死葬於嬴博之間鄭玄云魯昭二十七年吴公子札聘於上国是也如鄭之言此時或聘齊也　注季子至州来　正義曰襄三十一年注云延州来季札邑此又分析之言本封延陵後復封州来故曰延州来成七年吴入州来　注云楚

邑淮南下蔡縣是也十三年吳滅州来二十三年傳云吳伐州来
楚薳越救之則州来未爲呉有不可以封札也釈例土地名延州
来闕則延陵州来並闕不知其処杜意當謂呉地別有州来非楚
邑也鄭玄云季子讓國居延陵因号焉襄二十九年公羊傳曰季
子去之延陵終身不入吳國然則季子雖則讓國猶尚仕爲呉卿
非自竄於彼地呉世家云季札封于延陵故号曰延陵季子杜言
封是也封謂賜之爲采邑耳　注二尹楚官　正義曰楚官多以
尹爲名知二尹是官名耳其務王之義不可知也服虔云王尹主
宮内之政務不可解王未必然定本王作工　注都君至校人
正義曰都謂國都在都君子明是在都邑之士也都邑之士以君子
爲号故知是有復除者謂優復其身除其傜役賈逵云然今之律
令猶名放課役者爲復除是漢世以来有此言也此人或別有功勞
或曲蒙恩沢平常免其傜役事急乃使之耳周礼校人掌養馬知
王馬之属是王之粮馬之官属也校人職云凡頒良馬而養乘之
乘馬一師四圉三乘爲阜々一趣馬三阜爲繫々一馭夫六繫爲

廄々一僕夫六廄成校々有左右駑馬三良馬之数麗馬一圉八
麗一师八师一趣馬八趣馬一馭夫諸侯六閑養馬之人多矣此唯
養馬不給餘役令亦叓急而御使之遇于窮　正義曰土地
名窮闕也本或窮下有谷字者为定七年傳败尹氏于窮谷涉彼
而誤耳　上国有言　正義曰賈逵云上国中国也服虔云上国
謂上古之国賢士所言也此猶如上文聘于上国則賈言是也
注光吴盖王嗣　正義曰吴世家云吴王壽夢有子四人長曰諸
樊次曰餘祭次曰餘眛次曰季札々々賢而壽夢欲立之季札讓
不可乃立諸樊々々卒有命授弟餘祭欲傳以次必致国於札兄
弟皆欲致国令以漸至焉餘祭卒弟餘眛立餘眛卒欲授季
札々讓逃去於是吴人曰先王有命必致季子今逃位則餘眛
後立今卒其子當代乃立餘眛之子僚为王公子光者王諸樊之子
也常以为吾父兄弟四人當傳至季子々々不受光父先立若既
不傳季子光當立遂殺王僚光代立为王是史記以光为諸樊之子
僚为夷眛之子也襄二十九年公羊傳曰謁也餘祭也夷眛也与

季子同母者四季子弱而才兄弟皆愛之同欲立之以為君弟兄迭為君而致國乎季子故謁也死餘祭也立餘祭也死夷昧也立夷昧也死則國宜之季子者也季子使而亡焉僚者長庶也即之闔閭曰將從先君之命與則國宜之季子者也如不從先君之命與則我宜立者也僚惡得為君乎於是使專諸刺僚世本云夷昧及僚夷昧生光服虔云夷昧生光而廢之僚者夷昧之庶兄夷昧卒僚代立故光曰我王嗣也是用公羊為說也杜言光吳王諸樊子用史記為說也班固云司馬遷采世本為史記而今之世本與遷言不同世本多誤不足依馮故杜以史記為正也光言王嗣者言己是世適之長孫也　注猶言至託光　正義曰古人言有顛倒故杜以為是光若我何猶言我光若是何恐己死之後不已存立欲以老弱託光也彭仲博云當言是光我若何我母老我弱如何我字當在若上　門階至親也　正義曰言從門至階從階至戶從戶至席皆是王之親兵也　鈹　正義曰說文云鈹劍也則鈹是劍之別名　及體以相授　正義曰鈹之鋒刃及進羞者體

也王之左右必更有人受羞以進王故言相授也雖則相授進羞者得至王所　注全魚炙　正義曰吳世家云鱄諸置匕首於炙魚之中以進食手匕首刺王僚匕首者劒首如匕匙手匕首謂執匕首也　取五甲五兵　正義曰周禮司右云凡國之勇力之士能用五兵者屬焉鄭引司馬法曰弓矢圍殳矛守戈戟助凡五兵長以衛短短以救長然則弓矢殳矛戈戟五者皆名為兵此云五兵當是一種器耳不知取何兵也服虔云兵戟也　注編菅至稾也　正義曰釋草云白華野菅郭璞云菅茅屬釋器云白蓋謂之苫李巡曰編菅以覆屋曰苫郭璞曰白茅苫也是編菅為苫也束把詩毛傳文也說文云秆禾莖也是為稾也或取一片苫或取一把稾言民不肯燒之　國人至炮之　正義曰國人投之謂投菅秆於地故遂不燒也令尹炮之一句是鄢將師令衆之辭服虔云民弗肯爇也鄢將師稱令尹使女爇炮之爇炮爇皆是燒也　懼禍至道也　正義曰言季氏无罪而公濫討之叔孫氏亦懼禍之濫及於己而自同心於季氏俱叛公此乃天之常道也　孟懿至伐鄆　正

義曰伐鄆欲奪公鄆使公不得居也不居者伐公逆叓不可以告
廟国史无由得否　猶有至敗也　正義曰言尚有鬼神以助君此
戰必當敗也況无鬼神乎　鄢將師矯子之命　正義曰令尹召
鄢將師告之以郤宛門有甲耳不令攻郤宛也鄢將師退而令盡使
攻之是矯令尹命也　朝夕至飲酒　正義曰禮為諸侯相為賓
主国詩之有享食燕三禮享為大鄭玄云享謂享大宰以飲賓是
為禮之大者子家以公雖居鄆以齊為主此葬已再如齊數相見
不為賓客故言朝夕立於其朝又何須設饗禮焉其飲酒也勸
其用宴禮而飲酒耳　注比公至坐也　正義曰燕禮者公燕大
夫之禮也公雖親在而别有主人鄭玄云主人宰夫也宰夫大宰
之屬掌賓客之獻飲食者也君於其臣雖為賓不親獻以其尊莫
敢伉禮也今齊侯與公飲酒而使宰獻是比公於大夫也獻々爵
者禮有三酌獻也酢也酬也獻酬是主人獻賓唯酢是賓荅主人
耳禮君不敬臣宴大夫使宰為主即燕禮是其叓也杜以宰獻而請安
謂齊侯請自安於别室不在坐也劉炫云案燕禮司正洗角觶南

西坐奠于中庭升東楹之東受命西階上北面命卿大夫君曰以我安卿大夫皆對曰諾敢不安彼是請賓使自安當如彼使宰請魯侯自安耳主人請安謂主人使司正請安于賓服虔亦然杜今云齊侯請自安非也今知不然者案鄉飲酒禮賓主相敵主人亦請安于賓然則齊侯與公敵禮安賓乃是常事何須傳載其文以見卑公之義明是齊侯請欲自安不在其坐明慢公之甚刺不審思此理用燕禮請安之義而規杜非也　二十八年傳惡直至有徒

正義曰以直為惡以正為醜惡直事醜正道如此人者實蕃多有徒衆言時世慕善者少從惡者多　詩曰式立辟　正義曰詩大雅板之篇刺厲王之詩辟邪也辟法也民之多有邪辟者於此之時无自謂所立者為法是言无道之世法不可為古辟々字同音異耳　鈞將皆死　正義曰鈞同也殺勝與臧盈亦死不殺盈亦死同將皆死不如殺之使盈聞而快意　吾毋多　正義曰言父多妾媵而謂之毋多者意言庶弟少擬庶弟而發言故謂父妾為毋耳　殺三夫　正義曰三夫皆自命盡而死其死不由夏姬而云殺三夫

者婦之配夫欲其偕老其夫數死是妻之薄相故以為夏姬之咎
一君至兩卿 正義曰一君一子蒙上殺文兩卿亦蒙亡文也以兩
卿棄位出奔身不死故為亡也此皆宣十年十一年傳 甚美
必有甚惡 正義曰物忌大盛善不可常暑往寒來晝明夜暗
孰能為此者天地〃〃尚不能常況人乎故甚美必有甚惡也甚
美謂夏姬之身甚惡當在其後言其種胤當惡故禁其子取之子
貉至於是 正義曰此因鄭靈早夭而夏姬美推之為此言耳
不是兄早死而妹必美也猶令俗語云〃衰家女未必慧家女未
必衰 將必至敗也 正義曰夏姬淫惑喪國滅家叔向之母猶謂
未是大敗故言將必以是大有敗也十四年傳稱施邢侯者或是
夏姬之男此殺楊食我又是夏姬之外孫其種蓋盡矣 生女黰
黑 正義曰黰即鬒也詩云鬒髮如雲毛傳云鬒黑髮也如雲
言美長也說文云鬒稠髮也然則鬒者髮多長而黑美之貌也此
傳黰下有黑則黰文不兼於黑故賈杜皆云美髮為黰 注髮膚
至照人 正義曰傳於黰黑甚美之下乃云光可以鑑知髮與肌

膚二者光色皆可以照人　注夔舜至君長　正義曰尚書舜典云帝曰夔命汝典樂教冑子是夔為舜之典樂之官也正長也后君也故云典樂之君長王朝云卿故以后言之猶謂稷為后稷生伯至封豕　正義曰豕心言其心似豬貪而无恥也方言云晉魏河内之北謂惏為殘楚謂之貪則惏亦貪也賈逵云惏者食也其人貪惏財利飲食无饜是忿懟很戾无有期度時人謂之大豬　注類戾也封大也　正義曰以類忿共文則類亦似忿故以為戾言很戾也定四年傳封豕与長蛇相對知封為大也服虔云忿懟其類以饜其私无期度也　注夏以至姬廢　正義曰晉語云史蘇曰昔夏桀伐有施氏々々以妹嬉女焉妹嬉有寵於是与伊尹比而亡夏殷辛伐有蘇氏々々以妲己女焉妲己有寵於是与膠鬲比而亡殷周幽王伐有褒々人以褒姒女焉褒姒有寵生伯服於是与虢石甫比逐大子宜咎而立伯服大子奔申々人鄫人召西戎以伐周々於是乎亡是三代所由亡之事也共子之廢見於傳　苟非德義有禍　正義曰苟誠也誠不以德義自持

則必有禍　注兄弟至謂姒　正義曰相謂者幼者謂長爲姒也子容是伯花之子其兄弟伯花最長叔向次之其餘諸弟皆小於叔向故謂叔向爲長叔々向之妻其年長於子容之母故稱長叔姒也釋親云女子同出謂先生爲姒後生爲娣孫炎曰同出俱嫁事一夫也公羊傳曰娣者何弟也此其義也是言共事一夫者長爲姒幼爲娣自以身之長幼生娣姒之名其娣姒之名不由夫之長幼釋親又云長婦謂稚婦爲娣婦々々謂長婦爲姒婦自以身之長稚相謂也喪服小功章云娣姒婦報傳曰娣姒婦者弟長也傳言弟長者双訓娣姒言娣是弟姒是長也鄭玄云娣姒者兄弟之妻相名也長婦謂穉婦爲娣婦々々謂長婦爲姒婦亦取尓雅之文以解弟長之義是以身之長幼明矣　分祁至氏大夫　正義曰此祁氏与羊舌氏之田旧是私家采邑二族既滅其田歸公分爲十縣爲公邑故選置大夫也傳文先祁後羊舌故依下文選置大夫之次上七縣爲祁氏之田下三縣爲羊舌氏之田且五年傳謂伯石爲揚石明揚氏是羊舌之田也國語与史記皆謂羊舌赤爲銅鞮伯華是

銅鞮亦羊舌邑也平陽之地在銅鞮楊氏之間知亦羊舌邑也
注二十至敬王　正義曰二十二年傳曰晉籍談荀躒賈辛司馬
督帥師軍于陰于侯氏于谿泉次于社賈辛軍谿泉司馬督次于
社督即烏也此衆軍並為伐子朝欲納敬王　注卿之至餘子
正義曰宣二年傳云宦卿之適以為公族又宦其餘子亦為餘子
其庶子為公行注云餘子適子之母弟也庶子妾子也彼適庶分
為三等故餘子與庶子為異此無所對故總謂庶子為餘子也此四
人之內當有妻生妾生者也知徐吳韓固是卿之孫也趙朝卿之
曾孫也而並稱餘子者言其父祖是餘子就餘子々孫之內選其
賢者而用之此四人不失常職能守其父祖之業者也　對曰
至可乎　正義曰遠不忘君言職雖疏遠而心在公室常忠敬也
近不偪同言親近有寵不偪迫同位常謙苦也居利思義臨財不
為得思義可取乃取之也在約思純處貧匱而思純固無叨濫之心
也有守善之心而無淫邪之行雖則親之而與之縣不亦可乎
昔武至親也　正義曰由武王克商得封建諸國歸功於武王耳

此十五国或有在後封者非武王之時尽得封也尚書康誥之篇
周公営洛之年始封康叔于衛洛誥之篇周公致政之年始封伯
禽于魯明知武王之時兄弟未尽封也僖二十四年傳称周公弔
二叔之不咸故封建親戚以蕃屏周亦以周公為制礼之主故皈功於
周公耳非尽周公封也九年傳曰文武成康之封建母弟則康
王之世尚有封國宣王方始封鄭非独武王周公封諸国也僖二
十四年傳数文之昭也有十六国此言武王兄弟之国十五人者
人異故説異耳非武王封十五周公始加一也以魯衛験之知周公
所加非唯一耳　詩曰至孫子　正義曰詩大雅皇矣之篇美文
王之德也唯此文王之身為天帝所祐天帝開度其心令其有揆度
之慮所度前事莫不皆得其中也又使之莫然安静其德教之善
音施之於人則皆應和之也又能有監照在下之明又能有勤施
无私之善又能教誨不倦有為人師長之德又能賞善刑悪有
為人君上之度既有人君之德故為人君王此周之大邦也其施
教令能使国人徧服而順之既為国人順服又能択人之善者比方其

善乃從而用之以此文王之德比于上世有匕經緯天地文德之
王如堯舜之輩其此詩人称比較于文王之九德其德皆是无為人
所悔吝者言文王之德堪比或以為比于前世文德之王義亦通
也以此之故既受天之祉福施及于後世之子孫得使長王天下也
此章文次如此者德皆天之所授故先言帝度其心明以下皆亂
帝文也德由心起故先言心能度物也心既匕度然後匕施為
政教故次莫其德音言變政教請靜也為君所以施政故先言政
教請靜乃論身內之德故次能明匕善其明与善还是德音之
变施之於人有照臨之明勤施之善存心匕施而无私乃可為人
君長故次克長克君長即師也學記曰匕為師然後匕為長匕為
長然後匕為君故先長後君也既言堪為人君即說為君之変故
言王此大邦也既為大邦之君匕使國人順服故次克順也民既
順服又須擇善用之故次克比也比于文王其德无所可恨故言
受天之福澤流後世以結之此傳言唯此文王毛詩作維此王季經涉
亂罹師有異讀後人因而兩存不敢追改今王肅注毛詩及韓詩亦

作唯此文王鄭注毛詩作維此王季故觧比于文王言王季之德
可以比于文王也刘炫云此作唯此文王不可以文王之德還自
比文王故比于文王可以比于上代文德之王也心能制義曰度
正義曰心能制斷時宜使合於義是為善揆度也言預度未来之
事皆得中也德正應和曰莫　正義曰毛詩莫作貊条記別此
詩亦作莫釈詁云貊嘆安定也郭璞云皆静定毛傳云貊静也其
德既正為政清静故有所施為民皆應和易繫辞曰君子居其
室出其言善則千里之外應之即此義也莫是清静之意故杜
云莫然清静　注施而至類也　正義曰勤力施恵情无偏私
物皆得所是无失類也鄭玄云類善也无失類者不失善之類
也　賞慶刑威曰君　正義曰人君執賞罰之柄以賞慶人以
刑威物是為君之道　慈和徧服曰順　正義曰人君執慈心以
恵下用和善以接物則天下徧服而順從之故為順也易繫辞
云天之所助者順故杜云唯順故天下徧服　經緯天地曰文
正義曰易称聖人先天而天弗違後天而奉天時言德能順天隨

天所為如經緯相錯織成文章故為文也 注近文德所及遠

正義曰成鱄引此詩者唯欲取克類克比二變同於文王故云近文

德矣文王以有此德故得施于子孫魏子既近文德亦將所及遠

也 從使之收器者 正義曰下云叔向將飲酒將欲舉爵而飲

此則飲猶未畢使者擬收器耳未即收也 一言而善 正義曰

舊說云一言者謂設由上徹由下御以如皋 正義曰詩云鶴

鳴于九皋是皋為澤也如往也為妻御車以往澤也 遂如故

知 正義曰遂如故舊相知 詩曰至忠也 正義曰詩大雅文

王之篇也言王者長自言我之所為配上天之命而自求之是自求衆

多之福使歸已此詩之意言忠則然也言魏子乜忠必有多福歸

之 注魏子至將軍 正義曰晉使卿為軍將謂之將中軍將上

軍此以魏子將中軍故呼為將軍及六國以來遂以將軍為官名

蓋其元起於此 二十九年注以乾至侯故 正義曰二十五年公孫

于齊齊侯唁公于野井二十六年經書公至自齊公雖不至齊都

既入齊竟得與齊侯相見故書公至自齊往年公如晉次于乾侯

虽入晉竟不得与晉侯相見故昏至自乾侯以乾侯致告於廟者
為不得見晉侯故　注唁公至晉不見受　正義曰詩毛傳曰弔
失國曰唁二十五年公新失國齊侯唁公者公
齊不憂已棄而適晉望得晉人矜之晉侯不肯見公齊侯心恨
公嫌公此舉故遣唁公所以嗤笑公也故云唁公至晉不見受又
似更復失國故唁之　注民逃至叛公　正義曰民逃其上曰潰文
三年傳例也公自二十六年以来常居于鄆此時公既如晉必留人
守鄆鄆人潰散而叛公使公不得更来當是季氏道之使然
傳注比公於大夫　正義曰傳稱范宣子撫荀偃云吾敢不如
事主醫和謂趙文子曰主是謂矣如此之類大夫称主傳文多矣今
高張以齊侯之命称公為主君以晉不受公故輕侮之比公於大夫也
注二十至道还　正義曰尹固復还之年傳虽不載以婦人尤之
云其過三歲乎知二十六年在道而还至此為三歲也　注啓服馬
名　正義曰釋畜云馬前右足白啓郭璞曰左傳曰啓服注云兩
服上襄鄭玄云兩服中央夾轅者此馬毛色名啓公用以夾轅故以啓

服爲名也　注礼曰至馬也　正義曰檀弓文也礼有埋馬之法子敬子請以馬肉食從者長以出將爲之櫝所以深抑之公感子敬子之言方始依礼以帷裹之史記滑稽傳云楚莊王有所愛馬衣以文繡置之花屋之下席之以路牀啗之以棗脯馬病肥死欲以棺槨大夫礼葬之優孟者故楚之樂人也多辯常以談笑風諫於是入門大笑王驚而問其故優孟曰馬者王之所愛也以楚國之大何求不得而以大夫礼葬之薄請以人君礼葬之王曰何如對曰臣請以雕玉爲棺文梓爲槨發甲卒爲穿壙老弱負土廟食大牢奉以万戶之邑諸侯聞之皆知大王賤人而貴馬也王曰寡人過一至於此爲之奈何優孟曰請大王以六畜葬之以壠竈爲槨銅歷爲棺齎以薑桂薦以木蘭祭以粳稻衣以火光葬之人腸於是王乃使以馬屬大官无令天下聞之彼亦此之類也　注竜輔玉名　正義曰周礼使澤国用竜節皆金也以英蕩輔之杜子春云蕩謂以函器盛此節謂鑄金爲竜以玉爲函輔盛竜節謂之竜輔此献函不献節故直云献竜輔玄卿云盛竜節之玉函耳案説文云竜

禱旱玉也內竜文又玉人云上公用竜令輔与竜連文故云竜輔
玉名蓋用此意　注出之產舍　正義曰內則云妻將生子及月
辰居側室夫使人日再問之作而自問之妻不敢見使姆衣服而對
至于子生夫復使人日再問之夫齊則不入側室之門子生男子設
弧於門左女子設帨於門右三日始負子男射女否然則產舍是
側室也　人實至實知　正義曰人以竜不生得而謂之內知者此是
人實不知非是竜實已知言竜可生得非是不生得也故說古有養
竜之事以證竜可生得也以人不知有此事故今說之　注豢御養
也　正義曰服虔云豢養也穀食曰豢御亦養也養馬曰圉礼養
犬豕曰豢知其以穀養蓋竜亦食穀也御与圉同言養竜猶狼
馬故稱御　乃擾畜竜　正義曰順也順竜之所欲而畜養之
注飂水至董姓　正義曰鄭語云黎為高辛氏火正命之曰祝融
其後八姓董姓飂夷豢竜則夏滅之矣是也　注孔甲至九世
正義曰帝王世紀云少康子帝杼々子帝芬々子帝芒々子帝泄
々子帝不降々々弟帝喬々子帝廑也至帝孔甲孔甲不降子

注合為四　正義曰服虔云四頭為乘四乘十六頭也傳言賜之乘龍賜之一乘之龍也即云河漢各二是河漢共一乘也又云各有雌雄是河漢之二皆一雌一雄也故杜以為合為四　注更代至四年　正義曰傳言以更豕韋之後則豕韋是舊國廢其君以劉累代之鄭語云祝融之後八姓大彭豕韋為商伯矣又云彭姓彭祖豕韋則商滅之矣如彼文豕韋之國至商乃滅於夏王孔甲之時彭姓豕韋未全滅也下文云劉累懼而遷于魯縣明是累遷之後豕韋復國至商乃滅耳襄二十四年傳范宣子自言其祖在夏為御龍氏在商為豕韋氏則劉累子孫復封豕韋杜跡其事知累之後世更復其國為豕韋氏也但无此解杜自為證故云在襄二十四年夫物至不育　正義曰此論致龍之事物謂龍也夫物物各有其官當謂如龍之輩蓋言鳳皇麒麟白虎玄龜之屬每物各有其官主掌之也其人居此官者脩其為官方術從朝至夕終日脩之若一日失其所掌之職令其官方不理則有死罪及之居官者當死矣失其官方則不得食祿得死罪是不食祿也居官者安其為官

之業使職叓修理則其所掌之物乃自生至水官脩則竜至其餘
亦當然也若滅棄所掌之叓令職叓不脩則其物乃止息而潛伏
沈滯壅塞不復生育以此故不可生而得也　注宿猶安也　正
義曰夜宿所以安身故云宿猶安也謂安心思其職業服虔云宿
思也今日當預思明日之叓如亂人宿火矣云卿以服義大迂曲
注泯滅也坻止也　正義曰釋詁文也上言官宿其業其物乃至
職業不脩則物不至物雖不至尚有物在若滅棄其官百叓不理則
其物止而潛伏不復生育乃令元有此物非徒不至而已　注鬱
滯也湮塞也　正義曰賈逵云然杜用之也鬱積是沈滯之義故
為滯也傳謂塞井為湮井是湮為塞也言此物沈滯壅塞不復生
也　實列受氏姓　正義曰列謂行列言五官皆然也人臣有大
功者天子封為國君又賜之以姓諸侯以國為氏言其得封又得
姓兼受之也　注五官至尊奉　正義曰五官之君長死則皆為
貴神王者社稷五祀則尊奉之如祭配食於五行之神即下重脩
熙黎是也王者祭木火金水之神而以此人之神配之耳非專祭

此人也分五行以配四時故五行之神句芒祝融之徒皆以時物之狀而為之名此五者本為五行之神作名耳非与重該之徒為名也晋語云虢公夢在廟有神人面白毛虎爪執鉞行在西阿公懼而走神曰无走帝命曰使晋襲于尔門公拜稽首覺召史嚚占之對曰如君之言則蓐收也天之刑神也如彼文虢公所夢之狀必非該之貌自是金神之形耳由此言之知句芒祝融玄冥后土之徒皆是木火水土之神名非所配人之神名也雖本非配人之名而配者与之同食亦得取彼神名以為配者神名猶社本土神之名稷本穀神之名配者亦得稱社稷也此五行之官配食五行之神天子制礼使祀焉是為王者所尊奉也

注正官至重焉　正義曰正訓為長故為官長木官之最長也其火金水土正亦然賈逵云捴言万物句芒非專木生如句杜誤耳木正順春万物始生句而有芒角杜獨言木者以木為其主故經云木正且木比万物芒角為甚故舉木而言劉炫以杜不取賈義而獨舉於木而規杜非也

注祝融至犁焉　正義曰杜不解祝則謂祝融二字共為明貌也

賈逵云夏陽氣明朗祝甚也融明也亦以夏氣爲之名耳鄭語云黎爲高辛氏火正以淳燿敦大光明四海故命之曰祝融如彼文又似由人生名者彼以其官掌夏德又稱之故以夏氣昭明命之耳

注土爲至爲社　正義曰后者君也群物皆土所載故土爲群物之主以君言之故云后土也賈逵云句芒祀於戶祝融祀於竈蓐收祀於門玄冥祀於井后土祀於中霤今杜云在家則祀中霤是同賈說也家謂宮室之內對野爲文故稱家非卿大夫之家也言在野者對家爲文雖在庫門之內尚充官室故稱野且卿大夫以下社在野田故周禮大司徒云辨其邦國都鄙之數制其畿疆而溝封之設其社稷之壝而樹之田主各以其野之所宜木遂以名其社鄭玄云社稷后土及田正之神田主田神后土田正之所依也詩人謂之田祖所宜木謂若松柏栗也是在野則祭爲社也此野田之社民所共祭即月令仲春之月擇元日命人社是也劉炫云天子以下俱荷地德皆當祭地但名位有高下祭之有等級天子祭地祭大地之神也諸侯不得祭地使之祭社也家又不得祭社使祭中霤

也霤亦地神所祭小故變其名實塵以句芒祀於戶云云言雖天子之祭五神亦如此耳杜以別祭五行神以五官配之非祀此五神於門戶井竈中霤也門戶井竈直祭門戶等神不祭句芒等也唯有祭后土者亦是七神故特辨之云在家則祀中霤在野則為社言彼社与中霤亦是土神但祭有大小郊特牲云社所以神地之道也地載万物取財於地教民美報焉家主中霤而国主社示本也是在家則祀中霤也大司徒以下同此礼也　竜水至生得

正義曰漢氏先儒說左氏者皆以為五靈配五方竜屬木鳳屬火麟屬土白虎屬金神龜屬水其五行之次木生火々生土々生金々生水々生木王者脩其母則致其子水官脩則竜至木官脩則鳳至火官脩則麟至土官脩則白虎至金官脩則神龜至故為其說云視明礼脩而麟至思睿信立而白虎擾言從文成而神龜在沼聽聰知正而名川出竜皃共体仁則鳳皇来儀皆脩其母而致其子也解此竜水物者言竜為東方之獸是北方水官之物也水官廢矣故竜不生得言毋不脩故子不至也杜氏既无其說未知

与舊同否此下不注似与舊説異成當以爲竈是水内生長故爲
水官之物水官廢矣故竈不生得言水官不脩故无水内之靈獸
也若如此解則上云物有其官當謂五靈之物各々自有其官々
々脩理各自致物竈是水内之物可令水官致竈其鳳皇麟虎之
輩共在天地之間不是寢食火木生土出未知何官致鳳何官
致虎未測杜旨不可強言是用闕疑以俟来哲在乾至于野
正義曰傳例上下雖不用筮但指此卦某爻之義者即以某爻之
變更別爲卦即云此卦之某卦則此乾之姤宣十二年師之臨是也
劉炫云杜以之爲適炫謂易之爻變則成一卦遂以彼卦名爻乾之
初九姤卦爻九二同人爻九五大有爻上九夬卦爻用九全變則
成坤卦故謂用九爲坤蔡墨此意取易文耳非揲蓍求卦安有之
適之義若以之爲之適則其非之適之意何以言其同人其有此本
當言初九々二但以爻變成卦即以彼卦名爻其意不取於之適
所言其同人其大有猶引詩言其二章其三章先引初九故言
乾卦之姤爻初九言乾以下不復須云乾故言其同人其大有就

乾卦而其之其此同人爻其此大有爻以下文勢悉皆若是也
之始　正義曰巽下乾上姤乾之初九爻變而成姤卦也其彖曰
姤遇也柔遇剛也乾為天為剛巽為風為柔風行必有所遇猶女行
而遇男故名此卦為姤也　注乾初九爻辭　正義曰蔡墨此言
取易有彖字而已无取於易之義理故杜注唯指其辭之所在不
解其辭之意其說易者自具於此不復煩言也　同人　正義曰
离下乾上同人乾之九二爻變而成同人之卦也其象曰天与火同
人天体在上火性炎上同于天也猶君設政教而臣民從之和同之義
故名此卦為同人也服虔云天在上火炎上同于天天不可同故曰
同人　大有　正義曰乾下离上大有乾之九五爻變而成大有之
卦也其彖曰大有柔得尊位大中而上下應之曰大有柔得尊位
謂六五也五位尊而柔居之處尊以柔居中以大体无二陰以分其
應上下應之无所不納大有之義故名此卦為大有　夬　正義
曰乾下兌上夬乾之上九爻變而成夬卦也其彖曰夬決也剛決柔
也此卦五陽而決一陰乾為天為剛為健兌為澤為柔為說以剛

正決柔邪故名此卦為夬　注乾用九爻辭　正義曰乾之六爻皆陽坤之六爻皆陰以二卦其爻既純故別揔其用而為之辭故乾有用九坤有用六餘卦其爻不純无揔用也六爻皆變乃得揔用乾之六爻皆變則成坤卦故謂用九之辭為其坤也六爻既變而不用卦下之辭者周易用變卦下之辭非變爻无龍文史墨指說於龍故以用為語　坤之剝　正義曰坤下艮上剝坤之上六爻變而成剝卦也其彖曰剝々也柔變剛也剝卦五陰而一陽陰漸長而滅陽猶邪長而剝損正道故名此卦為剝也　若不至物之　正義曰蔡墨言古者龍可生得人皆見之故周易之辭以龍為喻若使龍不朝夕出見誰能知其動靜而得以物名之易言潛龍飛龍及龍戰之等明是見其飛潛見其戰鬪而得以物名之是知龍可生得古人見龍形也　少皞氏有四叔　正義曰少皞氏有四叔々々是少皞之子孫非一時也未知於少皞遠近也四叔出於少皞耳其使重為句芒非少皞使之世族譜云少皞氏其官以鳥為名然則此五官皆在高陽之世也楚語云少皞氏之衰也

九黎亂德民神雜擾不可方物顓頊受之乃命木正重司天以屬
神命火正黎司地以屬民是則重黎居官在高陽之世也又鄭語
云黎爲高辛氏火正命之曰祝融則黎爲祝融又在高辛氏之
世案世本及楚世家云高陽生稱稱生卷章卷章生黎如彼文
黎是顓頊之曾孫也楚語云少皡之衰顓頊受之即命重黎似是
即位之初不應即得命曾孫爲火正也少皡世代不知長短顓頊
初已命黎至高辛又加命不應一人之身縣歷兩代身既久遠書傳
散亡如此參差雖可考校世家云共工作亂帝嚳使黎誅之而不
盡帝誅黎而以其弟吳回爲黎後居火正爲祝融即如此言黎
或是國名官号不是人之名字顓頊命黎高辛命黎未必共是一
人傳言世不失職二者或是父子或是祖孫其身不可知也由此言
之少皡四叔未必不有在高辛世者也此五祀者居官有功以功
見祀不是一時之人脩熙相代爲水正即非一時也且傳言世不失
職便是積世能官其功益大非是暫時有功遂得万世兼祀明是
歷選上代取其中最有功者使之配食亦不知初以此人配食何

代聖王爲之蓋在高辛唐虞之世耳　注窮桑地在魯北　正
義曰窮桑少皞之号帝王世紀亦然賈逵云處窮桑以登爲帝故
天下号之曰窮桑帝賈以濟爲渡也言四叔子孫世不失職遂渡
少皞之世杜以少皞之世以鳥名官不得有木正火正故以濟爲成
四子能治其官使不失職濟成少皞之功言少皞有王功子孫能
成之故死皆爲民所祀也少皞居窮桑定四年傳稱封伯禽於少
皞之虛故云窮桑地在魯北土地名窮桑闕言在魯北相傳云
耳　注共工至見祀　正義曰十七年傳郯子言前世名官從下
而上先言炎帝以火名次言共工以水名次言大皞以竜名是共
工在大皞後神農前以水名官者也祭法曰共工氏之霸九州也
其子曰后土能平九州故祀以爲社能平九州是能平水土也言共工
有子謂後世子耳亦不知句竜之爲后土在於何代少皞氏既以
鳥名官此當在顓頊以來耳　注方荅至爲社　正義曰獻子問
社稷五祀既荅五祀當更荅社稷但句竜既爲后土又亦配社蔡
墨既荅五祀方荅社稷故明言后土爲社也　稷田正也　正義曰

月令云孟春行冬令則首種不入鄭玄云首種謂稷也周語云宣

王不藉千畝虢文公諫曰民之大事在農是故稷為大官然則百

穀稷為其長遂以稷名為農官之長正長也稷是田官之長

注烈山至諸侯　正義曰魯語及祭法皆云烈山氏之有天下也

其子曰殖百穀故祀以為稷言有天下則是天子矣杜注不得為

諸侯也賈逵鄭玄皆云烈山炎帝之號杜言神農世諸侯者案帝

王世紀神農本起烈山然則初封烈山為諸侯後為天子猶帝堯

初為唐侯然也若然烈山即神農而云神農世為諸侯者案世紀

神農為君揔有八世至榆罔而滅亦稱神農氏是揔號神農也故

烈山氏得於神農之世為諸侯後為神農也劉炫以為烈山氏即

神農非諸侯而規杜非也此及魯語皆云其子曰柱祭法云農者

劉炫云蓋柱是名其官曰農猶呼周棄為稷　注棄周至代之

正義曰棄為周之始祖能播殖百穀經傳備有其事以其後世有

天下號國曰周故以周冠棄々時未稱周也書序云湯既勝夏欲

遷其社不可作夏社孔安國云湯承堯舜禪代之後順天應人逆

取順守而有懃德故革命創制改正易服變置社稷而後世先及句龍者故不可而止是言成湯變置社稷之由也湯於帝世年代猶近功之多少傳習可知故得量其優劣改易祀典意欲遷社而先及句龍棄功乃過於柱廢柱以棄為稷也其五祀之神重犁牛之輩若更有賢〻亦應遷徙但其功莫之〻先帝王不敢改易故得永流万〻代常在祀典良由後世之臣弱後王之意讓故也 注令晉至言遂 正義曰服虔云鼓量名也曲礼曰献米者操量鼓取晉国一鼓鐵以鑄之但礼之將命置重而執輕鼓可操之以將命即豆區之類非大器也唯用一鼓則不足以成鼎家賦一鼓而鐵又大多且金鐵之物當称之以權衡数之以鈞石寧用量米之器量之哉故杜以為賦晉国者令民各出功力均取其功也冶石為鐵用橐扇火動橐謂之鼓今時俗語猶然令衆人鼓石為鐵計令一鼓使足故云賦晉国一鼓鐵也遂者因上生下之辞因城汝濱遂鑄刑鼎故言遂也 著范至刑書 正義曰范宣子制作刑書施於晉国自使朝廷兼用未嘗宣示下民今荀寅謂此等宣子之

書可以長為國法故鑄鼎而銘之以示百姓猶如鄭鑄刑鼎仲尼譏之其意亦與叔向譏子產同　民是至度也　正義曰守其舊法民不豫知臨時制宜輕重難測民是以能尊其貴畏其威刑也官有正法民常畏威貴是以能守其業保祿位也貴者執其權柄賤者畏其威嚴貴賤尊卑不愆此乃所謂度也言所謂法度正如此是也　今棄至為國　正義曰今棄是貴賤常度而為刑書之鼎民知罪之輕重在於鼎矣貴者斷獄不敢加增犯罪者取驗於書更復何以尊貴威權在鼎民不忌上貴復何業之守貴之所以為貴只為權勢在焉勢不足畏故業無可守貴無可守則賤不畏威貴賤既無次序何以得成為國　注范宣至亂制　正義曰於時晉侯將以士縠梁益耳將中軍先克曰狐趙之勳不可廢也以狐射姑將中軍趙盾佐之陽處父改蒐于董更以趙盾將中軍狐射姑佐之是一蒐而三易中軍帥三易者士縠梁益耳將中軍是易代前人是一易也狐射姑將中軍是二易也又趙盾將中軍是三易也致使賈季奔狄鄭之徒怨恨而作亂其事文公之傳具矣因此

蒐而有此亂故曰晉國之亂制 又加至亡也 正義曰宣子刑
者久已廢矣今復變易興之以成其滅亡也劉炫云范氏取夷蒐
之以法以為國制雖則為非者已廢矣縱應有禍亡釁已歇今荀寅
更述其事又加增范氏之惡焉范氏已欲免禍今復改易之而使亡
三十年頃公 正義曰謚法慈仁和民曰頃 傳春王至過也 正義
曰經書公在乾侯者季氏以此告廟釋公不得朝正故國史書之
于策也釋例曰昭公之孫每正月必書者以孫告廟也公二十五年
始出居鄆及乾侯累歲居外而仲尼不書于經故傳曰不先書鄆
與乾侯非公且徵過也既以非責公之妄且明過謬之可掩故不
顯書其在外使若在國然也自三十年至於終設則皆顯書其所
在之地傳皆隨年而互言其事明罪之在公非復過謬也三代封
建自上及下降殺以兩君不亢高臣不極卑強弱相參衆力相須
賢愚相厠故雖有昏亂之君亦有忠賢之輔我周東遷晉鄭是
依死知之亂實獲小白驪姬之妖重耳以興天下雖瓦解而不土崩
海內雖鼎沸而不盈溢天生季氏以貳魯侯季氏未有篡奪之

惡公雖失志亦无抽蒯倒縣之急聽用隸豎僥倖之私既不能強
又不能弱所以身死於外見貶於春秋也是言罪在公書公在之意
也杜言見貶於春秋者公當在國治民每歲書公在外是其貶責
公也劉炫云序云諸言不書皆仲尼新意然則前三年魯史皆
書公在仲尼去之仲尼所以不於此先書公在鄆與乾侯者所以非
公之妄妄伐季氏且明過謬猶可掩此年書者自是鄆人潰叛云
云此年云非公且徵過三十一年云言不能外內三十二年云言不能
外內又不能用其人每歲發傳言公之罪也注徵明至所在
正義曰不先書鄆與乾侯一文之中有兩種之意一者非責公之妄
一者明公過謬猶可掩也非責公之妄者以君舉必書公在乾侯
與鄆臣子當委曲詳録令輕略不記似若不足可録然所以非責
公之妄也明公過謬猶可掩者破臣所逐出居於外若顯然書之
則恥惡尤甚故隱而不書猶若在國欲明公過謬之失尚可容掩
也此以徵為明明公過可掩也襄二十八年傳云王人來告喪問崩日
以甲寅告故書之以徵過徵亦為明明告喪者之過也彼言徵審也

審其意知无他故以明其過失也服虔云非公且衛過昭公无道
久在外季氏非公不肯赦言公在某地春秋之義亦以不咎徵季
氏之過此等昏者公不得入晉外内有国辱季氏閔而赦之所謂
意君如在国案明年傳云言不能外内又明年傳云言不能外内
又不能用其人皆是傳說經意非責昭公不是季氏非公也即如
服言往前季氏非公不肯赦公所在此年以後方始閔而赦之所
謂意君如在国則往前未赦之時不如在国矣二十七年扈之會
范獻子何以已言季氏意君如在国也季氏奪公鄆邑与公交戰行
貨齊晉使不納公禱于煬宮求君不入及其死也猶欲絶其兆域
加之惡謚閔公之意復安在乎　注紼輓至執紼　正義曰紼礼
或作綍礼記緇衣云王言如絲其出如綸王言如綸其出如綍々
是大繩也周礼天子葬用六綍喪大記君葬用四綍大夫葬用二
綍々為葬之所用是輓索也案礼雜記諸侯執綍五百人大夫三
百人鄭玄云天子蓋千人也天子諸侯之喪殯于西序而屬綍焉
備火災而輓之也王制云喪三年不祭唯祭天地社稷為越紼而

引亦謂喪在殯踰紼而引祭也周礼大司徒云大喪帥六郷之衆庶屬其六引又遂人云大喪帥六遂之役屬六綍鄭玄喪大記注云在棺曰綍行道曰引至壙將窆又曰綍是綍引一物從所在而異名耳礼送葬必執紼曲礼文也鄭玄云葬喪之大事紼引車索也鄭之先君親送晉侯葬者傳无其文游吉今言之蓋亦嘗有矣慶其至而已　正義曰善其有加不討其乏明知鄭國致其情實取充備而已　我先君簡公在楚　正義曰由簡公在楚上卿守國故少卿行耳鄭玄以為簡公若在君當自行其言非傳旨也　三十一年注襄二至重丘　正義曰傳言同盟故知此穀與魯必嘗同盟矣薛於重丘以前雖數與魯盟但薛入春秋以來於十葬不見經傳未知此穀以何年即位故舉去今近者言之注不書邾史闕文　正義曰公羊穀梁亦以濫為邾邑而傳解其无邾之意言邾人以濫封此黑肱使為別國故不繫於邾以非天子所封故无子男爵號其言不可通於左氏〻〻无傳明是闕文二傳見其文闕而妄為說耳　傳我受其無咎　正義曰言我為子受

其重任其使子必无咎受其貨故保任之　季孫意既跣行
正義曰練冠蓋如喪服斬衰既練之後布冠也麻衣當是布深衣
也問喪云親始死徒跣々行不屨以其不從定君示已憂戚之
深也　不絕至之死　正義曰此季孫探言罪已之意不絕季氏
之祀或更立其子弟直賜其身死而已服虔云言賜不使死是為
以死賜之若賜死即是不殺下句何須更言弗殺弗亡　婉而辨
正義曰此婉而辨則与微而顯其意一也故杜云辭婉而旨別辭
婉則文微也旨別則義顯也上句微而顯者據文雖微隱而義理
顯著下句婉而辨者辭雖婉順相似而旨意有殊故重起其文也
此与成十四年婉而成章其定異也彼謂諱君惡与此不同也注
庚日至入郢　正義曰於天文房心尾為大辰尾是辰後之星也
日在辰尾自謂在辰星庚辰入郢乃謂日是辰日二辰不同而以日
在辰尾配庚為庚辰者二辰實雖不同而同名曰辰以其名同故
取以為占此則史墨已知非是人情所測定四年十一月庚辰吳入
郢是其言之驗也此十二月日食彼十一月入郢則是未復其月而云

及此月者長歷定四年閏十月庚辰吳入郢是十一月二十九日楚昭三十一年傳曰六年十二月庚辰吳入郢今十一月者并閏數也然則彼是新閏之後且十一月二十九日又其月垂盡故得為及此月也注辰尾至而食　正義曰東方七宿角亢氐房心尾箕共為蒼龍之体南首北尾角即龍角尾即龍尾釈天云大辰房心尾也是房心与尾共為大辰故言辰尾龍尾也周十二月今之十月々令孟冬之月日在尾是此時日月合朔於辰尾而日食也注謫變至年也正義曰昏義云陽事不得適見於天日為之食謫譴責也人有咎責氣見於天故謫為變氣也長歷此年十月壬子朔故庚午是十月十九日也從庚午下去十二月辛亥朔為四十一日垂食在辛亥之日而更以庚午為占舍近而取遠自是史墨所見其意不可知也午為南方之辰楚是南方之國故午為楚之位也午是南方之辰火也庚是西方之日金也日以庚午有變午在南方必南方之國當其咎故災在楚々之仇敵唯有吳耳故知入郢必是吳也其日庚午庚金午火五行相剋火勝金々以畏火之故金為火妃夫

妻相得而強是楚強盛之兆雖被吳入必不亡國故知吳入郢終
亦弗克言其不亡滅楚也食在辛亥之日亥在北方水位也北方
水數六故曰六年吳入郢也　三十二年　注公別至師徒　正義曰
公羊傳曰闞者何邾婁之邑也案傳定元年將葬昭公季孫使役
如闞公氏將溝焉則闞是魯公葬地非是邾邑公羊不可通於左
氏也土地名東平須昌縣東南有闞城是也賈逵云昭公得闞
季氏奪之不用師後謂此取闞爲季氏取於公也案檢經傳公
自出奔以來唯齊侯取鄆以居公耳未有公取闞之處安得取於
公也且若是季氏奪公無由得告廟存經故杜以爲公取之也四
年傳例曰凡克邑不用師徒曰取知公遣人誘而取之不用師
徒也　注世叔至已薨　正義曰傳稱晉魏舒合諸侯之大夫于
狄泉尋盟令城成周則此時爲盟矣而不書盟者賈逵云魯有昭
公難故會而不盟案傳文無魯人辭盟之文其城成周又魯人共
城之矣何以言會而不盟也若以難辭者辭不會身既在會何故
辭盟豈以昭公在外而欲背盟乎故杜以爲不書盟者時公在外

未及告公而公已薨既不得告公故不書於經也案傳尋盟令城成周則盟在城前猶得書城而盟不書者晉合諸侯大夫本以城亥召之孟懿子將從晉命即以告公魯令還乃書而已告公訖故得書之其尋盟之亥晉不豫令諸侯大夫既集晉始發意尋盟之亥未嘗告公故行還不得書也此云城成周者實未城也晉人始計功庸賦文數以令諸侯耳明年傳稱正月庚寅栽三旬而畢是明年始城也此未城而已書城知本以城亥召集因集而書城耳

注十五日 正義曰傳言十一月令城成周魯先其日明年乃始城之前在月之將末杜顯言此十五日者言盟去公薨日近以明未及告意也

傳注此年至其殃 正義曰十一年傳稱萇弘對景王云歲在豕韋言十一年歲星在豕韋也又曰歲在大梁蔡復楚凶謂十三年歲星在大梁也十三年距此十九年耳歲星歲行一次十二年而行天一周則二十五年後在大梁後彼而歷數之則此年始至析木之津而此年歲在星紀者歲行一次舉大數耳其實一歲之行有餘一次故劉歆三統之術以為歲星一百四十年行天一百四十五次計

一千七百二十八年為歲星歲數言數滿此年剩得行天一周三統之歷以庚戌為上元從上元至襄二十八年積十四万二千六百八十六歲置此歲數以歲星歲數一千七百二十八除之得積終八十二去之歲餘九百九十以一百四十五乘歲餘得十四万三千五百五十以一百四十四除之得九百九十六為積次不盡一百二十六為次餘從襄二十八年至昭十五年合有一十八年歲星年行一次年有一餘以次加次得一千一十四以餘加餘得一百四十四餘數滿法又成一次以從積次得一千一十五也以十二去之餘々次一百四十四用七个一百四十四年还得剩行天一周也餘七命起星紀筭外得鶉火是昭十五年歲星在鶉火也計十三年在大梁十五年當在鶉首而在鶉火者由其餘分數滿剩得一次猶如閏餘滿而成月也以十五年歲在鶉火歷而數之則二十七年後在鶉火故此年在星紀也於十二次分野星紀是吳越之分也歲星是天之貴神所在之次其國有福今越得歲星故吳伐之則凶也吳越同分而得越福吳凶者以吳先用兵故反受其殃賈逵云然杜從之也鄭玄云天

文分野斗主吳牽牛主越此年歲星在牽牛故吳伐之云案史傳
所云吳越同分不言於次之內更分星姜氏任氏共守玄枵後以
何星主齊何星主薛也且據三統之術星紀之初斗十二度訖於
牽牛初度乃為中有十五年餘分始滿則此年之初歲星初入此
次伐越在夏末得已至牽牛邪之此說為妄之甚也 注謂二
至于今 正義曰案二十七年十二月晉籍秦致諸侯之戍于周
而此杜云二十八年者以十二月蓋冬云在十二月訖周則在二十八
年故云五年也 注作成訖之德 正義曰杜知作成周為崇文
王之德者以上傳云儆文武之福即云成王合諸侯城成周以崇
文德故以為崇文王之德烈炫以為崇文德之教而規杜非也
注蟊賊喻災害 正義曰蟊賊食苗之蟲釋蟲云食根蟊食節
賊故以蟊賊喻災害也 注詩大至譴怒 正義曰此詩大雅
板之篇刺厲王之詩也詩 注以天禋厲王此據上天斷章取意
注計所至丈數 正義曰謂周迴遠近之丈數也知者下別云儒
高卑度厚薄故也 屬役賦丈 正義曰屬役謂屬聚一役也

賦丈謂課付尺人上既号令丁役之事以告諸侯令諸国々各出
若干之役築若干之丈故云屬役賦丈尺以授帥也　注瑰
玉器　正義曰周礼大宗伯云以玉作六器以礼天地四方白瑰
礼西方鄭玄云虎猛象秋嚴礼經及記言瑰多矣都不說其狀
蓋刻玉為虎形也一瑗一璧　正義曰釈器云肉倍好謂之璧肉好
若一謂之環李巡曰肉倍好璧邊肉大其孔小也肉好若一其孔
及邊肉大小適等曰環也　故詩以為陵　正義曰詩小雅十月
之交大夫刺幽王也　注三后虞夏商
故數此三代三代子孫自有為国君者言其賤者為庶人也
雷乘乾曰大壯　正義曰乾為天為剛震為雷為動天以剛而
動々則為雷壯之大者故曰大壯　注乾為至有雷　正義曰說
卦乾為天為君々之極尊者是天子也震為長子其卦云震驚
百里声達百里之内而有震曜之威是諸侯之象諸侯而在天
子之上象如君臣易位是天之道也　始震而卜　正義曰震動
也懷妊始動知有震娠而即卜也　是以為假人　正義曰器謂ニ

車服也名謂爵号也借人名器則君失位矣故不可以假人也言魯君失民是借季氏以權柄故令昭公到此出外因以戒人君使懲創也

春秋正義卷第三十二

計一万六千八字

春秋正義卷第三十三　定公

國子祭酒上護軍曲阜縣開國子臣孔穎達等奉

勅撰

正義曰魯世家定公名宋襄公之子昭公之弟史傳不言其母不知誰所生也以敬王十一年即位謚法安民大慮曰定元年注公之至月故　正義曰凡新君初立必於歲首元日朝正於廟因即改元正位百官以序國史因書於策云元年春王正月公即位也其或國有變故不得行即位之禮國史亦書元年春王正月見此月公應即位而有故不得隱莊閔僖四公元年无變而空書春王正月是其義也此年不書正月者公即位在六月故也傳稱昭公喪及壞隤公子宋先入則正月之時定公猶從昭公之喪在於乾侯未入魯竟國內无君不是即位闕禮故不須書正月也釋例曰癸亥公之喪至自乾侯戊辰公即位喪在外踰年乃入故因五日改殯之節國史用元年即位之禮因以此年為元年也然則正月之時未有公矣公未即位元必不改而於春夏即稱元年者公

未即位必未改元未改之日必稱前君之年於時春夏當名此年爲昭公三十三年及六月既改之後方以元年紀事及史官定策須有一統不可半年從前半年從後雖則年初亦統此歲故入年即稱元年也漢魏以來雖於秋冬改元史於春夏即以元年冠之是有因於古也　注晉執至所歸　正義曰晉執仲幾傳无日月據經所書是三月始執案傳則不然也傳稱辛巳合諸侯之大夫于狄泉長歷辛巳是正月七日也既會而魏舒始卒庚寅栽是正月十六日也宋仲幾不受功當於栽時不肯役耳士彌牟云晉之從政者新是士鞅已代魏舒矣乃執仲幾以歸三月歸諸京師必是既栽之後三月以前執以歸晉至三月乃歸於京師耳經書三月始執者晉人初執不告後知以歸不可至三月後歸於京師諱其以歸乃歸王故以三月初執告也縱晉執人諸侯不得相治事當使歸決於天子況在天子之側不以歸於京師晉人自知不可不以歸晉告魯故經但書其執不書所歸既不言歸王亦不言歸晉是不以所歸告也　注定公至義例　正義曰公羊傳曰即位不

日此何以日録乎内也穀梁以為公喪在外踰年六月乃得即位
危故日之左氏无此義故杜顯而異之正月即位正也定公不得
以正月即位為失其時故詳而日之直記事之宜書月无義例
注煬公至譏之　正義曰謚法好内怠政曰煬々公伯禽子世本
世家文諸侯之礼親廟有四計煬公玄孫既薨其廟即已毀矣季
氏禱于煬公以求昭公不入公死於外謂禱有益而更立其宮實
之於礼不合更立悪其改変国典故書以譏之公羊穀梁皆云立
者不宜立々煬宮非礼也　注周十月之災　正義曰月令九月
霜始降八月未應霜殺菽々有大豆之苗又是耐霜之穀今以八
月隕霜々已殺菽是非常之災故書之僖三十三年隕霜不殺草
此云殺菽彼言不殺草者穀梁傳曰未可以殺而殺挙重可殺而
不殺挙軽其曰菽挙重也　傳易位以令　正義曰往年傳魏子
南面衛彪傒云干位以令　此云魏子涖政彪傒云易位以令文不
同者郊特牲云君之南郷荅陽之義也臣之北面荅君也然則礼
国君乃南面往年魏子亦南面是干君之位故云干位此時諸国

為天子築城但當為君各致徒役而已宜使天子之臣自號令之
而魏子涖政代天子大夫改易上下故為易位所譏別故其文異
注禹貢至曰陸 正義曰禹貢云導河積石至于大伾北過降水
至于大陸孔安國云大陸澤名釋地十藪云晉有大陸郭璞曰今
鉅鹿北廣阿澤孫炎曰廣河猶大陸以地名言之近為是也計鉅
鹿之城與周相去千有餘里魏子不應往彼田獵故嫌絶遠疑此
田為在汲郡吳澤澤在脩武縣北還卒於甯甯即脩武城是也
當是荒蕪之地故亦以大陸名焉引爾雅以證平地皆名陸也案
爾雅高平曰陸杜言廣平者以吳澤之地地下寬平故以廣平言
之非是不見爾雅劉君以爾雅高平曰陸而規杜氏非
去其柏椁 正義曰喪大記云君松椁大夫柏椁士雜木椁是卿
葬於禮用柏椁也以其未復君命而為田獵故獻子去其柏椁不
使用也 注不書云未即位 正義曰懿子往年唯受號令知所
得丈尺人功而已今復將徒役城之計畫更書之於策以云未即
位先君可告故不書 注言范至故复 正義曰魏舒以辛巳會

諸國至庚寅相去唯十日耳魏舒始卒已得范鞅代者范鞅本是
中軍之佐於次當代魏舒蓋晉人因舒卒而馳使代之　啓寵至
謂矣　正義曰尚書說命傳說進戒於王云无啓寵納侮古有此
言故云其此之謂矣開彼寵人過其本分其人不知止足乃至侵
侮在上擬在上受之故云納侮　季孫至命辱　正義曰言子家
子數於公處致言於我云意如受君不敢不改又言君以一乘入於
魯師季孫必与君歸季孫之意實然故云未嘗不中吾志吾欲与
之從政欲用為大夫也公喪歸則從者散故令止之且聽命者一
聽子家之所為子家欲將歸者即与之歸　注二子至季氏　正
義曰謀逐季氏公為々之傳文不言公衍謀也但以公衍見後為
大子季氏欲俱廢之故言此也　注諸侯至即位　正義曰王制
云天子七日而殯諸侯五日而殯自癸亥至戊辰五日殯訖則嗣
子即位故定云以此日即位也公羊穀梁皆云正棺於兩楹之間
然後即位案正棺兩楹之間即礼所謂夷於堂者也喪大記君薨
之礼云既小斂男女奉尸夷于堂鄭玄云諸侯之小斂於死者俱

三日此戊辰去癸亥五日非正棺之日不得為正棺即位也雜記
云諸侯行而死皈至於廟門遂入適所殯鄭玄云適所殯謂兩楹
之間自外來者正棺於兩楹之間尸亦奠之於此因殯焉殯必於
兩楹之間者以其死不於室而自外來留之於中不忍遠也鄭取
二傳之說言死從外來者殯在兩楹之間若謂殯為正棺則与杜
言合矣　闞公氏　正義曰闞是先公葬地春秋言氏猶如言家
故謂公之墓地為公氏言是公死之冢宅也玄卿以為闞屬上句
公氏將溝焉猶言將溝公氏焉古人多倒語公氏則昭公注為
惡謚　正義曰知者下云死又惡之所以知也　以自信也　正
義曰信明也以自明已之不臣也　溝而　正義曰孔子之為司
寇在定公十年以後未知何葬溝之　禱于煬公　正義曰既毀
其廟而得禱者蓋就祧而禱之　簡公　正義曰謚法平易不從
曰簡　二年注雉門至曰哭　正義曰明堂位云庫門天子皋門
雉門天子應門是魯之雉門公宮南門之中門也釋宮云觀謂之
闕郭璞曰宮門双闕周礼大宰正月之吉縣治象之法于象魏使

万民觀治象鄭衆云象魏闕也刘熙釈名云闕在門兩旁中央闕然爲道也然則其上縣治象其狀魏々然高大謂之象魏使人觀之謂之觀也是觀与象魏闕一物而三名也觀与雉門俱災則兩觀在雉門之兩旁矣公羊傳曰其言雉門及兩觀災何兩觀微也然則曷爲不言雉門災及兩觀主災者兩觀也主災者兩觀則曷爲後言之不以微及大也穀梁亦云災自兩觀始先言雉門尊々也公羊称子家駒云設兩觀諸侯僭天子其意以其奢僭故天災之左氏无此義案礼器云天子諸侯臺門此以高爲貴也郊特牲云臺門大夫之僭礼也唯言大夫異於諸侯不言諸侯異於天子兩觀爲僭礼无其文天之所災不可意卜言主災兩觀以門爲先門若災先從門起又將何以爲異丘明无文或是災起雉門而延及兩觀也天火曰災宣十六年傳例　傳桐叛至无忌　正義曰桐是小國世屬於楚桐今叛楚々有間隙故吳子因是而謀之舒鳩自是楚之屬國居吳楚之間亦兩取其意故吳得使之也吳子使舒鳩誘楚人又教舒鳩爲辭曰令楚以師臨我々吳自称我令

楚臨吳也我為偽若畏楚為楚伐桐女舒鳩為為我誘楚我軍楚師或曰囊瓦本出師伐吳見吳欲伐桐而不設備遂被吳敗之又擊楚巢邑潛師圍而克之獲其守邑大夫為我使之无忌謂為我之畏楚形狀使楚人无復防忌於我也若楚不忌吳則師不設備欲因其无備而掩襲取之耳下云吳人見舟于豫章偽欲伐桐也吳軍楚師于豫章掩其不備也潛師于巢吳人詐巢邑人云此師將伐桐也其實本擬取巢故下遂圍巢克之言潛者對豫章之師稱潛 三年云如郢乃復 正義曰三傳皆无其說不知何故乃復賈逵云刺緩朝見辭失所不諱罪已賈虽為此解於傳无文不可從故杜不言劉炫謂云以六月即位此年便即往朝於度未為緩也晉人何以辭之若以緩見退為遣謝罪何由此後更无謝處空言罪已經无孫謝自罪之狀後安在乎晉若以緩致辭必為更有譴責何由明年會次復得依常班序乃復之意不可縣知 注再同盟 正義曰穿以昭二年即位十一年盟于祲祥二十六年于鄟陵皆魯邾俱在是再同盟也 傳注欲藏至遺命 正義曰

以人從葬謂之殉邾子好絜以人為殉欲備地下埽除若令与柩同入恐其污穢藏内欲其藏中之絜故先内車及殉別為便房处之備言此事意在非責邾子若是葬者自為則非莊公之罪無為輒說此事故云蓋其遺命也邾子隊鑪而卒不應得有遺命疑其是遺命者礼國君即位而為椑初立即營死事當是平素之時先有此命葬者奉行之　注成公至馬名　正義曰宣十二年傳有唐惠侯故云唐惠侯之後也釈畜於馬無肅爽之名爽或作霜賈逵云色如霜紈馬融說肅爽鴈也其羽如練高首而脩頸馬似之天下稀有故子常欲之杜以馬名當時所作本意不可得知故直云駿馬名　請代至許之　正義曰謂請楚〻人許之也知非請唐侯者若唐侯許之自合養馬何須言飲先從者竊馬以獻乎

四年注癸巳至從赴　正義曰杜以長歷校之知癸巳是正月七日故云書二月從赴也知非日誤者以崩薨之事皆以赴為文故平王崩赴以庚戌陳侯卒赴以甲戌己丑杜依大例而言故云從赴刘炫以為諸侯五月而葬　下云六月葬陳惠公則陳侯卒在二

月以為日誤而規杜氏今知非者但諸侯雖五月而葬春秋之時或後或速先後常準此陳侯之葬寔既先傳何知必五月而葬安以杜為失其義非也　注於召會書侵　正義曰先言于召陵後言侵楚是於召陵先行會禮也　土地名召陵楚地也諸侯既入楚竟先行會禮後乃侵之故經書先會後侵也　注召陵至處故　正義曰書經之例諸侯先會而後盟皆前月而後凡此共盟者還是前會之諸侯前已歷序故於此總言之也劉子雖是王朝之臣而亦有封爵故諸侯之文可以兼劉子也僖二十九年王子虎與諸侯盟于翟泉貶之稱人此劉子得與諸侯盟者楚僭號稱王不寔天子諸侯會而侵楚將以尊崇王室傳言劉文公合諸侯是天子勅之使盟也下文書劉卷卒葬魯人來會依同盟之禮知劉子亦與盟也後稱公者由其會盟異處故也劉炫規杜云會盟異處故後稱公案襄二十五年盟重丘亦是會盟異處何以不言公今刪定知非者但會盟異處理合稱公重丘不書公史官自略耳以此規杜非也　杞伯成卒于會　正義曰成以昭二十五年即位二

十六年盟于鄟陵三十二年于翟泉此年于皐鼬魯杞俱在許杜當云三同盟无注者漏脱耳諸侯薨于朝會加一等此既薨于會其礼亦當然注即刘至具爵正義曰昭二十二年傳曰單子立刘蚠即此是也世族譜伯蚠刘蚠刘文公刘狄刘卷刘子爲一人王朝公卿卒不赴魯魯不會葬文三年書王子虎卒傳曰来赴弔如同盟礼也彼爲同盟于翟泉故也此亦書卒明爲同盟故也畿内之國不得外交諸侯必非列邑之臣来赴知是天子爲告也天子告臣略言名封而已不言刘子故書不具爵注師能至數閏正義曰師能左右之曰以依二十六年傳例也皆陳曰戰大崩曰敗績莊十一年傳例也吳大蔡小而蔡能以吳者吳子爲蔡討楚言蔡能左右之也釈例曰吳雖大國順蔡侯之請自將其衆唯蔡侯之命故亦言以吳子也囊瓦楚之上卿當称名氏今称人者貪以致敗又不能死難罪賤之也釈例曰楚之囊瓦貪珮馬以致討称人罪賤之也昭三十一年傳言六年十二月庚辰吳其入郢今以十一月与彼期有差殊者長歴推此年閏十月庚辰又是

十一月二十九日其月盡并數閏得為十二月也　注書名惡之　正義曰文八年宋司城來奔十四年宋子哀來奔傳皆云貴之也不稱名為貴之是稱名為惡之　注弗地至略文　正義曰弗地曰入襄十三年傳例也上文戰稱吴子此言吴入楚不稱子猶成三年鄭伐許昭十二年晋伐鮮虞史略文无義例公羊穀梁以為吴於戰稱子為其憂中國故進而稱爵及其入郢君舍于君室大夫舍于大夫室反為夷狄之行故貶而稱吴杜氏无此義故杜異而顯之　傳注文公至諸侯　正義曰劉子是天子大臣故言王官伯也往年蔡侯如晋請晋耳不請天子令稱劉文公合諸侯知是晋人告王假王命以討楚王使劉子會之故言劉文公合諸侯以示稟於王命假王威也　注析羽至觀之　正義曰周禮司常掌九旗之名物全羽為旞析羽為旌道車載旞斿車載旌鄭玄云全羽析羽皆五采繫之於旞旌之上所謂注旄於干首也凡九旗之帛皆用絳道車象路也王以朝夕燕出入斿車木路也王以田以鄙是其析羽為旌王者遊車之所建也釋天云注旄首曰旌

李巡曰以旄牛尾著旌首者也孫炎曰析五采羽注旌上亦有旒
縿批彼文言之則羽毛者有五色鳥羽又有旄牛尾也言全羽析
羽者蓋有全取其翅或析取其翮故有全析二名也繫此鳥羽牛
尾於干首猶自別有絳為旒縿縣之於干今之旗旛猶然此傳直
言羽耳注不引全羽而以析羽解之者以全羽尊於析羽鄭人所
有未必尊貴故以析羽解之計羽旄所用其費无多晉人自應有
之而襄十四年范宣子假羽毛於齊此又假羽旄於鄭者或當制
作巧異故閔而借觀之　注或賤至畀鄭　正義曰鄭玄注論語
云或云言有人不顯其名而略稱為或是或為賤者也繼旐曰旆
釋天文也郭璞曰帛續旐末為燕尾者然則旐謂旒身旆謂旒尾
晉令賤人建此羽旄施其旒旆於下執之以從其會李謂其美而
就鄭借觀之既得其物令賤人服用之是示其畀侮鄭也鄭是列
國而晉畀侮之諸侯於是知晉輕蔑心皆怨恨故晉於是乎失諸
侯　注嘖至忿爭　正義曰嘖至賈逵云然是相傳訓也易繫
辭云聖人有以見天下之賾謂見其至深之處賾亦深之義也謂

好於今時有煩亂忿爭之言无才辯者則莫之能治也 注社稷動謂國遷 正義曰周禮大祝云大師宜于社造于祖設軍社及軍敗獻于社則前祝天子之祝如此則諸侯之祝官亦然也然則彼軍行唯有社无稷今社稷俱動故知謂國遷也國遷唯在竟内得云祝不出竟者謂稱公劉遷豳大王来岐及春秋杞鄫陳留而遷緣陵及許遷于析之屬並是當棄本國遠適他土故有出竟之事則以社稷動謂軍行而規杜非也 注師出至釁鼓 正義曰釋天云起大事動大衆必先有事乎社而後出謂之宜是軍師將出必有祭社之事也周禮女巫掌祓除釁浴則祓亦祭名故知祓社即宜社是也說文云釁血祭也是殺牲以血塗鼓鼙為釁鼓此皆祝官掌之 祝奉以從 正義曰禮軍行必以廟主社主從軍而行尚書甘誓云用命賞于祖弗用命戮于社孔安國云天子親征必載遷廟之祖主及社主行有功則賞祖主前示不專也不用命奔北者則戮之於社主前社主陰々主殺親祖嚴社之義也是軍行必載社主行故祝官奉主以從若嘉好事焉 正義曰此會

因而侵楚衛侯當以軍行而云臣无叓者晉本以会召諸侯傳言
將会是赴会之時未知將侵伐也但諸國既集師衆自多故因得
行侵耳　注蔡叔武公弟　正義曰史記管蔡世家云武王同母
兄弟十人母曰大姒文王正妃也其長子曰伯邑考次曰武王發次
曰管叔鮮次曰周公旦次曰蔡叔度次曰曹叔振鐸次曰郕叔武
次曰霍叔處次曰康叔封次曰冄季載如彼文則蔡叔周公弟
也今以蔡叔為周公兄者以僖二十四年傳富辰言文之昭十六
國蔡在魯上明以長幼為次賈逵等皆言蔡叔周公兄故杜從之
馬遷之言多辟謬故不用史記為說　注魯公至以封　正義曰
周礼巾車云金路建大旂以賓同姓以封鄭玄云金路以金飾諸
末大旂九旗之畫交竜者以賓以会賓客同姓以封謂王子母弟
以功德出封若魯衛也交竜為旂司常文也　注璜美玉名　正
義曰夏后氏所寶歷代傳之知美玉名也哀十四年傳云向魋出
於衛地公文氏攻之求夏后氏之璜焉則璜非一也尚書旅獒及
魯語皆云古者分同姓以珍玉展親則先王不以玉賜向魋々々自

規求得之也鄭玄注周礼云半璧曰璜　注封父至弓名　正義曰鄭玄云古者伐國遷其重器以与同姓此繁弱封父之國為之不知何時滅其國而得之也孔晁云楚王張繁弱之弓載忘歸之矢以射蛟於雲夢是繁弱為弓名也　使帥至明德　正義曰使六族之長各自帥其當宗同氏輯合也合其所分枝屬族屬也將其族類人衆以法則周公令其移家居魯用就受周公之命是以使之共職事于魯以昭周公之明德也下賜殷民七族亦是使之法則康叔令共職事于衛也賜唐叔及懷姓九宗亦然　陪敦　正義曰陪是加增之義敦厚釈詁文也言既封為大國已方五百里又分以土田更增彼寬厚為七百里也明堂位云封周公于曲阜地方七百里鄭玄云公之地方五百里加魯以四等之附庸方百里者二十四并五五二十五積四十九開方之得七百里鄭玄周礼大司徒注云凡諸侯為牧正帥長及有德者乃有附庸公無附庸侯附庸九同伯附庸七同子附庸五同男附庸三同進則取焉退則歸焉魯於周法不得有附庸故言錫之也地方七百里者

包附庸以大言之附庸二十四言德兼此四等矣是增厚魯国之事也　祝宗卜史　正義曰祝宗接神之官大卜主卜大史主書与此四等官人使之将帰於魯也服虔云備物国之職物之備也前謂国君威儀之物若令繖扇之屬備賜魯也杜不解備物則与典策為一也備物典策謂史官書策之典若傳之所云發凡之類賜之以法使依法書　時事也官司彝器謂百官常用之器蓋鐏罍俎豆之屬是賜魯也　注商奄至柔之　正義曰書傳云武王殺紂継公子禄父及管蔡流言奄君謂禄父曰武王死成王幼周公疑此百世之時請挙事然後禄父及三監叛是奄与四国流言也昭九年傳云蒲姑商奄吾東土也此後云因商奄之民則商奄是東方之國近魯之地也昭元年傳云周有徐奄杜以彼奄与此商奄為一故土地名奄商奄二名共為一国此注言商奄国名以商奄二字為国名也詩称四国流言毛傳以四国為管蔡商奄則商奄各自為国奄則此奄是也商謂紂子禄父下云管蔡啓商是名禄父為商也然則毛言商奄為二杜言商奄為一杜言四国流

言亦謂管蔡禄父与商奄為四也商奄即四国之一言与者拠民与四国之君流言故言与也或者拠奄君適三国為乱故言与摠称四国非為商奄外別有四国也言封魯於少皞之虛則商奄非魯地也非魯地而言因其民是誅商奄之日民或逆散在魯皆命使即属於魯令魯懷柔之玄卿以為三監与商為四国奄在外故言与四国 注伯禽至伯禽 正義曰詩魯頌説封魯之事云王曰叔父建尓元子俾侯于魯是伯禽為周公世子也魯世家云周公相成王使其子伯禽代就封于魯文十三年公羊傳曰周公何以称大廟于魯封魯公以為周公也周公拜乎前魯公拜乎後曰生以養周公死以為周公主然則周公之魯乎曰不之魯也封魯公以為周公則周公曷為不之魯欲天下之一乎周也其意言周公聖人若使之魯則恐天下迴心向之故不使之魯也以周公身不適魯唯遣伯禽之国故傳皆言分魯公不言分周公也傳言命以伯禽於体例命以康誥命以唐誥則伯禽亦似策命篇名今杜云唯遣伯禽之国故皆以付伯禽則伯禽非是誥誓篇名若必是

誥誓當云命以魯誥既爲國君不得与君牙伯冏同類也刘炫云
伯禽猶下命以康誥是伯禽爲命名似名序穆王命君牙爲周大
司徒作君牙即以君牙爲篇与此同也　注少皞至城内　正義
曰此注少皞之虚即曲阜是也曲阜在魯城内則魯之所都正在
少皞虚矣昭二十九年注窮桑少皞之号窮桑地在魯北与此異
者賈逵云少皞居窮桑登爲帝蓋未爲帝居魯北既爲帝乃居魯
也　注少帛至爲旌　正義曰周礼司常云通帛爲旜雜帛爲物
鄭玄云通帛謂大赤從周正色无飾雜帛者以帛素飾其側白殷
之正色大赤是通帛知少帛是雜帛也釈草云茹藘茅蒐郭璞曰
今之蒨也可以染絳則綪是染赤之草茷即旆也尓雅継旐曰旆
旐是旐身旆是旐尾尾猶用赤則通身皆赤知綪茷是大赤大赤
即今之紅旗取染赤之草爲名也蓋王以通帛雜帛並賜衛也然
則大赤即是旃也於綪茷之下更言旃者茷言旐尾旃言旐身因
其文故具言耳若其不然旌是干之所建旗皆有旌少帛旃旆之
後何須更復言旌明是因其文故重言之　注鐘名　正義曰周

鑄无射魯鑄林鐘皆以律名々鐘知此大呂沽洗皆鐘名也其邑
与此律相應故以律名焉　注畛涂至藪名　正義曰周礼遂人
云夫間有遂廣深各二尺遂上有徑容車馬也十夫有溝廣深四
尺溝上有畛容大車百夫有洫廣深八尺洫上有涂容乘車一軌
千夫有澮廣二尋深二仞澮上有道容二軌万夫有川々上有路
容三軌畛是路故為塗所徑也桓十二年公會鄭伯盟于武父杜
云陳留濟陽縣東北有武父城彼是鄭地与此武父非一也土地
名云傳曰封畛土略自武父以南則武父衛之北竟也非阿南武
父其地闕无其処故直云衛北界也釈地十藪鄭有圃田郭璞曰
今熒陽中牟縣西圃田沢是也衛之南竟至此沢畔　取於至東
蒐　正義曰土地名有閻之土与相土之東都其地皆闕无其処
言共王職猶魯之許田蓋近京畿也會王東蒐則為從王巡守助
祭泰山為湯沐之邑若鄭之祊田蓋近泰山也王巡守者諸侯為
王守土天子以時出巡行之今言蒐則王之巡守亦因田獵以教
習兵士　注耼季至司空　正義曰富辰言文之昭耼季在魯下

史記大姒十子聃季最少是周公弟也周礼司空主土司徒主民知聃季授土為司空也下陶叔授民為司徒也注皆魯衛法也

正義曰王制云凡居民材必因天地寒煖燥濕廣谷大川異制民生其間者異俗脩其教不易其俗齊其政不易其宜是言王者布政當順民俗而施之也此民習商之政為日已久还因其風俗開道以旧政也衛居殷虚開以商政可矣魯亦開以商政者王者所法不過二代夏在衛西魯在衛東夏政非魯所及与衛大同以殷之餘民有六族将其醜類以即交于魯故与衛皆啓以商政也疆理土地以周法則三代經界法皆有異其異未盡聞也索之為法相傳訓耳考工記量器銘曰時文思索允臻其極鄭亦以索為法。

注懷姓至之長　正義曰懷姓居在晋地而不言殷民知是唐之餘民也言懷姓九宗則皆姓懷矣知一姓而有九族也職官五正杜云五官之長則謂五官之長子孫耳曲礼云天子之五官曰司徒司馬司空司士司寇鄭玄云此殷時制也然則殷時五官居在唐地世為貴族以賜唐叔使主領之所以榮寵唐叔也殷之五官

不必皆在唐地但有三官四官亦得揔五言之劉炫云職官五正
職主也正長也主官吏者有五長分九宗為五官使主之此九宗
蓋宗有一人數少者當宗不足立官并之為五使五官領此九宗
或以為於懷姓之內立五正使分主九宗未知誰是故備言之或
以為五官之長謂如昭二十九年蔡墨所云五行之官長也是天
子之大臣非唐之遺民懷姓而有五也并賜唐叔豈天子得以五
行官長賜諸侯哉　文武至尚年　正義曰文武成康皆以処長
而立未聞更有兄伯封為諸侯而云伯猶多者以叔年稚於伯仲
処叔而得分多明其長者无所得伯是兄弟之長故舉伯以為言
所云猶多者甚言之耳歷檢書傳文武成康未有兄為諸侯者幼
者分物多長者无所得此唯為不尚年故也　管蔡至命也　正
義曰書序云蔡叔既沒王命蔡仲踐諸侯位作蔡仲之命其經云
惟周公位冢宰正百工群叔流言乃致辟管叔于商囚蔡叔于郭
隣以車七乘降霍叔于庶人三年不齒蔡仲克庸祗德周公以為
卿士叔卒乃命諸王邦之蔡王若曰小子胡惟尔率德改行克慎

厥猷肆子命爾侯于東土往即乃封敬哉爾尚蓋前人之愆惟忠
惟孝率乃祖文王之彝訓无若爾考之違王命傳之此言皆述其
意而為之辭唯增言德七十人耳孔安國云郭鄰中國之外地名
亦不知何方地名也　注惎毒也　正義曰惎毒間亂賈逵云然
是相傳訓也道祿父作亂將以害周若毒螫然故云毒亂王室也
注周公至放也　正義曰蔡仲之命篇云周公乃致辟管叔于商
囚蔡叔于郭鄰則是周公誅之矣而此言王者周公稱王命以討
之其序云成王既伐管叔蔡叔是稱王命之文也說文云𥺝散之
也從米殺聲然則𥺝字殺下米也𥺝為放散之義故訓為放也隸
其改作已失字體𥺝字不復可識寫者全類蔡字至有為一蔡字
重點以讀之者今定本作蔡非也　注為周公臣　正義曰孔安
國云明王之法誅父用子言至公周公圻内諸侯二卿治事是為
周公圻内采邑之卿也　母弟八人　正義曰上言十人而此云
八者伯邑考已死不數武王故八人　康叔為司寇　正義曰尚
其蘇公為司寇此言康叔者為蘇公出封為國康叔替之　注五

叔 正義曰史記云聃季載杜云毛叔聃又不數叔振鐸者杜以振鐸非周公同母故不數之或杜別有所見不以管蔡世家為說

曹為至尚年 正義曰於昭穆曹是晉之叔父也晉為大國多受分物曹為伯爵而在甸服非是爲尚年長也栢二年傳云晉甸侯也晉亦在甸唯侯伯之爵異耳言為伯甸連言之耳於甸先升降也鄭玄云曹今濟陰定陶也去王城八百里東都之畿方六百里半之三百里侯服五百里定陶在畿外故為在甸服言其小也

藏在周府 正義曰言周家府藏之内有此載書在也本或為盟府由僖五年傳藏於盟府涉彼而誤耳

不正其德 正義曰正長也謂不長其有德者也

乃長衛侯 正義曰釈例曰周之宗盟異姓為後故踐土之盟載書齊宋雖大降於鄭衛序周而言指謂王官之宰臨盟者也其餘雜盟未必皆然踐土召陵二會皆蔡在衛上時國次也盟乃正其高下者敬共明神本其始也是言會以国之大小為次盟乃先同姓盟之先同姓者唯謂王官之宰臨盟時耳踐土則王子虎盟諸侯于王庭此盟則劉子在焉故二

者先同姓其餘雜盟亦以國之大小為次故襄二十七年宋之盟晉楚爭先若其皆先同姓則楚不得競也以此知餘盟不然　九言　正義曰古者一字與二字並為一言易云伏羲作十言之教曰乾坤震巽坎離艮兌消息乾坤雖是一字亦一出口乃得言之故謂之一言今則一字為一言三字以上為一句　注豫章至地名　正義曰漢書地理志豫章郡名在江南此在江北者土地名云定二年楚人伐吳師于豫章吳人見舟于豫章而潛師于巢吳軍楚師于豫章又伯舉之役吳人舍舟于淮汭而自豫章與楚師夾漢此皆在江北淮南蓋後徙在江南之豫章　注禹貢至夾界　正義曰禹貢云嶓冢導漾東流為漢又東為滄浪之水過三澨至于大別南入于江孔安國云三澨水名入漢大別山名觸山迴南入江如彼文大別在江北小別當近之小別當在大別之東也何則子常從小別與吳戰退而至大別明其自東而漸西也土地名小別大別皆闕不知所在或曰大別在安豐縣西南傳曰吳既與楚夾漢然後楚乃濟漢而陳自小別至于大別然則二別近漢之

名无縁反在安豊也　所謂至入也　正義曰臣見義則行不待
君命古有此言故云其此之謂也今日我致死而戰楚可入也
注奔食至戰數　正義曰五戰謂濟漢而陳自小別至于大別三
戰也柏挙也清發也此已五矣若後数雍澨則為六也傳例皆陳
曰戰奔食而從之則食者走不暇為陳故不數也　季芉畀我
正義曰世族譜季芉与畀我二人皆平王女也服虔云季芉許嫁
而字畀我季芉字也礼婦人許嫁笄而称字季芉称字是許嫁也
蓋遭乱夫死而改適鍾建耳　注雎水至西走　正義曰土地名
雎水出新城昌魏縣南發河山東南經襄陽至南郡枝江縣入江
此水在郢都之西楚王辟呉而西走　注燒火至却之　正義曰
賈逵云燧火燧也象々獸也以火繫其尾使奔呉師驚却其衆使
王得脱杜用其説也礼有金燧木燧皆取火之物故以燧名火也
説文云象長牙鼻南越之大獸也南州異物志云象身倍数牛而
目則如豕目鼻長七八尺其所食物皆鼻取之性馴良為人所養
夷人服乗之史記大宛傳曰身毒國其民皆乗象以戰是象可調

馴楚迫南边故有此象王将涉睢呉師来偪故使以火繫象尾令
突呉師使驚却之言執燧象者既繫火於尾執而牽向呉師乃放
之 我實失子可哉 正義曰言我比来失子不知子有賢行熖
雖乞免吾首女今可守此言哉 注司馬已死 正義曰言布裳
剄之是司馬傷而自殺故云已死 注忠壯 正義曰謀毀舟敗
呉是忠也重傷猶戰不止是壯也 注入雲宝之多 正義曰土
地名云南郡枝江縣西有雲夛城江夏安陸縣東南亦有夢城或
曰南郡華容縣東南有巴丘湖江南之夢也郢都在江北睢東王
走西涉睢又南濟江乃入亍雲中知此在江南昭三年王与鄭伯田
於江南之夢謂此也言江南之夢則江北亦有夢矣司馬相如子
虚賦云雲夢者方九百里則此澤跨江南北 柔亦至彊禦
正義曰詩大雅烝民美宣王之詩其章内言仲山甫不茹柔不吐
剛也釈言云啜茹也舎人曰啜茹食也檀弓云啜菽飲水啜菽謂
食豆藿也然則茹者噉食之名 以王奔隨 正義曰桓六年傳
曰漢東之国隨為大土地名隨義陽隨縣其国在楚之東也土地

名鄭江夏雲杜縣則是楚之西南吳師猶尚在楚之更東來奔隨國者蓋為楚與隨有恩謂可保守故也　注荐數也　正義曰釋言云荐再也再亦數之義也　無衣　正義曰無衣刺用兵也秦人刺其君好攻戰亟用兵而不與民同欲焉其詩云豈曰無衣與子同袍王于興師脩我戈矛與子同仇鄭注云此責康公之言也君豈嘗曰女無衣我與女同袍乎言不與民同欲也下注云君不與我同欲而於王興師則云脩我戈矛與子同仇往伐之刺其好攻戰又云豈曰無衣與子同澤王于興師脩我矛戟與子偕作又云豈曰無衣與子同裳王于興師脩我甲兵與子偕行　五年注蔡為亂之粟　正義曰公羊傳曰孰歸之諸侯歸之曷為不言諸侯歸之離亂不可得而序故言我也穀梁傳亦然賈逵取彼為說云不書所會後也杜以傳文唯言周亟矜無資自解魯歸粟之意不言諸侯歸之諸侯或亦歸之要此經所書其意不及諸侯故顯而異之言魯歸之粟　注於發聲也　正義曰公羊傳云於越者何越者何於越者未能以其名通也越者能以其名通也其意言

越与於越立文不同事有褒貶左氏无此義越是南夷〻言有此
發聲史官或正其名或從其俗越与於越史異辞无義例　傳注
玙璠至所佩　正義曰案說文云玙璠魯之宝玉玙璠是一玉名
說文又云瑜美玉与玙璠異也昭公出奔之後平子摂行君事入
宗廟佩此玉陽虎以平子嘗佩此玉故将以斂之仲梁懷不与明
此玉是君所佩也君之所佩故為美玉也玉藻云公侯佩山玄玉
此當時所佩未必是山玄也玉藻又云古之君子必佩玉右徵角
左宮羽鄭玄云徵角在右事也民也可以常宮羽在左君也物也
宜逸　改步改玉　正義曰步謂行也玉藻云君与尸行接武大
夫继武士中武鄭玄云尊者尚徐接武蹈半迹继武迹相及也中
武迹間容迹是君臣步不同也玉藻又云公侯佩山玄玉大夫佩
水蒼玉是君臣玉不同也昭公之出季氏行君事為君則佩君玉
及定公立季氏復臣位故步玉皆改矣　彼為君　正義曰家臣
謂季氏為君故注云不欲使僭　王之至脾泄　正義曰王之在
隨也国内无主子西以民无所依恐其潰散故偽為王之車服以

安道路之人国于脾泄之地於時子西蓋假称王矣　问高厚焉弗知　正義曰子西問由于所築麋城高厚幾何由于不知董遇云問城高厚丈尺也本或有小大者涉下文而誤耳不能如辞正義曰敢力不敢如为不如古人之語然也僖二十二年傳云若愛重傷則如勿傷愛其二毛則如服焉經傳之文此類多矣城不能何知　正義曰王肅斷小大何知为句注云如是小大何所知也張奐古今人論云子西問城之高厚小大而弗知也子西愍曰不能則如辞城之而不知又何知乎張奐引傳为文小大上屬杜虽无注蓋与張同　六年季孫斯圍鄆　正義曰鄆是魯邑輙曰围之必是鄆邑叛也三傳並无其事不知何为而叛明年齊人以鄆是叛屬齊也　傳討鄭之伐胥靡　正義曰下注云鄭伐周六邑在魯伐鄭取匡前而此独云胥靡者此時須顯侵鄭之意故言討鄭之伐胥靡言之也但鄭伐周事須從下文成周發之故傳文乃逆指下事为次也　尤人而非礼　正義曰入其国門非也追伐其師亦非也尤其非而復效之为非礼也下云效小人以

棄之即云天將多陽虎之罪則公叔文子知此出入衛門是陽虎
之計非魯公使然尤人謂尤陽虎也　文之至昭兆　正義曰賈
逵云舒鼎々名昭兆宝龜杜依用之蓋衛文公鑄此鼎也其名曰
舒不知其故成之昭兆成公新得此龜蓋以灼之出兆々文分明
故名為昭兆　陽虎至之幣　正義曰聘礼者諸侯使卿聘隣國
之礼也執圭以致君命執璧以致享幣其於夫人則聘用璋享用
琮聘君與夫人一使兼致之夫人不別使也傳言報夫人之幣則
晉之夫人嘗有聘魯者矣礼法夫人不別遣使則晉之夫人聘者
亦為晉君來聘也經无其文蓋遣大夫來聘名氏不合見經故略
之也不言報晉君唯言報夫人者桓子如晉獻鄭俘即亦報聘晉
也桓子報聘即亦得報夫人也但陽虎欲困辱三桓又欲求媚於
晉既使桓子報聘晉君又別遣正卿報晉夫人所以困辱三桓而
重晉礼也　注賤魯至備禮　正義曰若桓子特為獻俘懿子專
為報聘則經當兩書如晉不合共文晉人亦當兩設享礼各待一
客今乃桓子聘晉君懿子報夫人則似共為一使若賓與介然故

晋人薦享之賤魯故不復兩为設礼傳言此者明經所以不備書也不備書謂不各自立文兩書如晉也若然文十八年公子遂叔孫得臣如齊亦是經不備書而怪此不備者彼傳言惠公立故且拜葬也則是魯並命二卿令行兩事各有所主而受命俱行故宜共文書之此則栢子獻俘并亦報聘一卿足以薦之懿子不須行矣陽虎強使之行乃是從後而去々時不同受命宜當別書如晋止為晋人所賤故經不復備書正以傳言強使懿子報夫人之幣知栢子執晋君矣傳言薦享之知其不應薦矣以此明二人不同受命宜應別書略而不備書耳 孟孫至先君 正義曰懿子之意不為陽虎求官欲使晋人知陽虎專權為国所患言若不得居魯而息肩於晋亦已知陽虎必將作亂而出奔也中軍司馬晋国大夫之最貴者為求此官似若欲使晋厚待之然令晋知其情耳諸言有如皆是誓辭稱先君以徵其言似若欲晋必從之 注欲令至知之 正義曰本意不為陽虎請官欲令晋人知陽虎終必逃走強設託請之辭因此言辭以取入晋之意欲令晋人素知

陽虎之必逃　注陵師陸軍　正義曰上云舟師水戰此言陵師陸軍南人謂陸爲陵此時猶然釋地云高平曰陸大陸曰阜大阜曰陵是陵陸小大之異名耳　七年注旱也　正義曰案賈逵云旱也杜言旱者杜以春秋旱雩傳皆發之言旱以此傳无旱文故謂之旱如賈之所言前既有雩後又有雩旱可知不須發傳若然昭二十五年上辛大雩季辛又雩一月兩雩旱亦可知何須發傳言旱甚也劉以賈言規杜非也蓋時有小旱故傳不言旱未應合雩故杜云旱也　傳處父至必死　正義曰齊人設伏待魯若入其伏内是爲禍也虎不謀此禍而欲夜掩齊師女必死處父欲自殺之　不待有司　正義曰言不待掌刑戮之有司余必自殺女也虎見二子以此言懼之乃還不敗　注已已至无月　正義曰此年經傳日少上下無可考驗杜自以長歷校之己巳爲十二月五日

春秋正義卷第三十三

春秋正義 卅四之卅六

十二

春秋正義卷第三十四　定公

國子祭酒上護軍曲阜縣開國子臣孔穎達等奉
勅撰

八年注四年盟皐鼬　正義曰露以昭二十八年即位三十二年諸侯之大夫盟于狄泉魯曹倶在時以來告公而公薨故不書於經杜蓋以此故不數之四年盟皐鼬四年二月陳侯呉卒其年盟于皐鼬自尓以來唯有此盟耳　靖公　正義曰謚法共以解信曰靖　懷公　正義曰謚法慈仁短折曰懷　注從順至先公　正義曰傳言順祀是從為順也文二年大事于大廟躋僖公升僖於閔上閔先為君退在僖下是逆也今升閔在僖上依其先後是順也廟主失次唯此二公故知從祀先公唯閔僖耳躋僖公指僖言之此不指言升閔者彼所升者止升僖公之一神不得不指言僖公也今從祀之時閔僖倶得正位且以親盡故通言先公此言從祀躋僖公不言逆祀者此從祀因躋僖公之文故得略言從祀也於躋僖公文先所繫不知逆祀何公且見是親廟不可言先公

故指僖言之而言歸也然則此以親盡故通言先公下桓宮僖宮哭彼亦親盡言桓僖者彼擬哭之所在須指言其処与此体例不同　注盗謂至繁弱　正義曰傳言陽虎取宝玉大弓以出是盗謂陽虎也公羊傳曰盗者孰謂陽〻虎也陽虎者曷為者也季氏之宰也季氏之宰則微者也悪乎得国宝而竊之陽虎專季氏〻〻專魯国其說将殺季氏亦与左傳大同春秋之例再命之卿始得名氏書經陽虎季氏家臣以賤名氏不見故書曰盗〻者賤人之称也此宝玉大弓必是国之重宝歴世掌之故自刘歆以来說左氏者皆以為夏后氏之璜封父之繁弱成王所以分魯公也公羊傳曰宝者何璋制白弓繡質亀青純彼不知魯有先王分器繆為言耳且所盗无亀知其並是亡也　傳注顓高至異彊　正義曰漢書律歴志云量者龠合升斗斛也本起黄鍾之龠以子穀秬黍中者千有二百實其龠合龠為合十合為升十升為斗十斗為斛而五量嘉矣權者銖兩斤鈞石也本起黄鍾之重一龠容千二百黍重十二銖兩之為兩十六兩為斤三十斤為鈞四鈞為

石而五權謹矣由此而言龠之所容重十二銖合龠為合兩之為兩則合重一兩升重十兩斗重百兩斛重千兩計六鈞有一百八十斤合為二千八百八十兩於量為重兩斛八斗八升計今人用弓此亦未為彊矣而魯人傳而觀之故杜以為古称重故以為異強計古称亦准黄鍾之重為之而得重於今者權量之起本自黄鍾而世俗不同每有改易傳林齊旧四量陳氏皆加一焉是其不必常依古也近世以來或輕或重魏齊斗称於古二而為一周隋斗称於古三而為一則古時亦當然杜言古者謂此顔高之時為古耳非言自古称皆重也　俱斃乇頓躓　正義曰釋言云斃仆也孫炎曰前覆曰仆吳越春秋称要離謂吳王夫差曰臣迎風則偃背風則仆然則仆是前覆偃是卻倒此顔高被擊而仆乃轉而仰且射子鉏猶死言其善射之功然也　主人出師奔　正義曰賈逵以為主人出魯師奔之而卻退言魯先戰備也劉炫云杜亦不勝旧今杜以異於賈以為後師奔走往助之者若如賈言魯師奔走則是被敗而還下傳陽虎何得云猛在此必敗明其於時不

敗故猶得逐稟丘之人是賈言非也。注救不至入魯。正義曰
春秋諸侯相救皆書於經此救而不書之不書者齊師聞晉來救
已去魯地晉師未入魯竟不成為救故不書也公會晉師于瓦々
是衛地公往衛地會晉師是其未入竟也。注礼卿至畧之
正義曰礼卿執羔大夫執鴈周礼大宗伯文也魯則同之盖命卿
与大夫俱執鴈今見士鞅執羔始知執羔之尊於是方始尚羔令
卿執之記礼廢之久也傳言於是始尚羔必往前不執羔矣但往
前所執雖知先儒各以意說賈逵云周礼公之孤四命執皮帛卿
三命執羔大夫再命執鴈魯廢其礼三命之卿皆執皮帛至是乃
始後礼尚羔案周礼々記皆言卿執羔大夫執鴈並以爵斷不依
命數賈何以計命高下妄称礼乎傳言始尚羔者尚謂旧賤羔而
今尚之耳若本僭孤礼皆執皮帛當云始後用羔不得云尚也若
改僭從礼得名為尚則初献六羽何以不言始尚六佾也以尚言之
足知魯卿旧執非皮帛矣鄭衆云天子之卿執羔大夫執鴈諸侯
之卿當天子之大夫故皆執鴈唯卿為大夫當執鴈而執羔僭天

子之卿也魯人效之而始尚羔記礼所從壞案礼傳及記天子之臣与諸侯之臣所執充異文也周礼掌客凡諸侯之礼上公及侯伯之下皆云卿相見以羔是諸侯之卿執羔不執鴈又士相見者諸侯之臣相見之礼也經曰下大夫相見以鴈上大夫相見以羔是諸侯之卿必執羔矣安在於諸侯之卿當天子之大夫乎是則皆明文而用肺腸也天子諸侯之臣所異者士相見之礼羔鴈皆云飾之以布而曲礼云飾羔鴈者以繢鄭玄云此為諸侯之臣与天子之臣異也然則天子之臣衣之以布而又畫之諸侯之臣則用布不畫所異唯此而已其執不為異也傳文之乖於礼者爵是卿也皆當執羔趙鞅荀寅不應執鴈此是當時之失々於偏下以晉卿失於偏下魯卿不應僭上益明賈言魯卿旧執皮帛非其義矣魯人於是始知執羔為贄或亦效晉唯上卿一人独執羔自未必即已如礼諸卿皆執羔也此經言公會晉師不言公會士鞅衛二十九年傳曰在礼卿不會公侯會伯子男可也故杜云卿不會礼不敵公史略之劉炫云案宣元年會晉師于棐林伐鄭杜云趙

肩称師取於師衆故称師何知此非亦以師衆故称師不云礼不敵以略称師乎今知不然者以宣元年諸侯侵在又文達伐鄭故言師衆此則公之独衆晋師又无征伐之変故以為卿不名礼不敵公史略之列以与宣元年並取於師衆以規杜氏非也

注盟礼至請之　正義曰盟用牛耳卑者執之尊者涖之請執牛耳請使晋大夫執牛耳周礼戎右云盟則賛牛耳鄭玄云謂尸盟者割牛耳取血助為之尸盟者執之襄二十七年傳曰諸侯盟小国固必有尸盟者是小国主備辞盟具宜執牛耳哀十七年傳曰公衆斉侯盟于蒙孟武伯問於高柴曰諸侯盟誰執牛耳季羔曰鄫衍之役呉公子姑曹發陽之役衛石魋武伯曰然則彘也鄫衍呉為盟主不知盟礼當令小国執牛耳而自使其臣執之發陽宋魯衛三国衛為小蒙則斉魯二国魯為小皆是以小国執牛耳而尊者涖之以主次同盟者令衛侯与晋大夫盟自以尚為盟主宜涖牛耳故請晋大夫使執之

注捘擠也　正義曰説文云推排也排擠也捘是推排之意故為擠也昭十三年傳言擠于溝壑謂

被推入坑也　禘于僖公　正義曰釋例曰大祭于大廟以審定
昭穆謂之禘禘于大廟礼之常也各於其宮時之爲也雖非三年
大祭而書禘用禘礼也然則禘者審定昭穆之祭也今爲順祀而
禘于僖公則是并取先公之主盡入僖廟而以昭穆祭之是爲用
禘礼也計禘礼當于大廟今就僖廟爲禘者順祀之義退僖升閔
懼於僖公之神故於僖廟行禘礼使先公之神徧知之礼祭蓋可
以及早後世之主宜上從大廟而食令從上世之主下入僖廟祀
之當時所爲非正礼也昭二十五年禘于襄公義亦然也
而先亡繼之　正義曰而女也言女先祖以來皆爲季氏忠良之
臣女令不良反以是殺我之更繼續之　注衛召亡召死　正義
曰衛召也釋言文陽虎召季孫欲殺之令既得脫魯人歡喜季孫
於季孫　○九年注四年盟皐鼬　正義曰蠆以昭二十九年即位
三十二年大夫盟于狄泉以未告云而公薨故不數　獻公

正義曰謚法博聞多能曰獻。注五氏亦次告。正義曰傳言齊侯伐晉夷儀乃與衛侯次于五氏次既告則伐亦應告故杜以為諱伐盟主直以次告知非不告伐故不書者君全不告魯容可不以伐告今既以次告魯何意告次不告伐明以衛新叛晉文魯與晉親故恥以伐告唯告次耳劉炫以為不告伐故不書而規杜氏非也。傳注鄭析亦竹刑。正義曰昭六年子產鑄刑書於鼎今鄭析別造竹刑明是改鄭所鑄舊制若其君命遣造則是國家法制鄭析不得獨專其名知其不受君命而私造刑書書之於竹謂之竹刑駟歂用其刑書則其法可取殺之不為作此書也下云棄其邪可也則鄭析不為私作刑書而殺蓋別有當死之罪駟歂不矜免之耳。君子亦可也。正義曰周禮小司寇以八辟麗邦法附刑罰三曰議賢之辟四曰議能之辟鄭玄云賢謂有德行者能謂有道藝者春秋傳曰夫謀而鮮過惠訓不倦者叔向有焉社稷之固也猶將十世宥之以勸能者今壹不免其身以棄社稷不亦惑乎是賢能之人當議其罪狀可赦則赦之今鄭析制刑有益於国即是有邑者殺有邑之人是不忠之臣君子謂子然於是為不忠也国之臣民誠有可以加益於国家者取其善処棄其邪悪可也雖知其邪猶棄而不責所以勸勉人使学為善邑也 注詩邶至所執 正義曰邶風静女之篇也於時衛君無道夫人無德衛人欲得貞静之女以配国君易去無德之夫人也篇有三章其一章云静女其姝俟我於城隅其二章云静女其孌貽我彤管々々者筆赤管也必用赤者示其以赤心正人也古者后夫人必有女史執赤管之筆記妃妾善悪進御之法所以規誨人君也静女三章之詩雖説美女之事々々之常耳無可特善彤管記事乃是婦人之大法本録静女詩者止為彤管之言可取故全篇取之不棄上下之二章也其女史所書之事毛傳有其略也毛傳云古者后夫人必有女史彤管之法史不記過其罪殺之后妃群妾以礼御於君所女史書其日月授之以環以進退之生子月辰則以金環退之当御者以銀環進之著於左手既御著於右手事無大小記以成法 注詩鄘至存身 正義曰詩鄘風干旄之篇也於是衛文

公之臣子多好善賢者樂告以善道也其詩言大夫之好善者乘駟馬建干旄就賢者詣國受道云孑孑干旄在浚之郊素絲紕之良馬四之彼姝者子何以畀之孑孑干旟在浚之都素絲組之良馬五之彼姝者子何以予之孑孑干旌在浚之城素絲祝之良馬六之其末句云彼姝者子何以告之姝順貌也賢者見其好善美其共順言己寡知復何以告之自恨无可告之明其无所吝惜本録干旄詩者取其中心願告人以善道彼二詩皆以一善見采而鄭析不以一善存身故君子引二詩以說子然也 詩云至所茇 正義曰詩召南甘棠之篇也蔽芾小貌甘棠杜也茇草舍也召伯之聽獄訟不重煩勞百姓止舍小棠之下而聽斷焉國人被其德說其化故愛其樹彼蔽芾然小者甘棠之樹也勿得翦削之勿得斫伐之此乃是召伯舍息之處 凡獲至曰獲 正義曰器用者謂器物可為人用凡獲此器物之用者謂之為得也得用者謂將此器用以得於物乃謂之為獲劉炫以為得用乃曰獲謂得此可用為器之物謂之為獲若麟之皮角之屬以杜解為非令知不然

者棄春秋昏獲唯有因俘々々不可以為器物除因俘之外唯有
獲麟々為異獸帝王所重不可以鳳羽麟皮以飾器物刻以麟皮
亦堪為器而規杜氏非也　注蔥靈輜車名　正義曰說文云輜
軿衣車也前後有蔽賈逵云蔥靈衣車也有蔥有靈然則此車前
後有蔽兩旁開蔥可以觀望蔥中豎木謂之靈今人猶名蔥木為
靈子其內容人臥故得寢於其中而逃　其世有亂乎　正義曰
言其當世將有亂也　注為衛討也　正義曰往年衛侯叛晉叛
晉必當支齊下文衛侯會之知是為衛討也　使登者絕而後下
正義曰言使登城人絕皆上說然後與衆下遂自下亦讓衆而先
下　如驂之靳　正義曰詩云兩服齊首兩驂雁行鄭玄云兩服
中央夾轅者然則古人車駕四馬夾轅二馬謂之服兩首齊其外
二馬謂之驂首差退說文云靳當膺也則靳是當胸之皮也驂馬
之首當服馬之胸々上有靳故云我之從子如驂馬當服馬之靳
杜言靳車中馬也言靳是中馬之駕具故以靳表中馬詩云騏騮
是中騧驪是驂是名服馬為中馬也　注今熒玉非也

正義曰此中牟在晉竟内也趙世家云獻侯即位治中牟漢書地理志云河南郡有中牟縣趙獻侯自耿徙此又云三家分晉河南之中牟魏分也杜言今熒陽有中牟縣謂此河南之中牟也晉世分河南為熒陽郡中牟屬焉此地乃在河南計非晉竟所及故云迴遠疑非也又三家分晉中牟屬魏則非趙得都之趙獻侯治中牟亦非河南之中牟也此言晉車在中牟哀五年趙鞅伐衛圍中牟論語佛肸為中牟宰與趙獻侯所都中牟或當是一必非河南中牟當於河北別有中牟但不復知其處耳有臣瓚者不知其姓或云姓傅作漢書音義云臣瓚案河南中牟春秋之時在鄭之疆内及三卿分晉則為魏之邦土趙界自漳水以北不及此也春秋衛侯如晉過中牟案此之中牟非衛適晉之次也汲郡古文曰齊師伐趙東鄙圍中牟此中牟不在趙之東也案中牟當在溫水之上瓚言河南中牟非此中牟誠如其語謂此中牟當在溫水之上不知其所案據也　注城謂東郭書　正義曰杜見傳言帥賤則云是東郭書劉炫云案上伐夷儀乃齊侯親在所陳東郭書之言

非是将帥杜何知帥謂東郭書若東郭書為帥則人无不識何故
云皙幘而衣貍製衣斉侯使視之乃知夫子也且書若為帥被晋之
敗何故君以為功而更受賞乎今知刘雖晰者以此云克城而驕
其帥又賤文既相連止是一事克城謂克夷儀其師則克城之師
上克城之事郭書先登故知郭書為帥身先士卒也依三十二年
晋侯親自敗狄而郤缺為将成十六年楚子親戰鄢陵而子反為
主令斉侯亦伐夷儀郭書何妨別為元師戎事上下同服故逢五
父得与斉侯易位郭書虽為元帥軍衆之内斉侯容或不辨斉侯
賞其先登之功不責其後敗之罪故以為帥謂東郭書刘據此諸
事以為更有別帥而規杜非也　注皙白至衣也　正義曰詩君
子偕老之篇説夫人之美云揚且之皙々是面白之名故為白也
説文云鬒歯相値也言歯長而白上下之歯相當也説文云製裁
也衣貍製衣謂著貍皮也裁皮著之明是衣矣故以製為衣也月令
孟冬天子始裘傳言秋斉侯伐夷儀周之秋未寒而衣裘者哀二
十七年傳言陳成子衣製杖戈文在秋　上製亦裘也然則在軍之

服或臨時所須不可以寒暑常節約之 注給其至役乏 正義曰一人得之則以五家給所得者令常不共國家役乏服虔云是時齊克夷儀而有之既為齊有故齊得優其傜役也然夷儀故邢都也邢滅入衛後乃屬晉自齊而伐夷儀其入晉亦深矣不必永為齊有當時暫得之耳 注襚衣至厚之 正義曰送死之礼衣服曰襚故以襚為衣也云三襚之則明三時与衣自死至殯有衣与十數大斂比殯三加衣也死存日是賤人蓋初以士服次大夫服次卿服也下与之犀軒〻〻是卿車明三襚終以卿服 注犀軒至高蓋 正義曰說文云軒曲輈也謂軒車有藩蔽也下云齊侯歛諸大夫之軒郤意茲乘軒意茲非卿也傳稱曹朝乘軒者三百人詩毛傳云大夫以上赤芾乘軒大夫亦乘軒矣指言卿車者言以貴者賞之也魚軒以魚皮為飾犀軒當以犀皮為飾也考工記車人為蓋不言有曲此云直蓋或時有曲直故云直蓋高蓋亦謂車蓋也 ○十年注三邑至魯田 正義曰傳言孔丘使茲無還揖對齊要令反汶陽之田乃与之盟齊人為是歸此三邑知三邑

皆汶陽田也。土地名。汶水出泰山萊蕪縣西南，經濟北至東平須昌縣入濟，則汶水發源東北而西南流也。水北曰陽，此三邑皆在汶水北，近齊。齊々因陽虎出奔，取為己有。今服義而歸魯也。依之年云「賜季友汶陽之田」，季氏世脩其德，不應失其采邑，則以汶陽之田為季氏采地。今彼有此三邑者，汶水之北皆名汶陽，其地多矣。蓋季氏私邑之外，別有此田也。龜山名也。山北曰陰，邑在龜山北，其邑即以龜陰為名，故云三邑。注「釐與」至「之也」。正義曰：釐，與也。釋詁文。凡大夫出奔，書名皆是罪惡，故杜迹其為罪之狀，解其書名之由。地既出奔，辰為之請，請而不許，是虐其請也。公唯不許而已，未嘗責其妄請，不被逐遂自忿出奔，是辰之罪也。釋例曰：宋辰率群卿以背宗國，披大邑以成叛逆，故以首惡稱弟，是言稱弟示首惡也。杜知是首惡者，以其特云宋公之弟辰暨仲佗、石彄，是辰牽率仲佗、石彄，故云首惡也。若不內首惡，當如昭二十二年宋華亥、向甯、華定之奔楚，不須暨字以間之。傳注「萊人」至「夷也」。正義曰：襄六年齊侯滅萊，萊，東萊黃縣是也。地在東也，云京師大遠孔丘謂之裔夷之俘言是遠夷因俘知是滅萊所獲此人是其遺種也齊不自使齊人而令萊人劫魯侯者若使齊人執兵則魯亦陳兵當之无由得劫公矣使此萊夷望魯人不覺出其不意得伺閒執之 裔不至辞華 正義曰夏大也中国有礼儀之大故称夏有服章之美謂之花〻夏一也萊是東夷其地又遠裔不謀夏言諸夏近而萊地遠夷不亂華言萊是夷而魯是華二句其旨大同各令文相對耳 注須齊至不昏 正義曰齊魯既平當兩相從意齊人既令魯以三百乘從魯不可即拒故須齊歸汶陽之田乃當共齊三百乘之命則得汶陽之田足當三百乘也賈逵云不昏盟諱以三百乘從齊師其意以宣七年盟于黑壤而不昏經傳言晉侯之立也公不朝又不使大夫聘晉人止公于會公不与盟不昏盟諱之也緣彼有諱謂此亦諱棄此會孔丘相反汶陽之田以共齊命孔丘意也得其三邑而以三百乘從之爲相當矣於魯不爲負何以諱其盟即以三邑田少不足以當三百乘孔丘不應唯令反此而已令会反此共命必其足以相當何以諱其從齊

也君三百乘從齊必是可諱孔丘為相義不已拒則孔丘為有罪
矣何貴乎聖人也故杜以為於是孔子以公退賤者終其章要盟
不絜故略不書釋例曰夾谷之會齊侯劫公孔丘以義叱之以兵
威之將盟又使茲无還責侵田拒齊之章屈彊國正典儀成聖人
之大司也徒以二君雖會而兵刃相要二國微臣共終盟章故賤
而不書非所諱也向說同於黑壤之辱為負仲尼也　注犧象
乇磬也　正義曰周礼司尊彝云春祠夏禴祼用雞彝鳥彝
其朝踐用兩獻尊其再獻用兩象尊鄭衆云獻讀為犧犧尊飾以
翡翠象尊以象鳳皇阮諶三礼圖犧尊畫牛以飾象尊畫象
以飾當尊腹上畫牛象之形王肅以為犧尊象尊為牛象之形
背上負尊魏大和中青州掘得齊大夫子尾送女器為牛形而背
上負尊古器或當然也周礼大司樂云雲門之舞冬日至於地上
之圜丘奏之若樂六變則天神皆降可得而礼矣咸池之舞夏日
至於澤中之方丘奏之若樂八變則地祇皆出可得而礼矣圜丘
方丘皆是野沢二者並是大祭必當備設為俎而云嘉樂不野合

犧象不出门者彼是礼之大者自可依礼而行焉得出门未得野
合此言不出门不野合者謂享燕正礼當設於宫内不得違礼而
行妄作於野耳非謂祭祀之大礼也諸侯相見之礼享在廟燕在
寢不得行於野僖二十八年晉侯朝王于踐土王享醴命之宥襄
十年宋公享晉侯於楚丘請以桑林十九年公享晉六卿于蒲圃
二十七年鄭伯享趙孟于垂隴如此之類春秋多矣或特賞殊功
或畏敬大国皆權時之事非正礼也此時齊魯敵国秋怨和平未
有殊異之歡无假非常之事孔子知齊懷詐慮其掩襲託正礼以
拒之故言不野合 注陽虎至魯事 正義曰八年陽虎入于讙
陽関以叛九年伐陽関陽虎奔齊其時虎以讙去鄆与亀陰亦從
之皆為齊所取至今始帰之皈田之經在趙鞅囲衛之後与傳史
倒者傳逆魯事進此皈田於上令与盟事相接故也 城其西北
而守之 正義曰築城於其西北之地而守之也 本或北下有隅
昭二十五年傳陷西北隅以入 又云登西北隅以望涉彼而誤耳
今定本有隅誤 以徒七如植 正義曰涉佗以徒七十人旦往

門焉涉佗先至步行門之左右然後其徒皆至而立如植木然
注僞為至授之　正義曰曲禮說以器物授人之禮云刀卻刃授
穎削授拊凡有刺刃者以授人則辟刃鄭玄云穎鐶也拊謂把辟
刃不以正鄉人也是禮授刃斂首以鋒刃自鄉而授其鐶今圉人
僞為固陋不知禮者以斂鋒末授之欲因推而殺之　使如之
正義曰言使為如此之計而欲殺之　注犯以至書圍　正義曰
昭十三年南蒯以費叛注云不書不告廟八年陽虎叛注云叛不
書略家臣此侯犯以郈叛不書者亦為不告廟略家臣也不書叛
而書圍興動大衆以圍告廟故書圍也然則九年伐陽關討陽虎
亦應書而不書者蓋師少不告廟故不書　注揚水至有命
正義曰唐詩揚之水刺晉昭公也昭公分國以封沃沃彊盛昭公
微弱國人將叛而歸沃焉其三章云揚之水白石粼粼我聞有命
不敢以告人注云聞曲沃有善政命不敢以告人鄭箋云不敢以
告人而去者畏昭公謂己動民心　朱其尾鬣　正義曰爾雅舍
人注云鬣鬉也　○十一年注蕭宋邑　正義曰莊十二年宋萬弑

注彄孟縶子　正義曰世族譜云孟縶元子、靈公以其子彄為之後也為後則為其子故云孟縶子此實公孫而不稱公孫者縶字公孟故即以公孟為氏刘炫謂公孟生得賜族故彄即以族告

注国內乱告廟　正義曰成魯邑国內用兵討不應昏而出入皆昏者為興動大衆皆告廟也釋例曰陪臣執命大都耦國仲由建墮三都之計而成人不從故公親圍之雖不越竟動衆興兵大其事故出入皆告於廟　○傳与其乱无勇　正義曰羅以曹国小弱不敢来追衛師而在後為殿是空設嚴猛等与其空為嚴猛寧為无勇示弱請之使曹人不憚以為後圖

注仲尼時為司寇　正義曰史記孔子世家云定公以孔子為中都宰一時四方皆則之由中都宰為司空由司空為大司寇十年會于夾谷時已為司寇矣十四年孔子由大司寇攝行相事是此時仲尼為司寇

十三年注韓魏乱列国　正義曰成十八年傳例曰凡去其国諸侯納之曰歸此傳稱韓魏以趙氏為請故趙鞅得稱歸韓魏非諸侯亦從諸侯納之例者韓魏之彊僭列国也釋例曰韓魏有耦国

之強陳蔡有後國之端故晉趙鞅楚公子比皆稱歸從諸侯納之例言非晉楚之所已制也 傳注垂葭至郥亭 正義曰釋例曰經書所改之名則傳以實明之許遷于夷實城父齊侯衞侯次于垂葭實郥氏之比是也則是先名郥氏後名垂葭而此云垂葭改名郥氏者杜意以為垂葭是新改之名本是郥氏也故以結之與釋例不違劉炫以杜注自違釋例以為地無新舊之異止是一地二名若如劉言案許遷于夷實城父經書夷齊侯衞侯次于垂葭實郥氏經書垂葭許遷于析實白羽以此準之經應書析不應書白羽公會齊侯于祝其實夾谷經應書祝其不應書夾谷杜以夫冃叏異故以新舊明之劉不細尋經傳以規杜過非也 齊侯至乃止 正義曰齊侯輕脫欲得與衞侯同乘先與之宴飲而先駕乘廣於門外豫於廣車之上而載甲焉飲未終而使人告曰晉師至矣齊侯謂衞侯曰比及君之駕至以來君既未有兵車寡人請以已車攝代衞車與君同乘齊侯乃著甲而與衞侯共乘驅之而行或告無晉師乃止傳載此者言齊侯之輕所以不已成功

注午趙之宗親　正義曰世族譜趙衰趙夙之弟也衰生盾々生
朔々生武々生成々生鞅其家為趙氏夙孫穿々生旃々生勝々
生午其家為耿氏計衰至鞅夙至午皆六代今俗所謂五従兄弟
是同族也別封邯鄲世不絶祀故使邯鄲人更立午之宗親
注壻父主射女　正義曰釋親云女子々之夫為壻々之父為姻
知荀寅子娶吉射女也　董安于　正義曰史記云安于性緩常
佩弦以自急者即此是也　文子欲以為卿　正義曰既欲以為
卿則當去范中行二氏乃始得立言此者明文子欲為亂以去之
注是公之徒　正義曰傳於明年始云衛侯為夫人南子召宋
朝此年言夫人之黨杜已云宋朝之徒者靈公立召宋朝久在前
矣明年為夫人欲而發端非明年始召之　○十四年注陽趙黶孫
正義曰案世本懿子兼生昭子舉々生趙陽兼即黶也　注於
越之昏敗　正義曰於越即越也夷言發聲謂之於越從彼俗而
名之也傳稱陳于檇李則是皆陳而從未陳之例云敗吳者越使
罪人詐吳亂吳之陳使不得用力故從未陳之例昏敗也釋例云

長勺之役虽俱陳而鼓音不齊檇李之役越人患吳之整以死士
乱吳虽皆已陳猶以獨克為文举其權詐也　注石尚至共福
正義曰杜以天子上士中士俱称名氏石尚必是士矣但不知為
是上士為是中士故注直云士耳必非下士釋例曰王之公卿皆
書爵大夫書字元士中士称名列友石尚是也下士称人公會王
人于洮是也杜知然者周礼典命云王之三公八命其卿六命大
夫四命大夫既四命則士三命也故鄭玄云王之上士三命中士
再命下士一命曲礼云列国之大夫入天子之国曰某士得不以
命数為天子之士故称士也襄二十六年晉韓起聘于周自称曰
晉士起是諸侯之卿与天子之士命数同也以諸侯之卿三命再
命皆書名氏大夫一命則称人知天子上士中士称名氏下士則
称人也成十三年傳曰国之大事在祀与戎祀有執膰戎有受脤
先儒及杜緣彼傳文知是定例故解此云祭社之肉盛以脤器以
賜同姓諸侯周礼大宗伯云以脤膰之礼親兄弟之国大行人云
歸脤以交諸侯之福是以祭肉賜諸侯与之共福也　注會公至

曰會　正義曰莊二十三年公及齊侯遇于穀蕭叔朝公就遇處行朝礼故曰朝此就蒐處行會礼而不用朝礼故曰會也言不用朝礼譏其与蕭叔文異　注公叛至史闕　正義曰城邑之由傳无其説以傳称公會齊侯衛侯謀救范中行氏知為叛晉之故懼而成此二邑也无冬闕文自是常事特譏此者説公羊者以此城在冬故去冬字何休云是歲孔子由大司寇攝相事齊人饋女樂孔子去言去冬者惡之也或説无冬者坐受女樂令聖人去冬陰臣之象言去冬見无臣也杜以此為妄説且明城實在秋是非時而城故特譏冬闕　傳安于則至而死　正義曰安于請趙孟先備趙孟不從其言則安于其无罪矣但安于之謀國人聞之恐嬰父忌其知謀恐趙氏強盛假此事而罪之趙鞅救而得還不敢違命故安于自縊死耳　祀安于於廟　正義曰礼臣有大功配食於廟周礼司勲云凡有功者銘書於王之大常祭于大烝司勲詔之尚書盤庚告其卿大夫云茲予大享于先王尔祖其従与享之孔安国云古者天子録功臣配食於廟大享烝嘗也天子既有此

礼諸侯或亦有之今趙氏祀女于於趙氏之廟其意亦如此也
會于盍艾豭 正義曰此會于洮還是上文會于洮也傳為野人
之歌張本故追言衛為夫人南子召宋朝召在遠年非今始召歌
從也宋野已隔此語故又本之云衛宋會于洮時大子蒯聵獻盂
于齊過宋野因被說也服虔以會于洮上屬為義言衛侯為夫人
南子召宋朝故與宋公會于洮言為召宋朝內此會也然則宋朝
是宋之公子衛侯欲召則召何須與宋為會方始召之直言會于
洮會上共国名知與何國會而言宋衛乎服不達此勢愚之甚也
注婁豬盍老也 正義曰釋獸云豕子豬牝豝牝者謂之豝則豭
是豬之牡故以喻宋朝也以婁豬為求子之豬相傳為說耳曲礼
人年五十曰艾是艾為老也 少君 正義曰少君猶小君也君
為大君夫人為小君 ○十五年 鼷鼠食郊牛 正義曰爾雅云色
黑而小有毒公羊以為不言其所食漫也謂所食非一處穀梁注
意亦然非杜意也 注諸侯奔喪非礼 正義曰昭三十年傳曰
諸侯之喪士弔大夫送葬諸侯親自奔喪會葬皆非礼公羊亦云

奔喪非礼也　雨不克葬　正義曰穀梁以爲葬不爲雨止礼也
雨不克葬喪不以制也非左氏意　辛巳葬定姒　正義曰公羊
傳云定姒何以書葬未踰年之君也有子則廟〻則書葬公羊
此意以爲定姒是妾哀公之母以哀公爲君未踰年故書其卒
葬耳左氏以定姒實是夫人但礼不備不成喪是哀母以否傳无
明説　注辛巳至元月　正義曰此年八月庚辰朔二日則辛巳
九月不得有辛巳也更盈一周則六十二日月有一大一小十月
己卯朔三日得辛巳是有日无月也　注邾庶其邑　正義曰襄
二十一年邾庶其以漆閭丘來奔莊二十八年傳曰凡邑有宗廟
先君之主曰都無曰邑〻曰築都曰城此稱城漆〻本邾邑不以
有先君宗廟而稱城者釋例曰君邑有先君宗廟則雖小曰都爲
重所居以大之也然則都而无廟固宜稱城〻漆是也而顧氏唯
繫於先君之廟患漆本非魯邑因説曰漆有邾之舊廟是使魯人
爲邾之廢廟与先君同非經傳意也是言漆是大都自應稱城言
無其邑者意在排舊説　傳注玉朝者之贄　正義曰曲礼云凡

摯天子鬯天子爵元与敵者故執其鬯酒以對神諸侯珠是謂
玉爲贄也周礼典瑞云公執桓圭侯執信圭伯執躬圭子執穀
璧男執蒲璧以朝覲宗遇會同于王諸侯相見亦如之是朝必
執玉也　注赴同祔夫人　正義曰夫人初薨赴於同盟之國其
辭當云夫人某氏薨是赴則成夫人也礼適妻祔於適祖姑妾祔
於妾祖姑若得祔祖姑則亦成夫人矣此赴同祔姑皆是夫人之
礼二者皆闕故不曰夫人薨二者謂有一事則得稱夫人故此以
不赴爲又不祔解不稱夫人也　注公未昏葬　正義曰傳直
言不成喪也不知闕少何事但小君者夫人之号不稱小君与不
稱夫人其事同矣故知不成喪者即不赴不祔是也由不赴不祔
夫人之喪礼不成故不稱小君也此定姒實是夫人臣子怠慢不
成其礼故書卒不稱薨昏葬而不稱小君所以罪臣子也襄十
二年孟子卒傳曰不反哭故不言葬小君是由反哭於寢故昏葬
也　冬城至告也　正義曰書城漆者昏其城不以時所昏在冬
依其文則得時矣故傳辯之云不時告也城實非時知其不可而

以時告廟

春秋正義卷第三十四

計一万二百九十九字

春秋正義卷第三十五　哀公

國子祭酒上護軍曲阜縣開國子臣孔　穎達　等奉

勅撰

正義曰魯世家云哀公名蔣定公之子蓋是夫人定姒所生以敬王二十六年即位謚法恭仁短折曰哀　元年注隨世至封之

正義曰僖二十年楚人伐隨自尒以來隨不復見以隨世服於楚為楚私屬不通於諸侯征伐盟會不當於列故史不得書之猶如邾滕為人私屬不序於宗盟也定四年保護昭王楚得復國楚人感其恩德使隨列於諸侯令楚師諸侯圍蔡令隨在其班次以之告魯故得見經定六年鄭滅許以許男斯歸殺之此時許復見者以許屬楚故疑蓋楚封之亦如蔡侯廬陳侯吳受封於楚也世族譜許男斯之後有元公成悼公孫則是楚封元公為許男也

注啓蟄至一處　正義曰桓五年傳例云凡祀啓蟄而郊郊則書今以四月始郊已入春分之氣故書過也宜三年郊牛之口傷成七年鼷鼠食郊牛角言其傷食之處此不言所食處者所食非一

處也　傳注栽設至一里　正義曰築牆立版謂之栽者豎木以約版也楚圍外人救蔡則於表裏受敵故築圍壘周市去蔡城一里以圍之欲置兵其內以攻蔡使外人不得救之　注夫猶兵守蔡　正義曰劉炫云杜言夫猶兵也以壘未成故令人在壘裏屯守蔡然則未築壘前兵豈遠城乎壘成之後兵復出壘乎以圍人夜守常遠何言晝夜九日以後兵豈散乎炫以夫屯謂夫役屯聚晝夜不止九日而築壘成耳夫者別有城夫非戰士劉炫以爲丁夫築城晝夜九日杜必以夫爲兵屯守九日者以屯是戍守之名故詩序云屯戍於母家文稱偪晉有軘車皆是兵之屯守經籍未有作役之人而爲屯守之號者故杜爲此解劉妄規杜失非也　注楚之欲或師還　正義曰服虔云蔡使楚進疆於故江國今汝水之間其意主蔡割地以賂楚也杜不然者以昭七年傳申无宇云先君文王作僕區之法所以封汝哀十七年傳曰彭仲爽申俘也文王以爲令尹實縣申息朝陳蔡封畛於汝則楚於文王之時其竟已至汝水寧於此役蔡始令楚進疆于江汝之間也且汝水江

國不可共文故杜以為楚使蔡徙其國都於江北汝水之南自択
疆宇欲令還都近楚為楚之屬國蔡人異令楚去心雖不肯權宜
許之楚還之後蔡更自議已與楚惡不如事吳故請遷于吳以吳
為援　注夫椒至椒山　正義曰杜於此注以椒為山名土地名
以夫椒為地名以戰必在山旁以山表地耳　注澆寒至斟灌
正義曰襄四年傳稱夏之衰也有窮后羿因夏民以代夏政而用寒
浞浞殺羿因其室而生澆處澆于過是言澆是寒浞之子封
於過也二斟夏同姓諸侯夏本紀文也又襄四年傳云澆用師
滅斟灌此言殺斟灌者王肅云滅殺也古者滅殺雖異同名其意
言殺其君而滅其國故二文各言其一也賈逵云夏后相依斟灌
而國故因殺夏后相也案下句別書滅夏后相王解是也　注夏
后至所滅　正義曰夏本紀云禹生啓啓生大康大康崩弟仲康
立仲康崩子相立是相為仲康之子啓之孫也書序云大康失邦
作五子之歌其經云大康尸位以逸豫乃畋于有洛之表十旬弗
反有窮后羿因民弗忍距于河則大康之時羿已權盛已廢大康

矣亂征云唯仲康肇位四海孔安國云羿廢太康而立其弟仲康
為天子仲康羿之所立也仲康崩子相立蓋亦羿立之矣傳言羿
因夏民以代夏政蓋於相時羿始自立為天子相於是失國依於
二斟及澆滅斟灌相後為澆所滅 注虞虞舜之後 正義曰尚
書堯典云有鰥在下曰虞舜又曰釐降二女于嬀汭嬪于虞皇甫
謚云嬪于虞虞因以虞為氏今河東大陽縣西山上虞城是也然則
舜有天下其代号虞因本河東大陽之虞及周之興封仲
雍之後為虞國即彼地是也但舜既禪禹封舜後為諸侯禹取
虞為國名未必封於河東虞地而梁國有虞縣其地以虞為名疑
是夏時虞國杜於地名言有者皆是疑辭言有以示不審也庖
正者周禮之庖人謂之為正者是食官之長故為掌膳羞之官也
賴此以得除己害得在浞之世不被殺也 注方十至為旅 正
義曰方十里為成司馬法文也五百人為旅夏官序文也田一成
衆一旅言食此一成之地其內有為兵者五百人周禮小司徒云
乃井牧其田野鄭衆云井牧者春秋傳所謂井衍沃牧隰皐者也

鄭玄云隰皋之地九夫為牧二牧而當一井今造都鄙授民田有不易有一易有再易通率二而當一是之謂井牧昔夏少康在虞思有田一成有衆一旅々々之衆而田一成則井牧之法先古然矣杜解牧隰皋垂与鄭異其授民田二而當一理亦宜然計方十里為方一里者百方一里有九夫之田則十里容九百夫也其一百夫授上地不易者其四百夫授一易二而當一則得為五百夫矣 注襄四至少康 正義曰刋氏備言少康已布恩惠以收夏衆以德撫靡故得用靡遺民滅浞而立之 注循言夫与不取 正義曰吳語云越滅吳々王請行成越王曰昔天以越賜吳而吳不取是也 後雖悔食已 正義曰言悔恨之深結於心腹不可如食之消也 注生民至教之 正義曰服虔云今少者死娶老婦老者死娶少婦女十七不嫁男二十不娶父母有罪也將生子以告与之醫饋之餼也死者䘏其征必哭泣葬埋如其子也孺子遊者必餔歠之也非其所種夫人所織不用十年不收於國注魯師至不書 正義曰杜以經書齊衛伐晉備言四國伐晉故

唯解魯與鮮虞不書意也劉炫以齊衛會乾侯救范氏者師相會因而別伐二君親自告伐不告會也行伐之後魯與鮮虞會之齊衛更違師與同伐也但齊將卑師衆故稱師衛將尊師少故云孔圉後伐四国並皆不書非獨魯與鮮虞不書也南謂魯師不書非公命餘者不書皆不告事出百途並得通也今知劉非者杜以傳齊侯衛侯止云會乾侯不言伐晉即云師及齊師衛孔圉鮮虞人伐晉與經齊侯衛侯伐晉文相次當以為一鮮虞狄帥賤故略而不書循鄭之戰唐侯從楚而不書平丘之會狄人從晉而不書之類是也劉以為孔圉等更別伐晉魯師不書非公命餘者不告故不書而規杜過非也　食不二味　正義曰謂與在下同其好惡不別二為美味也　在國天有菑癘　正義曰在国與在軍相對天有菑癘與下句相連言有菑癘之時親自巡孤寡共其乏困也本或天作元誤耳　注必須至徧也　正義曰孫武兵書云軍井未達將不言渴軍竈未炊將不言飢故闔閭在軍如良將之法必須軍士皆分飽食然後敢食王不先自食也服虔云以其半分軍

士而後自食其餘君單醪注流也杜以分王半食不足徧及軍人
且所嘗珍異乃得卒乗与尃圭所自食不得分軍士也故戰而異
之分猶徧也詩徧執食王乃自食也　注積土乙曰次　正義曰
釈宮云闍謂之臺郭璞云積土四方也又云有木者謂之榭李巡
云臺上有屋謂之榭又曰无室曰榭四方而高曰臺荘子傳例
曰凡師一宿為舍再宿為信過信為次孔安國尚書傳云澤彰曰
陂停水曰池言夫差所停三日則役民為此也　注妃嬙乙內官
正義曰曲礼云天子之妃曰后則妃上下通名也釈詁云妃合會
對也妃媲也匹對於夫婦官之最貴者也嬙在妃下次於妃也周
礼有九嬪女御以有四名分為二等故言妃嬙貴者嬪御賤者皆
婦官之名周礼无嬙蓋後世為之名漢有掖庭王嬙是因於古也
二年注句繹乙要之　正義曰既取其田慮後悔競故共盟以要
之伐則三卿盟唯二卿者服虔云季孫尊卿敵服先帰使二子与
之盟穀梁傳曰三人伐而二人盟何各盟其得也其意言季孫不
得田故不与盟也案十四年小邾射以句繹来奔則句繹小邾地

也注言邾地者以傳云伐邾〻人愛其土賂以漷沂之田而受盟被伐受盟則盟在邾地猶若成二年楚人伐我師于蜀公及楚公子嬰齊盟于蜀之類是也邾与小邾国竟相近句繹所属亦无定準猶齊魯汶陽之田莒魯爭鄆之變一彼一此豈有常乎而刘炫以句繹為小邾地而規杜非也注定四年盟皐鼬正義曰元以昭八年即位三十二年大夫盟于狄泉以未告公而公薨故不数衛世子正義曰世子者父在之名蒯聵父既死矣而称世子者晋人納之以世子告言是正世子以示宜為君也春秋以其本是世子未得衛国无可襃貶故因而書世子耳傳注三揖卿大夫士正義曰周礼司士云孤卿特揖大夫以其等旅揖士旁三揖鄭玄云特揖一々揖之旅衆也大夫爵同者衆揖之三揖者士有上中下鄭衆云卿大夫士皆君之所揖礼春秋傳所謂三揖在下服虔云三揖卿大夫士土揖庶姓時揖異姓天揖同姓注是時至而南正義曰士地名也河經河内之南界東北經汲郡魏郡頓丘陽平々原条陵之東南入海是言晋時河所經也春

秋之時河未必然故云是時河北流過元城界与晉時河道異也
土地名之云戚頃丘衞縣西戚城在怡河東是春秋時戚在河東
也從晉而言河西為内東為外故云戚在河外也是時晉軍已渡
河矣師人皆迷不知戚處陽虎憶其渡處在戚之北河既北流拠水
所向則東為右故欲出河右而南行也　注絻者始發喪之服
正義曰士喪礼既小斂主人括髪袒衆主人免于房鄭玄云括髪
者去笄纚而紒也衆主人免者齊衰將袒以免代冠〻服之尤尊
不以袒也又奔喪之礼云云於家入門哭盡哀括髪袒自齊衰以下
入門哭哀免麻于房東如彼礼文則主人當括髪齊衰以下乃
免此大子絻者礼不云云喪所不括髪故以絻代之耳吴公以四月
卒今以六月而大子絻故云絻始發喪之服也遠道不爲喪者不
得括髪故始發喪服絻也鄭玄注士喪礼云免之制未聞旧説以為
如冠狀廣一寸喪服小説曰斬衰括髪以麻免而以布此用麻布
為之狀如今之著幓頭矣自項中而前交於額上郤繞紒也　詩
曰云云我龜　正義曰詩大雅緜之篇美大王遷岐之事爰於也既

見周原之地肥美可居於是始集謀人從己者於是与謀議人謀
既從於是契灼我龜而卜之言先人謀後卜筮也　反易天明
正義曰天有尊卑人有上下變上臣變居法則天之明道臣不
事君是反易天之明道也　經德義　正義曰此經德義与傳經
國家詩序經夫婦皆意同也經謂經紀營理之不除君惡則德義
廢矣宜經紀德義使不壞也　克敵受郡　正義曰上大夫下
大夫謂於大夫之內分為上下其上大夫非卿也此言先克田祿
者君邑克敵得此賞也　注周禮云四郡　正義曰周禮小司徒
云九夫為井四井為邑四邑為丘四丘為甸四甸為縣四縣為都
鄭玄云邑方二里丘方四里甸方八里旁加一里則方十里為一成
縣方二十里都方四十里四都方八十里旁加十里乃得方百里
為一同也如彼文則縣方二十里耳周禮又無郡不可用以解此
故引周書解之或曰周書者孔子刪尚書之餘今筆其存者其文
非尚書之類其作雒篇有此言方千里者為方百里者百千里百
縣則縣方百里計成方十里出車一乘縣方百里則出車百乘也

昭五年傳云晉有四十縣遺守四千乘是縣別有百乘与作難之言合也上大夫受縣々則為百乘之家言得進為卿也縣有四郡則郡方五十里下大夫得氏方五十里之采邑　注十万畝　正義曰王制云方一里者為田九百畝方十里者為方一里者百為田九万畝則士田十万為方十里有餘　注志父至其賞　正義曰牧誓武王誓衆尚自称名况以人臣誓衆固當自稱名矣知志父是簡子名也簡子名鞅又名志父者服虔云趙鞅入于晉陽以叛諸侯之策書曰晉趙鞅以叛既後更名志父或當然也楚之公子圍弑君取國改名曰虔經即書虔公子棄疾弑君取國改名曰居經即書居今趙鞅改名志父經書猶云趙鞅者彼楚之子既為國君臣下以所改之名告於隣國故得書所改之名趙鞅人臣國家不為之諱仍以趙鞅名告故書鞅也鞅言君実圖之言己定済君當謀其賞也簡子言此君當謀其賞者言君當賞其在下副上所誓之言欲使在下信之非欲自求賞也　注屬辟至一重　正義曰礼喪大記云君大棺八寸屬六寸椑四寸上大夫大棺八寸屬六

寸下大夫大棺六寸屬四寸是屬辟為棺之重數也大記之文從外向內大棺之內有屬々之內有椑々親身之棺鄭玄云椑堅著之意也如記文大夫无椑令簡子自言有罪始不設辟者鄭玄云趙簡子云不設屬椑時僭也為時僭日久自言无罪則僭設有罪乃不設耳記言士棺六寸檀弓又云夫子為中都宰制四寸之棺五寸之椁鄭玄云為民作制民猶四寸簡子言三寸者亦示其罰之重令制度卑於民也記有杝棺梓棺杝謂椵也不以桐為棺簡子言桐棺者鄭玄云凡棺用能溼之物梓椵能溼故礼法尚之桐易腐壞之以桐為罰也檀弓又云天子之棺四重鄭玄云尚深邃也諸公三重諸侯再重大夫一重士不重又云水兕革棺被之其厚三寸杝棺一梓棺二四者皆周鄭玄云以水牛兕牛之革以為棺被革各厚三寸合六寸也此為一重杝棺一所謂椑棺也梓棺二所謂屬與大棺也檀弓之文自內向外水牛之革一也兕牛之革二也二者相襄乃得為重故以此二者為一重也又有椑也屬也大棺也此是天子四重為數五棺為四重也喪大記之文

君有大棺也梩也屬也大夫有大棺也屬也鄭玄注檀弓天子之棺四重以是差之上公革棺不被三重也諸侯无革棺再重也大夫无梩一重也士无屬不重也是上公數四棺為三重諸侯數三棺為再重大夫數二棺為一重士以一棺為不重也杜之此注唯无上公士耳其言重數与鄭同也若然礼器云天子葬五重諸侯葬三重大夫葬再重以多為貴也彼重亦當謂棺而其數皆較一者鄭玄云天子葬五重者謂杭木与茵也葬者杭木在上茵在下然則茵以藉棺杭為負土天子及諸侯大夫皆數彼以增棺數故皆多較一也杜言此棺之重數者以明不設屬辟為罰也　素車樸馬　正義曰素車无飾謂不以翣柳飾車也曲礼云大夫去國為位而哭乘髦馬鄭玄云髦馬不鬄落也則此樸馬亦謂不鬄落用此以載柩也雜記称士喪有与天子同者三其終夜燎及乘人当道而行然則柩皆人挽此用車馬載者礼言乘人設法許之耳道遠者當用牛馬且此言亦為罰也　无入于兆　正義曰周礼冢人云凡死于兵者不入兆域鄭玄云戰敗无勇投諸塋外以罰之此

言不入兆域亦罰也　注郵无恤王良也　正義曰下云子良授
綏是也服虔云王良也孟子說王良善御之士古者車駕四馬御
之為難故為六藝之一王良之善御最有名於春秋傳多稱之楚辭
云當世豈无騏驥乎誠无王良之善御見執轡者非其人兮故駒
跳而遠去　授大子綏　正義曰由禮云凡僕人之禮必授人綏
論語稱孔子上車必正立執綏而升綏者挽以上車之索故授之
使之升也少儀云僕者右帶劍負良綏申之面拖諸幦鄭玄云
面前也幦覆苓也良綏君綏也負之由左肩上入右腋下申之
於前覆苓上也　有馬乃牖下　正義曰襄二十七年傳曰唯
卿備百邑注云一乘之邑也坊記云家富不過百乘々々御之極
制也檀弓云飯於牖下小斂於戶內大斂於阼殯於客位祖於庭
葬於墓所以即遠也則禮之正法死於牖下　衛大叔襄公
正義曰禮於曾祖以上皆稱曾孫此雖並告三祖對文王康叔稱
曾孫也晉語說此事於襄公之下又有昭考靈公國語与傳異
者多矣此下云无作三祖羞是无昭考也　大命不敢愛　正

義曰上言無絶筋無折骨謂軍之士衆無令傷損以成大事此云
大命不敢請者謂己之身命不敢私請苟以求生佩玉不敢愛者
書金縢稱周公植璧秉珪以告大王王季文王是禱請用玉也在
軍無璧故以佩玉　兩靷亦皆絶　正義曰古之駕四馬者服
馬夾轅其頭負軛兩驂在旁挽靷助之詩所謂陰靷鋈續是也說
文云靷引軸也僖二十八年注云在胸曰靷然則以皮約馬胸而
引車軸也兩靷將絶而已制乎言其御之和也駕而乘材材謂橫
地細小之木也乘小木而靷絶示其將絶之驗也　◎三年注曼姑
至叛人　正義曰春秋行兵征伐自非霸主之命諸國共行皆以
主兵為首此圍戚實出衛意引齊使之助己討聵曼姑為首而序
在齊下者曼姑為子圍父知其不義推齊使為兵首故先書齊
也穀梁傳曰此衛事也其先國夏何也子不圍父也是先儒及杜
皆同穀梁之說也宋魚石去而後入拠宋之彭城襄元年經書圍
宋彭城傳曰非宋地追書也於是為宋討魚石故稱宋且不登叛
人也此蒯聵在戚齊衛圍之与圍宋彭城事同矣彭城稱宋此

不稱衛者蒯聵拠戚与輒争国非是殺人故不須繫之衛也公羊
傳曰齊国夏曷為与衛石曼姑帥師囲戚伯討也此其為伯討柰
何曼姑受命乎灵公而立輒以曼姑之義為固可以距之也輒者
曷為者也蒯聵之子也然則曷為不立蒯聵而立輒蒯聵為无
道灵公逐蒯聵而立輒然則輒之義可以立乎曰可其可柰何
不以父命辭王父命以王父命辭父命是父之行乎子也不以家
事辭王事以王事辭家事是上之行乎下也其意言灵公廢蒯
聵不用使之得国輒不以国与蒯聵是灵公之命行於蒯聵也立
為国君是王事也以國与父是私事也不以国与父是天子之命
行於諸侯也如公羊之言則輒義可以距父囲戚不為不義而杜
言曼姑知其不義則輒不合距父意与公羊異者拠左傳公子郢
讓国不受然後立輒然則輒之立也以周礼无適子則立適孫緣
是以得立耳非有灵公之命使立之也為輒之義自可讓而不受
以己是適孫緣有可立之勢貪国以距父耳非有灵公之命天子
之勅使之距蒯聵也論語說此事云冉有曰夫子為衛君乎子貢

曰諸吾將問之入曰伯夷叔齊何人也曰古之賢人也曰怨乎曰
求仁而得仁又何怨乎出曰夫子不為也孔子意不助輒明是輒
為不義故曼姑自知不義推齊為主　傳注司鐸宮名　正義
曰傳二十年西宮災書之此不書者西宮公之西宮親近偪居息
被天火故重而書之此司鐸雖是公小宮在公宮之後非君來往
之處又是人火所以輕而不書或可舉廟重以略之　桓僖災
正義曰傳言火而經書災者司鐸初被人火々越宮而至廟以火
踰宮故以災言之　注周礼至象魏　正義曰周礼大宰云正月
之吉始和布治于邦国都鄙乃縣治象之法于象魏使万民觀治
象浹日而斂之鄭玄云正月周之正月吉謂朔日大宰以正月朔
日布王治之事於天下至正月歲又書而縣于象魏使万民觀焉
凡治有故言始和者若改造云爾鄭衆云從甲至甲謂之浹日凡十
日其地官夏官秋官皆有此言地官云布教縣教象夏官云布政
縣政象秋官云布刑縣刑象若縣所掌之事為異其文悉同唯春
官不縣者以礼法一頒而事皆足不可又縣故不縣之杜揔彼意

言縣教令之法彼所縣者皆是教令之事故也由其縣于象魏故謂其書為象魏令藏其書也彼言朔日縣之十日即斂之則救火之時其書久已藏矣而此之象魏之外方始令藏此書者象魏是縣書之処見其処而念及其書非始就縣処斂藏之 注言桓至所哭 正義曰礼諸侯親廟四焉高祖之父即當毀其廟計桓之於哀八世祖也僖六世祖也親尽而廟不毀言其宜為天所哭也所以不毀者服虔云季氏出桓公又為僖公所立故不毀其廟其意或然公羊傳曰此皆毀廟也其言哭何後立也曷為不言其後立春秋見者不復見也何以不言及敵也其意言哀公更立之不可通於左氏故以為元不毀耳服虔又云俱在迭毀故不言及杜无說或當同時哭先先後故不言及 萇弘至萇弘 正義曰文公以定四年卒也為之屬大夫謂當昭公之世也此時文公已卒萇弘知政以已先定刘子刘氏又与范氏親既握国権遂与范氏故周人殺之以說於晋 召正常至正常不反 正義曰服虔云召而問晛死意然則晛於正常去後始死々非正常得知召之復何所

問也當歎問不立康子之意故正常畏康子不反。荀寅奔而出
正義曰荀寅從内伐其北郭之郛又使其叔己之徒自外伐囲郛
之北门而入因外内攻故得出也。四年蔡侯申 正義曰宣十
七年蔡侯申卒是文侯也蔡世家云文侯申生景侯固々生靈侯
般々生隱太子友々生昭侯申是隱太子之子杜世族譜亦然計昭侯
是文侯玄孫乃与高祖同名周人以諱事神二申必有誤者但是
經文未知孰誤。注賤者至盜也 正義曰公孫辰公孫姓公孫
霍並是弑君之黨而非弑君之首々是公孫翩々賤故稱盜不
言弑其君者賤此盜也盜賤不得有其君故以盜为文不得言弑
其君。注天火至亡国 正義曰傳例曰天火曰災知天火也殷
有天下作都于亳故知亳社殷社也蓋武王伐紂以其社班賜諸
侯使各々立之所以戒亡国也其社有屋故火得焚之公羊傳曰
蒲社者何亡国之社也社者封也其言災何亡国之社蓋揜之
揜其上而柴其下穀梁傳曰亳社者亳之社也亳亡国也亡国之
社以为廟屏戒也其屋亡国之社不得達上也說者以为立亳社

於廟門之外以為屏蔽使人君視之而致戒也左傳稱間于兩社是當為然郊特牲亦云喪國之社屋之不受天陽故奘其屋也傳注兼音徽蓋楚之言 正義曰徽創往年之迁恐其更復迁徙兼徽音相近蓋是楚人之言遂轉而字異耳 入於家人而卒 正義曰言將如是已適是矣翩在路逐而殺之遂入于凡人之家言此者說其非理之意 注舍大夫別縣監尹 正義曰陰地者河南山北東西横長其間非一邑也若是典邑大夫則當以邑冠之乃言陰地之舍大夫則是特舍大夫使揔監陰地故以為別縣監尹也以其去国遥遠別為置監楚官称尹故以尹言之 遂隨墻 正義曰稷初奔墻欲拠墻距国令弦施逆稷款納之他邑以墻險固故毀之 五年注再同盟 正義曰襄二十五年崔杼弑莊公而立杵臼昭二十六年盟于鄟陵定之四年于皐鼬是之再同盟也昭三十二年大夫盟于狄泉未告公而公薨故不數也 傳間於至无君 正義曰公謂群臣言君間暇於无憂虞請国无憂虞事得間暇則恐有疾疢不得飲食令既无憂虞又无疾疢亦

且謀乘何憂乎无君　注師衆至失所　正義曰師衆之往秋祜文也周礼五百家为黨言其共居一所故以黨为名是黨为所也經書閏月葬齊景公長歷因十一月礼葬乃有謚此歌称謚明是葬後傳言冬十月者記公子出奔之月其莱人之歌在公子出奔之後杜以文承十月之下故云盡耳公羊以为喪以閏數謂遍數閏月穀梁云不正其閏也謂喪事不數左氏无傳未知所從　詩曰至攸塈　正義曰詩大雅嘉樂之篇也言在上者不解惰于其位民之所以得安息駟秦棄位僭上是惰于位也　商頌至多福　正義曰商頌殷武之篇歌成湯之德不僭差不濫溢不敢怠惰而自暇以此之故上天命以多福也詩於怠皇之下更云命于下國封建厥福傳言命以多福不復具引詩文取其意而言之也杜云違詩商頌上言詩下言頌以駟秦於此二詩皆違故言違詩与商頌　○六年注为陳至書入　正義曰成十八年傳例曰凡去國國逆而立之曰入此为陳乞私逆既入而立之故依例書入也　注弒荼至弒生　正義曰實非陳乞弒荼而書乞弒其君者以荼死由

乞故書乞弒也此与楚公子比鄭公子歸生俱非弒君之首春秋
録而書之以為弒君之主所以惡此三人釋例曰諸懷賊亂以為
心者因不容於誅也若鄭之歸生齊之陳乞楚公子比雖本无其
心春秋之義亦同大罪是以君子惜所以立也是之謂罪之之意
傳注陳盟在昭十三年 正義曰昭十三年先楚之与陳盟之事於
時楚既滅蔡使棄疾為蔡公子干子晳之入也傳稱朝吳奉蔡公
召二子而盟于鄧依陳蔡人以國是之与陳人盟更許復其國其年
平王即位更封陳是与盟也 需事之下也 正義曰需是懦弱
之意懦弱持疑不能決斷是為事之下者勸其決斷而盡殺之注
前已至是敗 正義曰劉炫言卜不吉謂戰當敗再敗當謂令伐
更敗也杜言退還亦是敗非也以規杜氏今知劉非者杜言退
還亦是敗者以傳卜退不吉是不得好退是雖欲退還亦必敗也
故云退還亦是敗但文不委悉劉以為退還謂是好退而還以規
杜非也 問諸周大史 正義曰服虔云諸侯皆有大史主周所
賜典籍故曰周大史一曰是時往問周大史杜以問周大史於文自

明故不煩穰。不穀至移之。正義曰言己若无大罪天其妄天
之乎必是身有大罪天乃下罰有罪受罰又焉移之。注四水在
楚界。正義曰土地名江經南郡江夏弋陽安豐漢經襄陽至江
夏安陸縣入江睢經襄陽至南郡枝江縣入江漳經襄陽至南郡
當陽入江是四水皆在楚之界也。夏書至而亡。正義曰此夏書五
子之歌其三章也彼云惟彼陶唐有北冀方今失厥道亂其紀綱
乃底滅亡此多帥彼天常一句文字小異者文經篆隸師讀不同
故兩存之賈服孫杜皆不見古文故以為逸書解為夏桀之時唯
王肅云大康時也案王肅注尚書其言多是孔傳疑肅見古文匿
之而不言也堯治平陽舜治蒲坂禹治安邑三都相去各二百餘
里俱在冀州統天下四方故云有此冀方也。注召在立之次。
正義曰經書陽生入齊文在七月之下知其召在七月也今傳在
八月下者欲令下接十月立之是記事之次也邴意茲來奔者自
以高國之黨八月來奔耳傳言使召陽生自以七月之時別使人
召之非遣意茲君也賈逵以傳文相連謂遣意茲來召之怪其日

月錯誤云其説未聞杜以此故爲注云高固黨以隔之　注賓以
貳告魯　正義曰傳言十月立陽生々々既立之後方遣朱毛殺
荼則荼死在冬々經書爲秋殺者記陽生初文入齊之始遂連荼死
二事通以冬始來告言陽生秋入荼以秋死故並書於秋也　七年
傳吾王百年　正義曰王制云君十卿祿魯年晋大夫四十故吾
王自謂合得百年　注有常數　正義曰周礼大行人云上公九年
侯伯七年子男五年是常數也　注上物天子之年　正義曰周
礼掌客云王合諸侯而饗礼則具十有二年鄭玄云饗諸侯而用
王礼之數者以公侯伯子男盡在是兼饗之具數用也以具數用
故用王礼是天子之礼十二年也郊特牲云天子適諸侯々々
膳用犢諸侯適天子々々賜之礼大年貴誠之義也如彼記文諸
侯共天子之膳唯一犢耳而得有十二年者君是天子大礼必以
十二爲數其餘共王之膳食自用犢爲食耳非謂獻大礼者唯一
犢也　棄天而背本　正義曰棄十二之數爲棄天違周礼是背
本　注大伯貳長也　正義曰吾世家云大伯及仲雍皆周大王

之子而王季歷之兄也季歷賢而有聖子昌大王欲立季歷以及
昌於是大伯仲雍二人乃奔荊蛮文身断髮示不可用大伯之奔
荊蛮自号句吳荊蛮義之從而歸之千餘家立為吳大伯大伯
卒無子弟仲雍立是說大伯仲雍適吳之由也魯人不堪吳責
故舉吳之上祖以訴之二人同時適吳而大伯端委仲雍断髮者
大伯初往未為彼君故服其本服自治周礼及仲雍民既稍多既
為彼君宜從彼俗曲礼云君子行礼不求變俗仲雍為彼人主不得
行周人之礼致中国之化故文身断髮放效吳俗言其權時制宜
以辟災害非以為礼也漢書地理志云越人文身断髮以辟蛟竜
之害應劭曰常在水中故断其髮文其身以象竜子故不見傷害
杜言辟害辟此蛟竜之害大伯之時未有周礼言治周礼者謂治
其本国岐周之礼非周公所制礼也言臝以為飾者言臝其身体以文
身為飾也端委礼衣者王肅云委貌之冠玄端之衣也此傳言大
伯端委仲雍断髮史記云二人皆文身断髮然則文身断髮自辟
害耳史記以為示不可用二人亡去遠適荊蛮則周人不知其処

何以須示不可用也皆馬遷繆耳注諸侯世執帛正義曰周
礼大宗伯云以玉作六瑞以等邦国公執桓圭侯執信圭伯執躬
圭子執穀璧男執蒲璧是諸侯執玉也典命云諸侯之適子未
誓於天子以皮帛繼子男是世子執帛也知附庸執帛者以世子
既繼子男附庸君亦繼子男公之孤四命以皮帛視小国之君附
庸先爵雖不得因於子男其位不卑於世子与公之孤也諸侯世
子各称朝附庸君亦称朝是与世子相似故知執帛也且附庸是
国此言執玉帛者万国〻而執帛唯附庸耳知附庸執帛也案
尚書有三帛公之孤諸侯世子附庸君此唯言附庸者以傳云禹
合諸侯又云執玉皆擬君身言之故不数世子及孤也下云万国
故唯擬附庸言之王制云不足五十里者不合於天子附於諸侯
曰附庸鄭玄云不合謂不朝會也小城曰附庸〻〻者以国事附
於大国未足以其名通也如彼云附庸不得朝會而禹會万国有
附庸者附庸不得特達天子耳禹會諸侯諸国尽至附庸從其所
附之国共見天子故有執帛者言万国者举盈数耳鄭玄注尚書

以爲數正滿万国案益稷州十有二師鄭以為每一師領百国州十有二師則每州千二百国畿外八州總九千六百国其餘四百国在畿内州得有千二百国者以唐虞土方万里九州之内地方七千里七々四十九為方千里者四十九其一為畿内餘四十八々州分之州各有千里之方六以千里之方二為方百里之国二百又以千里之方二為七十里之国四百又以千里之方二為五十里之国八百總為一千四百国去其方五十里之国二百是州別千二百国也鄭玄云畿内四百国者皆謂五十里国也杜云諸侯執玉附庸執帛是与鄭異也尚書傳云百里之方三為国七有奇以百里之方一為百里之国一又以百里之方一為七十里之国二有奇知者但方百里者為方十里者百若方七十里之国唯有七々四十九是為七十里之国二仍有十里之方二在又以百里之方一為五十里之国四是百里之方三為国七有奇則千里之方三為国七百有奇有百里之方二在　注孟孫云不可正義曰傳於異人之言更應加曰今此曰者作傳略之論語之文此

類名矣蓋魯上云曰要言与大夫對反不得為大夫之辭故以為孟孫忿荅大夫也服虔以上二句亦為孟孫之言謂諸大夫誠知伐邾必危何故不早言也杜以上屬為便唯以此句為孟孫言耳 魯擊柝聞於邾 正義曰易繫辭云重門擊柝以待暴客鄭玄云手持兩木以相敲是之為擊柝守備警戒也 或多衆君子 正義曰曹人多見多人不識姓名故唯云衆君子也服虔云衆君子諸國君在耳 好田弋 正義曰周礼司弓矢云矰矢用諸弋射鄭玄云結繳於矢謂之矰矰高也可以弋飛鳥說文云繳生絲也謂用生絲為繩繫矢以射鳥也 八年注曹人訖入告 正義曰傳例曰不有其地曰入案傳宋實滅曹而有之經書為入故杜原其意而解之 取讙及闡 正義曰公羊穀梁以為賂齊謂前年魯伐邾取邾子益益是齊甥畏齊故賂之非左氏意也 杞伯過卒 正義曰世族譜云僖公過悼公曾孫棄悼公祖文公以昭六年卒父平公以昭二十四年卒悼公以定四年卒未應有曾孫可以授之國也杞世家僖公為過是悼公之子疑譜誤 注不言

无使也　正義曰　十年齊人来帰鄆讙亀隂田此不言来故解
之　傳問於叔孫輒　正義曰定十二年叔孫輒与公山不狃帥
費人以襲魯兵敗奔齊於後自齊奔吳〻子令問之君子違不適
讎国　正義曰謂有故而去者也本国於己无大讎怨己无報怨
之心則違而不適讎国武王數紂之罪以告衆云撫我則后虐
我則讎若父本无罪而枉被誅殺如伍員之徒志在復讎適讎亦
可矣不得以此言格之也若父以罪而受誅者如闘辛之徒本自
不合怨君故辛亦不敢怨也　注未臣至其難　正義曰既臣之
後則身是新君之臣性命非復己有故不復得為旧君死節也君
未有臣服則旧君之恩未絶故可還奔旧君之命死其難也言奔
命則有命乃奔之君命不及亦不當还　若使子率　正義曰率
謂在軍前引道率領先行非為軍之将帥也故不狃云子辭王将
使我以其知魯道者唯此二人故也　及吳至人懼　正義曰
杜意拘者道之以伐武城克之謂語吳人云若伐武城必可克之
吳人王犯嘗為武城之宰与澹臺子羽之父相善国人懼者謂武

城邑人懼子羽为吴內應刘炫以为實克武城令知非者以下傳始云王犯嘗为之宰國人懼是未得武城故知此克之是鄫人教吴之語刘以为伐武城克之者實克武城國人懼者懼其容魯君然吴師既來伐魯是顯然用兵不須云王犯与子羽之分相善魯已受害何須云國人始懼傳既云王犯嘗为之宰又繼武城之下是为武城之宰澹臺子羽又是武城之人皆擬武城而言故知恐为武城內應傳載逼營吏者說來伐武城之由刘妄生異見而規杜非也 注以言至书盟 正義曰刘炫云載書盟至所制自當吾人为之何由後出魯國又載書數简之文耳何須負之且請言載書未有單稱載者以为負載器物欲往質於吴以規杜令杜知負載是負載書者以周礼司盟掌盟載之事故傳云士莊子为載書此上有将盟之文下即云負載之言故知是載書也刘以負載謂背負器物然則景伯魯之大夫親自負物不近人情而規杜亦非也 注明闻至略之 正義曰魯以淫女見伐喪邑又屈服求盟 一 可恥之事二盟皆不書者諱其惡而略之

九年注書取覆而敗之　正義曰莊十一年傳例曰覆而敗之曰取某師釋例曰覆者謂威力兼備若羅網之所掩覆一軍皆見禽制故以取為文専制之辭也案傳鄭師圍宋雍丘宋皇瑗復於鄭師之外築壘使合表裏受敵无処可逃子姚救之又大敗而宋師乃号令使有能者无死是其合軍盡禽敵人制其死命是於例正合書取也　傳宋公伐鄭　正義曰虛舉經文者為下趙鞅救鄭起本以終上取鄭師之事也　遇水適火　正義曰服虔云兆南行適火卜法横者為土立者為木邪向經者為金背經者為火因兆而細曲者為水　注趙鞅至水位　正義曰秦本紀秦伯翳之後為嬴姓也趙世家云趙氏之先与秦同祖其伯翳後世為盈泄蜚廉有子二人一曰惡來其後為秦一曰季勝其後為趙令卜趙鞅伐宋故以嬴子二姓為占也　遇泰之需　正義曰乾下坤上泰乾為天坤為地々在上天在下象曰天地交泰々者大也天地交合万物大通故名此卦為泰乾下坎上需象曰需須也言雲在天上須散而為雨故名此卦為需　注不可至大

吉　正義曰泰六五曰帝乙歸妹以祉元吉易之文也既削其文又解其意帝乙紂父殷本紀文也易之爻位五為天子故於六五之爻稱帝乙也其象曰以祉元吉中以行願六是陰爻也五是上体之中居天子之位陰而得中有似王者嫁妹得如其願受福祿而大吉王弼云婦人謂嫁曰歸泰者陰陽交通之時也女處尊位履中居順降身應二感以相与用中行願不失其礼帝乙歸妹誠合斯義履順居中行願以祉盡夫陰陽交配之宜故元吉也杜說与彼同案易稱高宗伐鬼方者實伐之帝乙皈妹者實嫁之其女有賢德名聞昭著故得載之易象但書典散亡不知嫁与何人為誰之妻　宋鄭甥舅　正義曰宋鄭異姓必嫁娶往來或可時實有親故為甥舅輒言甥舅者言其昏姻勢敵則无以相傾宋有福鄭必襄言鄭不可助也　○十年邾子益來奔　正義曰八年歸邾子益于邾傳云邾子又无道吳子使大宰子餘討之囚諸樓臺栫之以棘蓋將歸吳而囚之今言來奔當是自吳逃而來魯傳稱奔　遂奔齊經不復書其奔齊者凡諸侯奔

既亡魯而更後奔他國者已去其位略賤之不後書齊慶封亦
是也　注昏含從不与謀　正義曰往年吳子徵師是与我謀也
而從不与謀者与謀者謂彼此和同計謀然後共伐則是我為伐
主故言及某同行不与謀者謂彼心自定遣來召我則彼為伐主
我往會之故言會某伐某今吳伐齊之意已定徵師者來召魯耳
於例上當言會故從不与謀之文　注以疾赴書弒　正義曰傳
稱齊人弒悼公赴于師則陽生被弒矣而經書卒是以疾死赴也
襄七年鄭伯髡頑卒于鄵傳稱子駟使賊夜弒僖公而以瘧疾
赴于諸侯知此亦以疾死赴故不書弒也八年臧賓如々齊涖盟
齊閭丘明來涖盟是再同盟故赴以名杜不言略之　注昏歸
齊納之　正義曰定十四年衛公孟彄出奔鄭自鄭奔齊故今自
齊歸衛也成十八年傳例曰凡去其國諸侯納之曰歸此書自
齊歸知是齊納之　注赴以名故昏　正義曰定十三年薛弒
其君比比夷當代為君今來未同盟而赴以名故書　注季子至
以名　正義曰傳延州來季子救陳即是季札也札以襄二十

九年来聘名則此亦宜書名今不書者陳人直告不以名也
傳注黎一名遲　正義曰黎即黎丘也二十三年傳稱齊晋戰于
黎丘知伯親禽顔庚々即琢聚也二十七年傳陳成子召顔琢聚
之子晋曰遲之役而父死焉是黎一名遲　注季子九十餘　正
義曰襄昭之傳稱延州来季子者皆是季札也此說務德安民是
大賢之事亦當是札故計跡其年言其老猶已將兵也孫毓以為
季子食邑於州来世稱延州来季子猶趙氏世稱趙孟知氏世稱
知伯延州来季子或是札之子與孫也　○十一年注赴以名故書
之　正義曰四年滕子結卒虞母代結為君今来同盟来赴故
書也　傳注時人疑童子當殤　正義曰喪服大功章云子女子
々之長殤中殤傳曰何以大功未成人也年十九至十六為長殤
十五至十二為中殤十一至八歲為下殤不滿八歲以下皆為無
服之殤其於服也長殤中殤降成人一等下殤降二等此注錡蓋
長殤也時人疑其當降服又葬殤之礼亦異成人檀弓云周人以
殷人之棺槨葬　以夏后氏之塈周葬中殤下殤以有虞氏

之瓦棺葬无服之殤是異於成人也　稻醴梁糗腶脯　正義
曰周礼酒正辨五齊之名二曰醴齊鄭玄云醴猶体也成而汁滓
相將如今之恬酒矣則醴是濁酒也月令余作酒云秫稻必齊是
以稻為醴也釈草云虋赤苗芑白苗郭璞曰今之赤梁粟白梁
粟皆好穀也内則鄭玄注云腶脩捶脯施薑桂也　歌虞殯
正義曰賈逵云虞殯遣殯歌詩杜云送葬歌曲並不解虞殯之
名礼啓殯而葬々之下棺反日中而虞盖以啓殯將虞之歌謂
之虞殯歌者樂也喪者哀也送葬得有歌者盖挽引之人為歌
声以助哀今之挽歌是也旧說挽歌漢初田横之臣為之挽此
挽歌之有久矣晉初荀顗制礼以吉凶不雜送葬不宜有歌玄之
摯虞駮之云詩云君子作歌惟以告哀葬之有歌不為害也後
存之　使問弦多以琴　正義曰礼以物遺人謂之問二十六年
衛出公使以弓問子贛論語云問人於他邦皆是也　注鼓以進
退軍　正義曰周礼大司馬教大閲之礼云中軍以鼙令鼓々人
皆三鼓車徒皆作鼓行鳴鐲車徒皆行及表乃止鳴鐃且郤鄭注

云凡進軍退軍鼓鐸曰其所異者癈鐲而鳴鐃耳如鄭此言則
進退皆有金鼓而杜云鼓以進軍金以退軍者周礼是教戰之法
其臨敵之時欲戰則先擊鼓以動之欲退則先擊金以靜之故長
勺之役公將鼓之是欲戰擊鼓也此傳云吾聞鼓而已不聞金矣
是欲退擊金也　衛賜　正義曰子貢衛人故稱衛賜　注盤庚
至種類　正義曰彼文云顛越不恭暫遇姦宄我乃劓殄滅之无
遺育无俾易種于茲新邑此傳字少於彼引之略也孔安国云顛
隕越隊也不恭不奉上命孔言隕隊謂受上命而隊失之杜言從
横不承命謂其人性自顛越從横不肯承命意小異也刑名以截
鼻為劓々是割也殄絶育長俾使皆釈詁文也易謂轉易无使
轉生種類不令更有惡子孫也　將死　正義曰吳語云子胥將
死曰而縣吾目於吳門以見越人之入吳国之亡也遂自殺王慍
曰孤不使大夫得有見也乃使取申胥之尸盛之鴟夷而投之於江
賈逵云鴟夷革囊也　注胡簋至曰簋　正義曰胡簋〻礼所
用之器故以胡　礼之支論語衛灵公问曰俎豆之支意亦同也

明堂位說四代之器云有虞氏之兩敦夏后氏之四璉殷之六瑚
周之八簋如說文則夏器名璉殷器名瑚而包咸鄭玄等注論語
賈服等注此傳皆云夏曰胡杜亦同之或別有所拠或相從而誤
甲兵未聞也　正義曰對哀公軍旅之事未之學也其意亦与此
同軍旅甲兵亦治國之具也此以文子非礼欲國内用兵哀公空
問軍陳故並不答非輕甲兵也　魯人至乃歸　正義曰孔子世
家云季康子使公華公賓公林以幣迎孔子々々歸是也　注兵
賦至田賦　正義曰司馬法方里為井四井為邑四邑為丘々出
馬一匹牛三頭四丘為甸々乃有馬四匹牛十二頭是為革車一
乘今用田賦必改其旧但不知若為用之賈逵以為欲令一井之
間出一丘之税井別出馬一匹牛三頭若其如此則一丘之内有
一十六井其出馬牛乃多於常一十六倍且直云用田賦何知使井
為丘也杜以如此則賦税大多非民所能給故改之旧制丘賦之法
田之所收及家内資財并共一馬三牛今欲別其田及家資各為
一賦計一丘民之家資令出一馬三牛又計田之所收更出一馬

三牛是爲所出倍於常也。由田與家資同賦，今欲别賦其田，故言欲以田賦也。

春秋正義卷弟三十五

計一万三千五百九十四字

春秋正義巻第三十六　哀公

国子祭酒上護軍曲阜縣開国子臣孔　穎達　等奉

勅撰

十二年注直書以重賦　正義曰用田賦者用田之所收以為賦令之出牛馬也依實直書之以示改常法重賦斂成元年作丘甲今是造作之物故言作馬中賦稅以充之非造作之物且說其賦不說其作故書用言旧不用而今用之　注魯人以順時　正義曰論語云君娶於呉為同姓謂之呉孟子是魯人常言称孟子也坊記云魯春秋去夫人之姓曰呉其死曰孟子卒是旧史書為孟子卒及仲尼脩春秋以魯人已知其非諱而不称姬氏諱国悪礼也因而不改所以順時世也魯春秋去夫人之姓曰呉春秋無此文坊記云然者礼夫人初至必書於策若娶齊女則云夫人姜氏至自齊此孟子初至之時亦當書曰夫人姬氏至自呉同姓不得称姬旧史所書蓋直云夫人至自呉是去夫人之姓直書曰呉而已仲尼脩春秋以犯礼明著全去其文故今經無其事　注鄭玄

陽也　正義曰十七年傳云孟武伯問於高柴曰諸侯盟誰執牛耳季羔曰發陽之役衛石魋指此會也知鄫即發陽一地二名也

傳注諱娶至宋女　正義曰諱娶同姓不得謂之吴女宋是子姓長女字孟故惠公元妃謂之子今亦称孟子者全改其本若言氏夫人是宋国之長女也釋例曰經書孟子卒傳言昭公娶于吴故不書姓此為昭公加諱不復繫吴改其姓号傳因而并筆也論語謂之吴孟子蓋時人常言非經傳正文也而賈氏以為言孟子若言吴之長女也称其長女既不異於同姓且娶同姓長之与少未聞其異先所為別也　注反哭至人喪　正義曰礼既葬日中自墓反虞於正寝所謂反哭於寝反哭者是夫人之正礼也季氏以同姓之故不成其夫人之喪不為反哭故不書葬所以懲臣子之過也釋例曰若昭之孟子者以同姓為嗣生革其姓過而知悔也然吴之大伯下及魯昭於親遠矣所諱在於名号而已居夫人之位籍小君之号已三世矣季氏當国而不為之服至令仲尼釋已之經国朝不成其喪以世適夫人不書於策此季氏之咎也杜言不書於

菓謂不以夫人之礼書於經也　注孔子竜節制　正義曰杜以
孔子与弔明其已去臣位君在臣位則服小君之喪不得云与弔
而已故云孔子始老始老者謂始致事也刘炫云案十六年仲尼
卒哀公誄之子貢說云生不能用則是哀公不用仲尼為臣也又
在家及諸書无云仲尼仕於哀公杜焉得云孔子始老乎今知不
然者以上十一年傳稱仲尼在衛魯人以幣召之是召之而未當
以任用故有云子為国老待子而行後乃致事故孟子之喪而
来与用居哀公全不能用何須以幣召之但哀公不用其言故云
生不能用於傳文上下理甚符同刘以為不仕哀朝以規杜也非
也喪服齊衰三月章曰為旧君〻之母妻傳曰為旧君者孰謂也
仕焉而已者也何以服齊衰三月言与民同也君之母妻則小君
也鄭玄云仕焉而已者謂老若有廢疾而致仕者也為小君服者
恩深於民也是其服与民同不服臣為小君之服故与常弔也礼
齊衰之喪始死而絻以至於成服絻以代吉冠故以絻為喪冠也
孔子以季孫當服臣為小君之礼故以小君礼往弔季氏傳言適

季氏謂適季氏哭位故杜言往弔謂就其哭位也季孫既不服喪孔子不得服弔服故云絰從主節制也大夫之弔服弁絰鄭玄云弁絰者如爵弁而素而加環絰大如緦之絰纏而不糾也曲礼云凡非弔喪非見国君无不答拜者鄭玄云喪賓不答拜不自賓客也礼弔无拜法而此言孔子放絰而拜者記言喪賓不答拜謂喪主既拜賓不答拜耳其初見主人或弔者先拜擬此傳文必有拜法記无其文記不具耳　注尋重也寒歇也　正義曰少牢有司徹云乃尋尸俎鄭玄云尋温也引此若可尋也亦可寒也則諸言尋盟者皆以前盟已寒更温之使熱温旧即是重義故以尋為重傳意言若可重温使熱亦可歇之使寒故言寒歇不訓寒為歇也　長木至噬也　正義曰長木喻吴国大也狗瘈喻吴失道也国狗猶家狗言家畜狂狗必齧人也　注盟不書竊盟　正義曰畏吴竊盟恐吴知之故不敢書於策也成二年云及楚人秦人云云盟于蜀傳曰卿不書匱盟也於是乎畏晋而竊与楚盟故曰匱盟彼以畏晋竊盟故諸侯之卿皆貶而称人此亦畏吴竊盟宜應

貶此三国経遂設而不書者彼以晋是盟主諸侯不應背晋故貶
諸侯之卿以成晋為霸主此吳以夷礼自処不合主諸侯之盟故
与吳盟者悉皆不書是不与吳為盟主也既不与吳則三国私盟
於義可許不合貶責但魯自不書仲尼亦從而不書之耳釈例曰
諸侯畏晋而竊与楚盟而貶其卿所以成晋為盟主也吳之彊大
始於會鄫終於黄池凡三會三伐三盟唯書會伐而不書盟者其
以盟主自居而行其夷礼々倨不典則盟神不蠲非所以結信義
昭明徳故不録其盟不与其成為盟主也既不与吳之為盟主則
宋魯衛三国私盟可許故无貶文是其説也杜言三會三伐三盟
者七年會于鄫十二年會于橐皐十三年會于黄池是三會也八
年吳伐我十年公會吳伐斉十一年斉国書及吳戰于艾陵是
三伐也七年傳云交盟于鄫衍八年傳云吳人盟而还十三年傳
云秋七月辛丑盟吳晋争先是三盟也　注侯伯至生物　正義
曰侯伯諸侯之長謂盟主也侯伯為主則諸侯之從已者皆為賓
致礼々賓當謂有以礼之或設飲食与之宴也地主所會之地主

人也當歸生物於賓礼牲生曰餼服虔云致賓礼於地主傳言其不行礼於衛々非地主 注猶西至之備 正義曰月令季夏之月昏火星中詩云七月流火毛傳云流下也謂昏而見於西南漸下流也周礼司爟云季秋内火是九月之昏火始入十月之昏則伏矣猶西流者言其未盡沒是夏九月也經書十二月則是夏十月歷官失一閏故以九月為十月釈例長歷言諸儒皆以為時實周之九月而書十二月謂云再失閏若如其言乃成三失非但再也今以長歷推春秋此十二月乃夏之九月實周之十一月也此年當有閏而今不置閏此為失一閏月耳十二月不應螽故季孫怪之仲尼以斗建在戌火星尚未盡沒據今猶見故言猶西流明夏之九月尚可有螽也季孫雖聞仲尼此言猶不即改明年十二月後螽於是始悟十四年春乃置閏歟以補正時歷也傳於十五年春閏月蓋置閏正之歟明十四年之閏於法當在十二年也

注氏変至齊同 正義曰杜以此与經別故言丘明不以為義例故使文不齊同劉炫以為傳說當時意耳更倒本隠地之意載其

日月使与明年相接令知不然者案宣二年壬申朝于武宮是十月五日下乃云冬趙盾為旄車之族彼注云壬申是十月五日也既有日而无月冬又在壬申下明傳文无較例彼既无倒本其事与後年相接足知此亦不為例本其事使九月在十二月之下明傳因簡牘旧文或日月前後不以為例者以倒叙其事為後年張本案傳之上下凡倒叙事為後年張本者唯道事之所由不具載其日月刘以此而規杜氏非也　○十三年注夫差至書之　正義曰七年會吳于鄫十三年會吳于橐皐皆不稱子此稱吳子故解之夫差欲霸中國尊天子而自号為王則諸侯不服故去僭号自称吳子以告令諸侯故諸侯之策表而書曰吳子吳語説此事云晋侯命董褐告吳王曰令君奄王東海以淫名聞於天下君有短垣而自踰之況蠻荊則何有於周室夫命圭有命固曰吳伯不曰吳王諸侯是以敢辭夫諸侯无二君而周无二王君若无卑天子而曰吳公孤敢不順從君命吳王許諾是其去僭号也於此會去王号耳其於吳國猶称王不改也　注年且至之次　正義曰云

羊傳曰孛者何彗星也其言于東方何見于旦也杜用彼說衆星皆沒故不言所在之次　傳趙鞅云知也　正義曰如此傳文則趙鞅先欲与吳戰也吳語云吳晉爭長未成邊遽仍至以越亂告吳王懼乃令大夫而謀曰先會而歸与會而先晉孰利王孫雄先對曰二者莫利必會而先之乃為吳王設計布陳雞鳴乃定去晉軍一里昧明王乃秉枹鳴鼓三軍皆譟聲動天地於是晉軍大駭乃令董褐請事賈逵等皆云董褐司馬寅也如彼文則吳請先戰國語各記其國之事言有彼此故其文不同　注二臣鞅与寅　正義曰杜以鞅呼寅与語明其同憂國事故以二臣為鞅与寅也刘炫以為吳晉二臣令知不然者以趙鞅呼司馬寅自相与語云建鼓整列二臣死之皆是鞅寅自謂故知二臣鞅与寅也鞅既不共吳臣對論曲直何得以二臣為吳晉之臣　刘以為吳晉之臣而規杜氏非也　建鼓　正義曰建立也立鼓擊之与戰也大射礼云建鼓在阼階西鄭玄云建猶樹也以木貫而載之樹之跗也彼謂立之於地所謂殷人楹鼓与此別也　反曰至死乎　正義曰

吴語說此事云董褐既致命乃告趙鞅曰臣觀吴王之色類有大
憂小則嬖妾嫡子死不然則国有難大則越入吴將毒不可与戰
主其許之說与此傳小異乃先晉人　正義曰吴語說此事云吴
公先歃晉侯亞之与此異者經書公會晉侯及吴子傳稱公會單
平公晉定公吴夫差吴皆在下晉實先矣經據魯史策書傳采魯
之簡牘魯之所書必是依實国語之書當国所記或可曲筆直己
辭有抑揚故与左傳異者多矣鄭玄云不可以国語亂周公所定
法傳玄云国語非丘明所作凡有共說一事而二文不同必国語
虛而左傳實其言相反不可強合也　王合諸侯則伯　正義曰曲
禮云五官之長曰伯是職方也九州之長入天子之国曰牧於外
曰侯職方者二伯各主一方州長者州牧各主一州周禮所謂八
命作牧九命作伯是也王合諸侯則伯帥侯牧當如康王之誥大
保帥西方諸侯畢公帥東方諸侯以見於王也計當盡帥諸侯独
言帥侯牧者舉尊而言其實盡帥之也伯合諸侯則侯帥子男侯
謂牧也牧帥諸国之君見於伯也亦當盡帥在會諸侯独云子男

舉小為言其實亦見在會者各帥以見伯也 故敵至伯也 正義曰言其職貢於吳有豐於晉无有不及晉時以吳為伯故也魯賦至事晉 正義曰七年傳茅夷鴻請救於吳云魯賦八百乘君之貳也邾賦六百乘君之私也今魯賦八百乘以貢於吳以吳為伯故也吳今帥魯以見於晉則吳為州牧魯為子男晉成伯矣邾是子爵以六百乘貢吳邾以吳為伯故也魯既以晉為伯吳為牧々卑於伯則將半邾三伯乘以屬於吳而如邾六百乘以事於晉也魯將至而畢 正義曰七月辛丑盟因景伯以還冬景伯称十月當禱周之十月。周之十月非祭上帝先公之時且祭礼終朝而畢无上辛冬於季辛之事景伯以吳信鬼皆虛言以恐吳耳注一盛至得飲 正義曰酒盛於器故謂一器為一盛說文云睨邪視也詩云无衣无褐何以卒歲鄭玄云褐毛布也人之貴者无衣賤者无褐是褐者寒賤人之衣服也言我与彼褐之父但得其邪視之不得飲之告己之乏食也 對曰至則諾 正義曰食以稻粱為善故以粱表精者求粱未之餘則无矣麤者則有之若我登首

山以叫呼庚癸乎女則諾軍中不得出粮与人故作隱語爲私期
也庚在西方穀以秋熟故以庚主穀癸在北方居水之位故以癸
主水言歌致飯并致飲也土地名首山闕不知其処當在吴所営
軍之旁　吴及越平　正義曰言吴不与魯越求与之平終伍員
所謂三年始弱也　○十四年注麟者至曰獲　正義曰公羊傳曰
麟者仁獸也何休云一角而戴肉設武備而不爲害所以爲仁也
鄭玄詩箋云麟角之末有肉示有武而不用釋獸云麐麕身牛尾
一角李巡曰麟瑞應獸名孫炎曰靈獸也京房易傳曰麟麕身牛
尾狼額馬蹄有五采腹下黄高丈二廣雅云麒麟狼頭肉角含仁
懷義音中鍾呂行步中規折旋中矩遊必擇土翔必有処不履生
虫不折生草不羣不旅不入陥穽不入羅網文章斌斌説文云麟
仁獸從鹿其声麟大牝鹿也從鹿粦声公羊傳曰麟有王者則至
无王者則不至孝經援神契云德至鳥獸則麒麟臻是言麟爲聖
王之嘉瑞也此時无明王麟出无所應也出而遇獲失其所以帰
也夫以靈瑞之物轗軻若是聖人見此豈无感乎所以感者以聖

人之生非其時道无所施言无所用与麟相類故為感也仲尼見此獲麟於是傷周道之不興感嘉瑞之无應故因魯春秋文加褒貶而脩中興之教若邑用此道則周室中興故謂春秋為中興之教也春秋編年之書不待年終而絶筆於獲麟之一句者本以所感而作故所以用此為終也狩天子冬獵為狩周之春夏之冬故稱狩也桓四年公狩于郎莊四年公及齊人狩于禚々郎二者公親行皆書公狩此狩不書公卿者蓋是虞人賤官自脩常職公卿不行故不書狩者名氏此狩常事本不合書々之為獲麟故也傳稱狩于大野々々之澤在魯國之西故言西狩得用曰獲之九年傳例也杜以獲麟之事唯此而已先儒穿鑿妄生異端公羊傳曰有以告者曰有麕而角者孔子曰孰為來哉孰為來哉反袂拭面涕沾　曰吾道窮矣說公羊者云麟是漢將受命之瑞周亡天下之異夫子知其將有六國爭強秦項交戰然後劉氏乃立夫子深閔民之害故為之隕泣麟者太平之符聖人之類又云麟得而死此亦天告夫子將沒之徵也案以時去漢二百七十有餘年矣

漢氏起於匹夫先無王迹前期三百許歲天已豫見徵兆其為妄
余何大遠乎言既不經是無所據苟佞時世妄為虛誕故杜氏序
云至於反袂拭面稱吾道窮亦無取焉然賤其虛誣鄙其妖妄故
無所又之也說左氏者云麟生於火而遊於土中央軒轅大角之
獸孔子作春秋々々者禮也脩火德以致其子故麟來而為孔子
瑞也奉德侯陳欽說麟西方毛蟲金精也孔子作春秋有立言西
方兌為口故麟來許慎稱劉向尹更始等皆以為吉凶不並瑞災
不兼今麟為周異不得為漢瑞知麟應孔子而至鄭玄以為脩
毋致子不如立言之說密也賈逵服虔潁容等皆以為孔子自衛
反魯考正禮樂脩春秋約以周禮三年文成致麟々感而至取龜
為水物故以為脩毋致子之應若然龜為水物以其育於水耳麟
生於火豈其產於火乎孔子之作春秋門徒冬知之無立明親秉
筆有目見獲麟丘明何以不言弟子何以不說子思孟軻去聖尤
近荀卿著書尊崇孔德麟若應孔子而來著書無容不述何乃經
傳群籍了尔不言以其既妖且妄故杜悉無所取　注射小至之

經　正義曰此文与邾庶其黒肱莒牟夷文同知射是小邾大夫以句繹之地來奔魯也云事既同其罪亦等傳称庶其等为三叛人不通數此為四叛人者以春秋之經止於獲麟々々以上襄昭是仲尼之意此雖文与彼同而事非孔意故不數也若然魯史舊此旧与彼同則竊地彰者史先然矣而昭三十一年傳盛論舊三叛人名懲不義也其善志也杜言舊曰故舊皆是仲尼新意案此彰彼則彼是旧文言新意者仲尼所脩有因有革因者雖是仲尼因旧々合仲尼之心因而不改即是新意所以彼傳歸功脩者謂之善志為傳所以脩之既定乃成为善也故釈例終篇杜自問而釈之云丘明之為傳所以釈仲尼春秋仲尼春秋皆因旧史策書義之所在則時加增損或仍旧史之無或改旧史之有雖因旧文固是仲尼之書也丘明所發固是仲尼之意也是其說也公羊穀梁之經皆至獲麟而終左氏之經更有此下事有自此以下至十六年皆是魯史記事之正文也仲尼所脩々此記也此上仲尼脩記此下是其本文弟子欲存孔子卒故因經之末并録魯之旧史

以續孔子所脩之經記仲尼卒之月日示後人使知之耳賈逵亦
云此下弟子所記但不言是魯之旧史耳　陳恒執其君　正義
曰成十七年晉欒書執晉厲公亦先執後弑与此事同彼不書者
或此告彼不告且此非孔子所脩不可以为例也　齊人弑其君
壬　正義曰宣四年傳例曰凡弑君称君々无道也称臣々之罪
也發凡言例是周公旧典此魯史不書陳恒之名蓋依凡例以齊
君无道故　傳注大野至高名　正義曰巨訓大也由其旁有大
沢故縣以鉅野为名其沢在曲阜之西故称西狩不書地者得常
不書也賈逵之周在西明夫子遺擊周服虔云言西者有意於西
明夫子有立言々々之位在西方故著於西也案此澤実在魯西
旧史因書西耳仲尼不改旧史何以得示己意若其本実东狩仲
尼不得輙改为西以己意之所示妄改魯之狩処虽則下愚知其
不可豈有斯人而为斯事以此立說何妄之甚杜以車子連文为
将車之子故为微者鉏商是其名也家語說此事云叔孫氏之車
士曰子鉏商王肅云車士将車者也子姓鉏商名今傳无士字服

虞之車々七微者也子姓鉏商名以子為姓与杜異 以為主虞
人 正義曰家語云子鉏商采薪於大野獲麟焉折其前左足載
而歸叔孫以為不祥棄之於郭外使人告於孔子々々曰麟也然
後取之王肅云傳曰狩此曰采薪時實狩獵鉏商非狩者采薪而
獲麟也傳曰以賜虞人此云棄之於郭外棄之於郭外所以賜虞
人也然肅意欲成彼家語令与經傳符同故強為之辞冀合其說
要其文正乖不可合也今傳言狩而獲麟非采薪者也鉏商不是
狩者麟非狩之所獲何以書為狩乎以賜虞人々々當受之矣棄
郭外非賜人之辞不得棄之以為賜人也公羊傳曰西狩獲麟何
以書記異也何異尓非中国之獸也然則孰狩之薪采者也薪采
者則微者也曷為以狩言之大之也曷為大之為獲麟大之也則
公羊之意當時實无狩者為大麟而称狩也家語虽出孔家乃
是後世所録取公羊之說飾之以成文耳不可与左氏合也
注言魯至獲麟 正義曰言举国不識則无由得書傳說仲
尼觀之言魯史所以得書獲麟由仲尼辯之故也服虔云仲尼名

之曰麟明麟為仲尼至也然則麟非常見魯人所疑仲尼聖者所
言必信故魯從而取之此則愚民之信聖也服虔以仲尼名之即
亦為仲尼至然則防風之骨肅慎之矢季氏之墳羊楚王之萍實
皆問仲尼而後知豈為仲尼至也　使子至弗臣　正義曰季孫
之意以小邾射不信千乘之国而信子路之言是其重子路過於
一国子路當以為榮不宜恥与言約子路之意魯伐小邾非己臣
禁将令己言不信不可与射約也又射是以耦地叛臣臣之罪惡者
也而子路与之相要使是以射為義恥与不義交好故辞不与也
盟諸陳於陳宗　正義曰陳宗陳氏宗主謂陳成子也盡集陳氏
宗族就成子家盟也　注成子至一乘　正義曰案世本僖子生
昭子莊簡子齒宣子其夷穆子安廩丘子鑒茲芒子盈惠子得
雖非陳宗　正義曰子行称国内之人雖非陳宗言陳氏宗族衆
多力足成事何為畏子我欲出奔　所不殺陳宗　正義曰子行
慮其必出故以殺子懼之陳宗謂陳之先人此称有如陳宗由定
六年孟懿子謂范獻子曰所不以陽虎為中軍司馬者有如先君

彼注云稱先君以徵其言此亦然也服虔云陳宋先祖鬼神也
注闈宮至門也 正義曰釋宮云宮中之門謂之闈孫炎曰宮中
相通小門也成子在公宮內知大門公門也計闈在宮內必是得
入大門乃得至闈令言攻闈與大門皆不勝者公宮非止一門蓋
從別門而入兵得至闈故與大門並攻也 注主迹禽獸者 正
義曰周禮地官迹人掌邦由之政凡田獵者受令焉鄭玄云迹之
言跡知禽獸之處也 注地理至大也 正義曰漢書地理志云
開封縣逢澤在東北或曰宋之逢澤也臣瓚案汲郡古文梁惠王
發逢忌之藪以賜民今浚儀縣有逢忌陂是也土地名宋都睢陽
計去開封四百餘里非輕行可到故杜以遠疑非也蓋於宋都之
旁別有近地名逢澤也介大也釋詁文案方言云畜无耦曰介杜云
大者逢澤大處不應唯有一麋若迹人止告一麋不應公嗚左师
得獵故以介為大劉炫以為一麋而規杜氏非也 注瑞符節以
發兵 正義曰周禮典瑞云牙璋以起軍旅以治兵守鄭衆云牙
璋瑑以為牙牙齒兵象故以牙璋發兵若今時以銅虎符發兵也

彼用牙璋天子之法諸侯於其封内亦自以瑞發兵其物无文以
言之　孔丘乱告人　正義曰論語録此事与此小異彼云沐浴
而朝此云齊而請彼云公曰告夫三子此云公曰子告季孫礼齊
必沐浴三子季孫為長各記其一故不同耳彼於退而告人之下後
文云云之三子告此无文者傳是史官所録記其与君言耳退別
告三子唯冉子知之史官不見其告故傳无文也　○十五年傳注
聘礼至將命　正義曰聘礼文也服虔云在床曰尸在棺曰柩礼
称既斂於棺傳言將以尸入者記言對文耳散則可以通隱元年
傳曰贈死不及尸注云尸未葬之通称也案聘礼賓入竟而死遂
也主人為之具而殯介攝其命君弔介為主人主人歸礼幣必以
用介受賓礼无辞也不饗食此謂入竟未至国都賓死其礼如此
聘礼又云若賓死未將命則既斂于棺造于朝介將命鄭注云未
將命謂俟間之後也此謂賓已至朝主人將欲行礼賓請間之後
賓死以柩造朝以尸將事今公孫貞子卒於竟内依礼唯可以尸
而入殯於賓館不合以柩造朝以尸將事今上介芋尹云以尸將

享者以吴人不納故芋尹引禮深以抑之杜以傳有以尸將享故別聘禮斂於棺造於朝介將命以叔之其實貞子當殯於館不得以尸將享也　於是乎之禮　正義曰上注所引者是聘賓終以尸將享之禮聘禮又云聘遭喪入竟則遂也不郊勞不筵几主人畢歸禮賓唯饔餼之受是聘而遭喪之禮也其朝禮雖亡賓終及主遭喪必亦有禮文六年季文子聘於晉求遭喪之禮是也　曰人至貳乎　正義曰人皆臣人謂凡人皆臣享於人當一心享上令公孫成而有背人之心謂背魯適齊況他國齊人雖為子彼豈有不學子而為叛貳乎言必效子而為叛貳故杜云言子叛魯齊人亦將叛子也　與豭　正義曰豭是豕之牡者傳稱諸侯盟誰執牛耳則盟當用牛此用豕者鄭玄云人君用牛伯姬迫孔悝以豭下人君耳然則蒯聵自謀取國寧復降下人君於時迫促謀得牲耳牲不備牛如孟任割臂以盟莊公楚昭王割子期之心以盟隨人此及明年太子疾與豭為盟皆倉時偪切難以禮論也　注季子至邑宰　正義曰論語稱子路為季路則字季故呼為季子

也使告季子則季子在外下云食焉不辟其難是食孔氏之祿故
知為孔氏邑宰　召獲乘食炙　正義曰丘明為傳雖詳於當時
而此大煩碎計棄寧飲酒炙可記錄又此句顛倒辭義不允若倒
此二句則上下各自相連當是後來語耳　子羔至其難　正義
曰子羔謂季子將欲救君故言改不及己不當踐其難季子欲救
孔悝故言食其祿焉不辟其難　十六年注仲尼至有誤　正義
曰魯臣見為卿乃書其卒致事而卒猶尚不書仲尼書卒者魯之
君臣崇其聖德殊而異之故特令史官使書其卒耳孔子世家云
魯襄公二十二年而孔子生孔子年七十三以魯哀公十六年四
月己丑卒杜自以長歷校之四月十八日有乙丑无己丑己丑乃
是五月十二日也日月必有誤者劉炫云春秋之例卿乃書卒經
今仲尼不告老例不合書而杜云告老去位得書卒非也今知不
然者案周禮典命云公侯伯之卿三命大夫再命仲尼為魯大夫
夾谷之會攝相事十一年傳云子為國老是大夫為老者則二命以
上準例合書故杜為此注或可杜為抑揚之辭以為仲尼從來去

位例不合書告老去位從書卒者欲明魯之君臣尊其聖德之甚
刘不尋杜言以为例不合書而規杜爲非也　傳公誄至自律
正義曰周禮大祝掌作六辭以通上下親疏遠近六曰誄鄭衆曰
誄謂積累生時德行以賜之命主为其辭即引此傳是为賜命之
辭也鄭玄礼記注云誄累也累列生時行迹讀之以作謚此傳唯
説誄辭不言作謚傳記群書皆不載孔子之謚蓋唯累其美行示
已傷悼之情而賜之命耳不为之謚故書傳无称号至漢王莽輔
政尊尚儒術封孔子後为褒成侯追謚孔子为褒成宣尼君明是
旧先謚也鄭玄礼注云尼父因且字以为之謚謂謚孔子为尼父
鄭玄錯讀左傳云以字为謚遂後妄为此解　注使嗣至石函
正義曰少牢饋食大夫之祭礼其祭无主鄭玄祭法注云唯天子
諸侯有主禘祫大夫不禘祫无主耳今孔悝得有主者當時僭为
之非礼也鄭玄駮異義云大夫无主孔悝之反祏所出公之主耳
案孔氏姞姓春秋時國唯南燕为姞姓耳孔氏仕於衛朝已歷多
世不知本出何国安得有所出公之主也知是僭为之耳　勝曰

至去之　正義曰白公告之知必許其辭往而宜僚辭是不為利
而諂也兼之以劍欲刺殺之而宜僚不動是不為威而懼也如此
之人必不是漏泄人言以求媚者也言其必不泄己謀故舍而去
之　注与吳至内乱　正義曰服虔云欲陳士卒甲兵如与吳戰
時所入獻捷棣以陳列甲兵士卒以入王宫人情所不許豈當時
肯聽之故以為戰時所得鎧杖兵器皆備具獻之所得既多欲因
獻用之以作乱　注微匿也　正義曰釋詁云匿微也舍人曰匿
藏之微也郭璞曰微謂逃藏也左傳曰其徒微之是也　○十七年
注衷甸一轅卿車　正義曰甸即乘也四丘為甸出車一乘故以
甸為名是古者乘甸同也衛侯本許良夫服冕乘軒則衛侯既入
良夫為大夫矣傳特言乘衷甸兩牡則良夫不合乘之故知為卿
車也兵車一轅而二馬夾之其外更有二驂是為四馬今止乘兩
牡而謂之衷乘者衷中也蓋以四馬為上乘兩馬為中乘大夫駕
四小夫駕二為等差故也知大夫駕四者異義古毛詩說天子之
大夫皆駕四故詩云四牡騑〻周道倭遲是也如今乘輿有大駕

中駕小駕为行之等差也其諸侯大夫士唯駕二无四二十七年

陳成子以乘車兩馬賜彪孫聚之子士喪礼云賵以兩馬是唯得
駕兩无上乘也下文大子数之三罪衷甸不在其数而偁言之者
積其奢僭多也　注紫衣君服　正義曰賈逵云然杜從之紫衣
为君服礼无明文要此云紫衣言良夫不合服之玉藻云玄冠紫
緌自魯桓公始也鄭玄云蓋僭宋王者之後服也管子称齊桓好
服紫衣齊人尚之五素而易一紫孔子云悪紫之奪朱蓋当为時人
主好服紫衣君既服紫則臣不得僭今偁言紫衣为良夫之罪明
紫是君服良夫僭之故言紫衣君服也大夫狐裘非僭言之者为
袒裘张本　注食而至不敬　正義曰礼裘上有衣謂之裼玉藻
云君衣狐白裘錦衣以裼之如此之類皆是裘上之裼衣也裼衣
之上乃有朝祭正服裘上有兩衣也如此兩衣裘則二衣皆重之
裼則袒正服露裼衣玉藻云裘之裼也見美也君在則裼尽飾也
服之襲也充美也然則在君之所於法唯有露裼衣耳无露裘之
時今良夫为食熱之故偏袒其裘則并裘亦袒是不敬也劒是容

物之器不得近至尊故近君則解劍良夫與君食而不釋劍亦不
敬也　注三罪紫衣袒裘帶劍　正義曰三者皆僭偪於君故以
此為三罪袞向僭卿耳此此為輕知袞向非也　衛侯至而譟
正義曰北宮衛侯之別宮於是衛侯在南宮夢身在北宮見人
登昆吾之觀被髮北面而譟北宮在昆吾觀北故此人北面向君
而叫譟也　其繇至後踰　正義曰杜以魚勞則尾赤方羊不已
自安裔焉謂魚至水邊以喻衛侯將如此是賈逵之説杜用之也
鄭衆以為魚勞則尾赤方羊遊戲喻衛侯淫縱杜不然者以此魚
喻衛侯詩云魴魚赬尾王室如燬魚勞則尾赤以勞苦之魚比喻
衛侯則方羊為勞苦之狀若其方羊是縱恣之狀何得此勞苦之
魚也劉炫以為卜繇之辭文句相韻以裔焉二字宜向下讀之知
不然者詩之為体文皆韻句其語助之辭皆在韻句之下即何詩
云俟我於著乎而充耳以素乎而其王詩云君子陽陽左執簧其
樂只且之類是也此之方羊與下句將亡自相為韻裔焉二字為
助句之辭且繇辭之例未必皆韻此云闔門塞竇乃自後踰不與

将亡為韻文一薫一蕕十年尚猶有臭不与攘公之羭力韻是或
韻或不韻理无定準劉以為襄専大国謂土地遠専之大国近不
辞矣文以方年為縱恣之状而規杜逸非也　注晏武至可執
正義曰依礼小国執牛耳武伯得季羔之言以鄭衍則大国執發
陽則小国執小国執之既合古典武伯自以魯是小国故云然則
晏也杜以傳有小国大国之執故云拠時執者无常劉炫以為小
国恒執牛耳何得云執者无常若如劉意季羔直挙發陽何須云
鄭衍之役呉公子姑曹横規杜已非也　十八年注言宗至従子
正義曰世族譜壞皇父充石八世孫緩充石十世孫則為従孫非
従子二者必有一誤　夏書至元亀　正義曰夏書大禹謨之篇
也唯彼已作先耳唯先蔽志昆命于元亀孔安国云帝王立卜占
之官故曰官占蔽断昆後也官占之法先断人志後命於元亀言
志定然後卜也杜雖不見古文其解亦与孔合周礼謂断獄為蔽
獄是蔽為断也昆後也釋言文　十九年注言敬至大克　正義
曰自十六年以来經文已終傳无所解者当時之事亦不書記所記

者為終竟亦叓叔青如周計不應録為終萇弘之言故録之耳長
弘言在昭二十三年此叔青如京師自為敬王何年
崩也史記十二諸侯年表敬王四十一年孔子卒四十三年敬王
崩則敬王崩在他年也周本紀云敬王崩子元王立八年崩子定
王立六国年表定王元年左傳盡此則傳以定王元年終矣杜世
族譜云敬王三十九年魯哀公十四年獲麟之歳也四十二年而
敬王崩敬王子元王十年春秋之傳終矣与史記不同者但史記
世代年月事多舛錯故班固以文多抵捂謂此類也案世本敬王
崩貞王介立貞王崩元王赤立宋忠注引大史公書云元王仁生
貞王介与世本不相應不知誰是則宋忠不能定也又帝王世紀
敬王三十九年春秋經終四十四年敬王崩子貞定王立貞定王
崩子元王立是世本与史記參差不同良以書籍久遠事多紕繆
故杜違史記亦何怪焉劉炫以杜与史記不同而規其過未知劉
意能定以否　二十年簞小笥　正義曰鄭玄曲礼注云簞笥盛
飯食者圓曰簞方曰笥宣二年趙盾見餓人為之簞食注云簞笥

也不言小此言小笥者以盛珠之器不宜与盛飯器同故云小耳
對曰至謗言　正義曰為時所用進在朝廷言行无愆不見怨惡
言人无惡之者時所不用退歸私室則无誹謗之言故得君子之
名也杜解進退之由々時可行則行故有進時可止則止故有退
時易艮彖曰艮止也時止則止時行則行動靜不失其時其道光
明言史黯行如此也　○二十一年注皐緩至此令　正義曰士喪
礼始死復魂之辭云皐某復鄭玄云皐長声也皐者緩声而長引
之是皐為緩也高蹈高舉足而蹈地故言猶遠行也此盟于顧々
是齊地行不出竟而言遠者止為魯不肯前而為此令虽近猶恨
故以遠言之耳　○二十二年大子革奔越　正義曰革為邾君十
餘年矣仍称為太子者哀其父歸之下故繫父言之　越滅邾以
歸　正義曰吳語説此事云越師入吳国囲王宮吳王懼使人行
成越王曰昔天以越賜吳而吳不受今天以吳賜越孤敢不聽天
之命而聽君之命乎乃不許成因使告吳王曰以民生之不長王
其无死寡人其達王於角句東夫婦三百唯王所安以没王年夫

差辭曰孤之身實失宗廟社稷凡吳土地人民越既有之孤何以視於天下夫差將死使人告於子胥曰使死者无知則已矣若有知也吾其何面目以見員也遂自殺 ○二十三年注景曹至祖母 正義曰宋景曹者宋景公之母姓曹氏也昭二十五年傳云季公若之姊為小邾夫人生宋元夫人生子以妻季平子此曹是平子之妻母故為桓子外祖母也今康子是桓子之子欠之外祖母卒故使冉有弔且送葬婦人多以姓繫夫此以景公見在遣弔景公故繫其子小邾曹姓故稱景曹 注弥遠至弥甥 正義曰弥者増益之義故為遠也釋親云母之昆弟為舅謂我舅者吾謂之甥季桓子為景公之甥景公為康子父之舅氏也桓子於景公為親甥故康子致辭於景公自以為弥遠之甥 ○二十四年注衛定為也 正義曰服虔云衛之僞不信也杜云衛定己謬之言也僕是不實之義各自以意訓耳 ○二十五年衛侯出奔宋 正義曰服虔云以下但有適城鉏以鉤越元奔宋之事其說未聞今杜云城鉏近宋邑蓋衛侯於近宋竟似欲奔宋衛人以奔宋告也 注期交至同列

正義曰期是文成之子戌是大叔疾之甥期為大叔疾姊妹之孫也姊妹之子為甥姊妹之孫與己之孫為卑同列男子謂兄弟之孫為從孫故謂姊妹之孫為從孫甥 ○二十六年注悼公至黯也 正義曰衛世家謂輒為出公季父黚殺出公子而自立是為悼公 以城鉏與越人 正義曰衛侯先居城鉏以兵侵衛衛人申開守陴衛侯不敢入乃還城鉏衛人得以城鉏與越者衛人賂遺於越金公所在亦以與之 注周元至蕢也 正義曰宋世家云景公卒公子得殺太子而自立是為昭公昭公者元公之曾孫也昭公父元公孫糾糾父公子端秦端秦即元公少子也景公殺昭公父糾故昭公怨賊殺太子而自立其說殺昭公得立之所由與此不合亦以得為昭公也 注北首死象 正義曰禮運云死者北首生者南鄉故以北首為死象 詩曰至順之 正義曰詩周頌烈文之篇也競彊也無彊乎惟得賢人也君得賢人四方諸國皆順從之矣 ○二十七年注西平陽 正義曰宣八年城平陽此云盟于平陽土地名云宣八年平陽東平陽也泰山有平陽縣此年平

陽西平陽也高平有南平陽縣　无及寡　正義曰无陵侮寡少
而横及之也　君子至入焉　正義曰君子之為謀也思其始思
其中思其終〻三者〻无猜嫌皆可舉而行之然後設言以入於人
焉　注悼公也悼公　正義曰魯世家云哀公奔越國人迎哀公
後帰卒於有山氏子寧立是為悼公傳稱國人施罪於有山氏不
得復帰而卒於其家也馬遷妄耳　注簡子至為子　正義曰趙
世家云孤布子卿見簡子〻〻徧召諸子相之〻子卿曰无為將軍
者簡子召子毋恤〻毋恤至子卿起曰此真將軍矣簡子曰此其母
賤翟婢也奚道貴哉子卿曰天之所授雖賤必貴自是之後簡子
盡召諸子与語毋恤最賢乃廢太子伯魯而以毋恤為太子　注
史記至七年　正義曰晉世家云定公三十三年孔子卒三十七
年定公卒則晉定公以魯哀公二十年卒也又云定公卒子出公
鑿立十七年出公奔齊則出公之奔在魯悼公之十年也又云出
公既奔知伯乃立昭公曽孫驕為晉君是為哀公哀公之四年趙襄
子韓康子魏桓子共殺知伯之殺知伯當魯悼公之十四年也又

六国年表亦云晋哀公四年魯悼公十四年韓魏趙敗知伯於晋陽戦国策記此事云知伯帥韓康子魏桓子攻趙襄子於晋陽引汾水以灌之城不没者三板知伯行水魏桓子御車韓康子為右知伯曰吾今乃知水可以亡人之国汾水可以灌安邑絳水可以灌平陽安邑魏也平陽韓也魏桓子肘韓康子々々躡魏桓子之足其夜趙襄子使張孟談私於韓魏々々反与趙合遂殺知伯於晋陽之下而三分其地事在春秋獲麟之後二十七年王隠晋書武帝紀太康元年諸軍伐呉三月至江陵縣而孫皓面縛詣王濬降杜預先為荊州刺史鎮襄陽督諸軍伐呉将兵向江陵因東下伐呉々平又自江陵還襄陽束晳伝云太康元年汲郡民盗発魏安釐王塚得竹書漆字科斗之文科斗文者周時古文也其字頭麁尾細似科斗之虫故俗名之焉大凡七十五巻晋書有其目録其六十八巻皆有名題其七巻折簡砕雑不可名題有周易上下経二巻紀年十二巻瑣語十一巻周王遊行五巻説周穆王遊行天下之事今謂之穆天子伝此四部差為整頓汲郡初得此書表

此書蓋天文中之繕寫也未詳何人之手澤字畫楷正古人螢雪之勞不亦偉乎正義十五題金澤文庫字則自鎌倉出必矣比校之今本魯魚相譌損益惟祐得益不少集解四屬缺卷其他脫簡剥蠹間亦有焉豈乎不惜乎余好古之功詢現住周滴師裝截爲正義十二本集解十五本韞匵以贈焉同志之君子夫觀采矣

寬政三年辛亥夏六月　小澤章記

文化十三年五月以常陸國久慈郡萬秀山正宗寺藏本寫之了

御書物奉行近藤守重

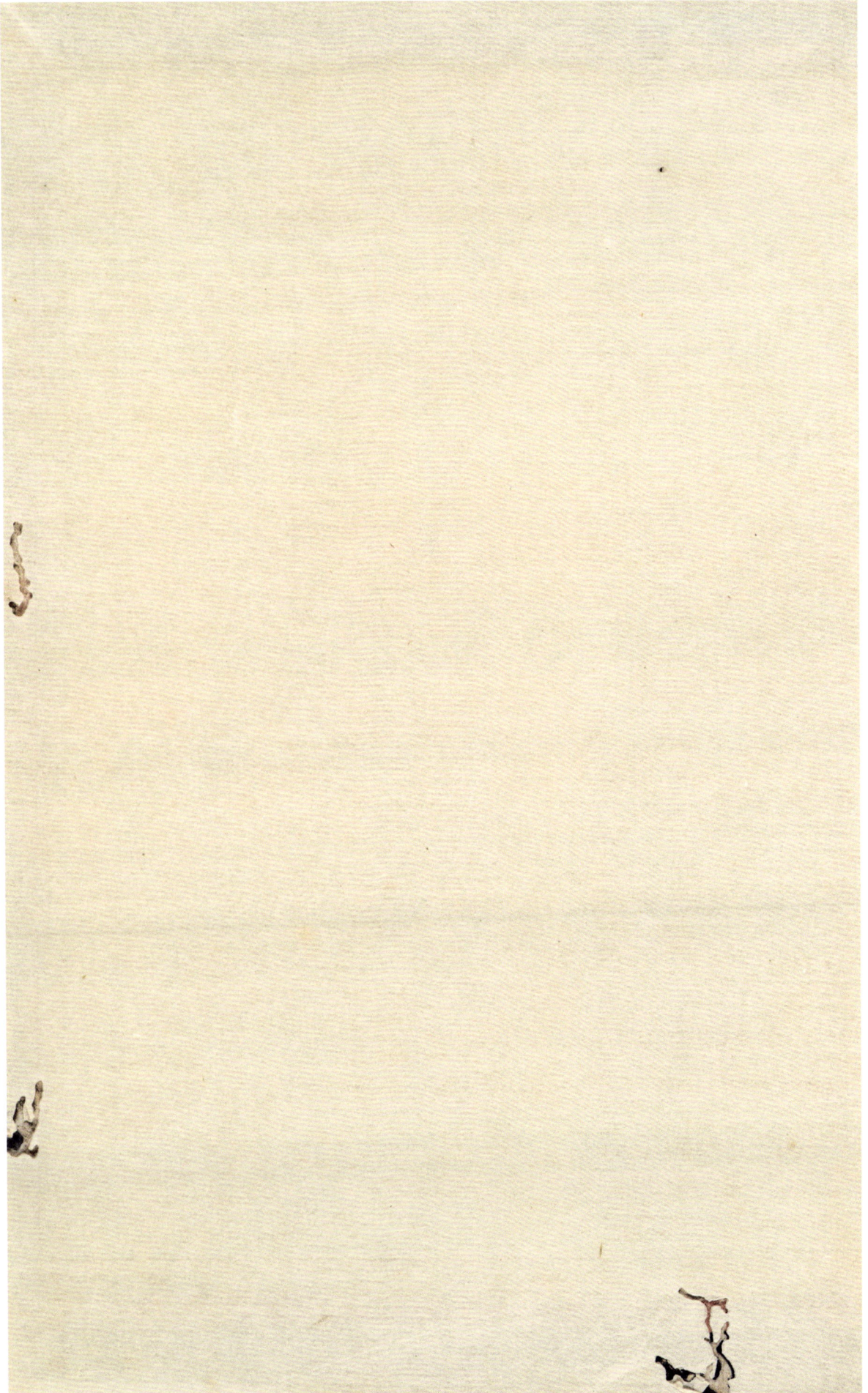

法國國家圖書館藏敦煌本（P.3634v+P.3635v）

春秋正義（哀公十二——十四年）殘卷

（以下P.3634v）

傳言昭公取于吳故不書姓此爲昭公散諱不假
繫吳改其姓号傳曰而非革也論語謂之吳孟子
蓋時人常言非經傳正文也而賈氏以爲言孟子若
自當長之長女也稱吳長女既不娶於同姓且娶同姓
長之与少未聞其異無所稱別也　已兼
礼既葬曰中自墓反虞□正寢所謂反哭于寢反
者是夫人之正禮也季氏以同姓之故不
不爲反哭故不書葬所以從臣子之□
之孟子者以同姓不爲關生革其姓過而□

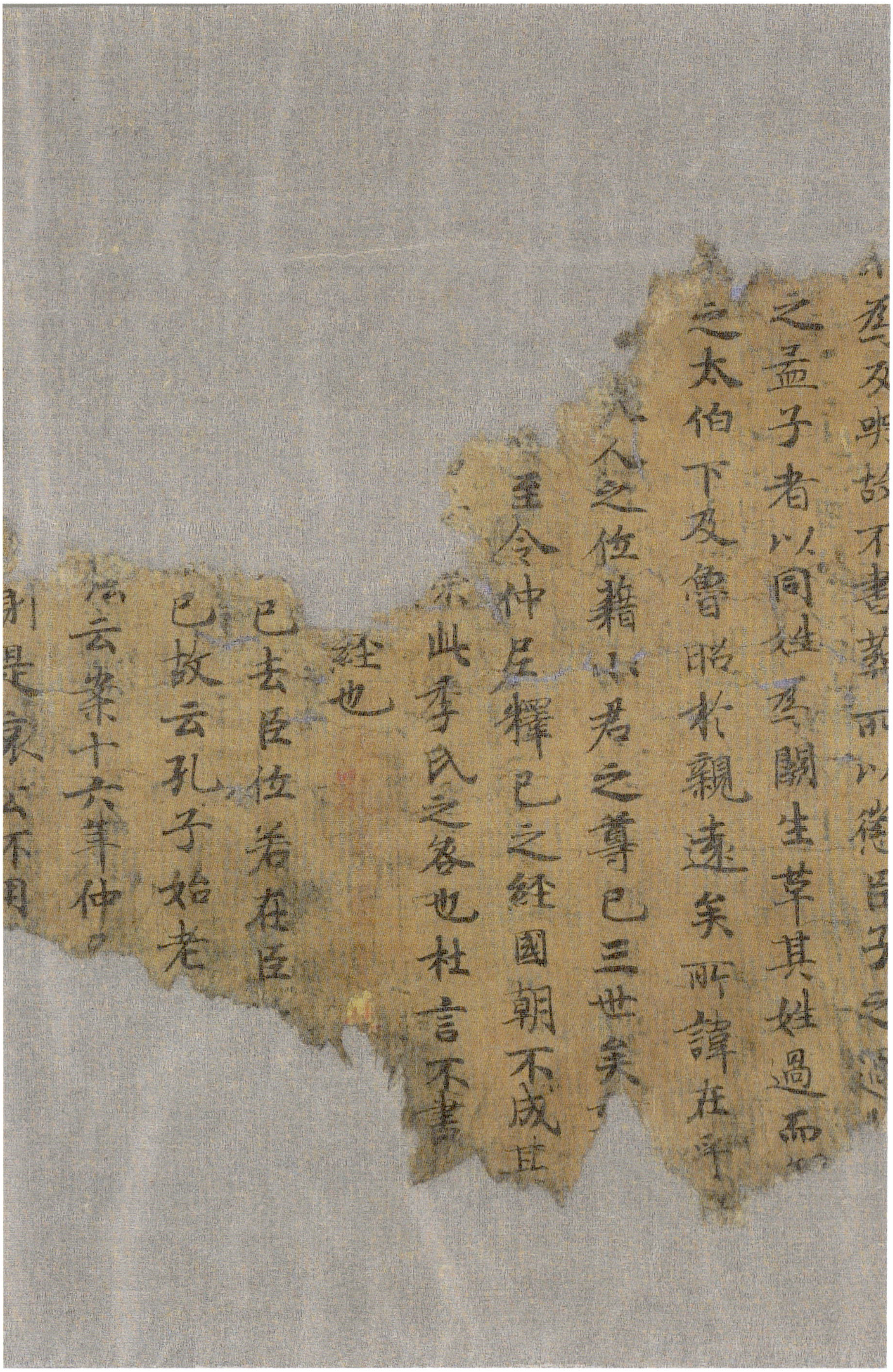

至及哭故不書葬而以從臣子之道
之孟子者以同姓至關生草其姓過而
之太伯下及魯昭於親遠矣所諱在乎
人之位藉小君之尊已三世矣
至令仲尼釋已之經國朝不成臣
宋此季氏之咎也杜言不書
經也
已去臣位若在臣
已故云孔子始老
云案十六年仲
制是家亦不同

已故云孔子始老
[illegible]云案十六年仲[illegible]
則是哀公不用
讖書無云仲尼仕於哀公社焉得
今知不然者以上十一年傳稱仲尼
召之是召之而來當以任用故冊有
待子而行後乃致仕故孟子之[illegible]
全不能用何須以幣召之但哀公[illegible]
能用於傳文上下理甚於同劉以為不仕[illegible]
過非也喪服齊衰三月章曰爲舊君君之母妻傳曰

能用於傳文上下猶思於[illegible]以至不[illegible]
過非也喪服齊衰三月章曰為舊君〻之母妻傳曰
為舊君者孰謂仕焉而已者何以服齊衰言
與民同也君之母妻則小君也鄭玄云仕焉而已謂
老若有廢疾而致仕者也為小君服者恩深於民
是其服與民同不服臣為小君之服故與民也禮齊衰
之喪始死而絻以至於成服絻代吉冠故以絻為喪
冠也孔子以季孫當服臣為小君之禮故以小君禮往
弔季氏傳言適季氏謂適季氏哭位故杜言往弔
謂就其位也季孫既不服喪冠孔子不得復服弔服

平季氏傳言遺季氏前遺季氏明位古者言徒
謂執其位也季孫既不服喪冠孔子不得復服弔服
故去絰從主節也大夫之弔服弁絰鄭玄云弁絰者
如爵弁而素加環絰絰大如緦之絰纏而不糾也
礼云凡非弔喪非見國君也無不荅拜鄭玄云喪賓
不荅拜不自賓客也礼弔無拜法而此言孔子放絻
拜者記言喪賓不荅拜者謂喪主既拜賓〻不荅拜
耳其初見主人或畢者先拜檬此傳文必有拜法記
無其事記不具耳　寒服　正義曰少牢有司徹
云乃尋尸俎鄭玄云尋温也引此若可尋亦可寒

云乃尋尸俎鄭玄云尋温也引此若可尋亦可寒則諸言尋盟者皆以前盟已寒更温之使熱温舊即是重義故以尋爲重傳意言若可重温使熱亦可歌之使寒故言寒歌不訓寒爲歌也

正義曰長木喻吳國大也狗廝喻吳失道也國狗猶家狗言家畜狂犬齧人

竊盟　正義曰畏吳竊盟恐吳知之故不敢書于策也成二年公及楚人秦人云云盟于蜀傳曰卿不書匱盟也於是乎畏晉而竊與楚盟故曰匱盟彼以畏晉竊盟

是乎畏晉而竊与楚盟故曰遺盟彼以畏晉竊盟故諸侯之卿皆貶而稱人此亦畏吳竊盟宜應貶此三國經遂沒而不書者彼以晉是盟主諸侯不應背晉故貶諸侯之卿以成晉為霸主此吳夷礼自處不合主諸侯之盟故与吳盟者悉皆不書是不与吳為盟主也既不与吳則三國私盟於義可許不合貶責但魯自不書仲尼亦從而不書之耳釋例曰諸侯畏晉而竊与楚盟而貶其卿所以成晉為盟主也吳之强大始於會繒終於黃池凡三會三伐三盟唯書會

晉而寡與其盟而見其所可以成晉爲盟主也吳之
57 彊大始於會繒終於黃池凡三會三伐三盟唯書會
58 也今以長曆推春秋此十二月乃夏之九月實周之
59 十一月也此年當有閏而今不置閏此爲失一閏月耳
60 十二月不應螽故季孫怪之仲尼以斗建在戌火星
61 尚未盡沒據今猶見故言猶西流明夏之九月尚
62 可有螽也季孫雖聞仲尼此言猶不即改明年十二
63 月復螽於是始悟十四年春乃置閏欲以補正時曆

可有螽也季孫雖聞仲尼此言猶不即改明年十二
月復螽於是始悟十四年春乃置閏欲以補正時曆
也傳於十五年書閏月蓋置閏之正欲明十四年之閏
於法當在十二年也　正義曰杜以此
與經別故言丘明不爲義例故使文不齊同劉炫以
爲傳說當時事耳更到本隙地之事載其月使
與明年相接令知不然者案宣二年壬申朝于武宮
是十月五日下乃云冬趙盾爲旌車之族彼經云壬申
是十月五日既有日而無月冬又在壬申下明傳文
無較例彼既無到本其事與後年相接足知此

是十月五日既有日而無月冬又在壬申下明傳文
無較例彼既無到本其事與後年相接是知此
亦不爲到本其事使九月在十二月之下明傳因簡
牘舊文或日月前後不以爲例若以到敘其事爲
後年張本案傳之上下凡到敘事爲後年張本
者唯道事之所由不具載其日月劉以此而規杜過非
也　　正義曰七年會吳子
繒十二年會吳于橐皋皆不稱子此稱吳子故解之吳
先欲霸中國尊事天子而自號爲王則諸侯不服故
去其僭號自稱吳子以告令諸侯故諸侯之策承而

晉欲霸中國尊事天子而自号爲王則諸侯不服故
去其僭号自稱吴子以古今諸侯故諸侯之策承而
書曰吴子吴語説此事云晉侯命董褐告吴王曰今君
掩王東海以淫名於天子君有短垣而自踰之况蠻楚
其何有於周室夫命圭有命固曰吴霸不曰吴王諸
侯是以敢辭夫諸侯無二君周無二王君若無卑天
子而曰吴公孤敢不順從君命吴王許諾是其去僭
号也於此會去王号耳其於吴國猶稱王不改也
正義曰公羊傳曰孛者何彗星也
其言于東方何見乎旦杜用彼説衆星皆没故不言

其言于東方何見乎旦杜用彼說衆星皆沒故不言所在之次

正義曰如此傳文則趙鞅先欲与吳盟也吳語云吳晉爭長未成邊遽仍至以越亂告吳王懼乃會大夫而謀曰無會而歸与會而先晉孰利王孫雄先對曰二者莫利必會而先之乃為吳王設計布陳鷄鳴乃定去晉軍一里未明王乃秉枹鳴鼓三軍皆譁聲動天地於是晉軍大駭乃令董褐請事賈逵等皆云董褐

（以下P.3635v）

二臣為吳晉之臣劉
正義曰建立也立鼓擊之与戰也大射礼云建鼓
在阼階西鄭玄云建猶樹也木貫而載之樹之跗也
彼謂立之於地所謂殷人楹鼓与此別也
正義曰吳語說此事云董褐既致命乃告
趙鞅曰臣觀吳王之色類有大憂小則嬖子死否則國
有難大則越入吳也將毒不可与戰主其許之先与
此傳小異也[illegible]故曰吳語說此事云吳公先
歃晉公次之与此異者經　公會晉侯及吳子傳

以晉公次之与此異者經　公會晉侯及吴子傳
稱公會單平公晉[illegible]　夫差吴皆在下晉實
先吴經據魯史策書傳採魯之簡牘魯之所書
必是依實國語之書當國所記或可曲筆直己辟
有抑揚故与左傳異者多矣鄭玄云不可以國語
亂周公所定法傳玄云國語非丘明所作凡有共說一
事而二文不同必國語虛而左傳實其言相反不可
猶合之也　正義曰曲礼云五官之長曰
伯是職方九州之長入天子之國曰牧於外曰侯

伯是職方九州之長入天子之國曰牧於外曰侯
職方者二伯各主一方州長者州牧各主其州故禮云
謂八命作牧九命作伯是也王命諸[illegible]
當如康王之誥太保帥西方諸侯畢公帥東方[illegible]者
侯以見於王也計當盡帥諸侯獨言帥侯牧者舉
尊為言其實盡帥之也伯合諸侯則侯帥子男侯謂牧
也牧帥諸國之君見於伯也亦當盡帥在會諸侯獨
云子男舉小為言其實見在會者盡帥以見伯也
正義曰言魯侯職貢於吳有豊於晉

正義曰言魯供職貢於吳有豊於晉
無有不及晉時以吳為伯故也　正
義曰七年傳茅夷鴻請救於吳云邾賦六百乘君之
私也魯賦八百乘君之敵也今魯賦八百乘以貢於吳
以為伯故也吳今帥魯以見於晉則吳為州牧魯
男晉成伯矣邾是子爵以六百乘貢吳邾以吳
為伯故也魯既以晉為伯吳為牧〻卑於伯則將半邾
三百乘以屬於吳而如邾六百乘以事於晉也
正義曰七月辛丑盟因景伯以還令

正義曰七月辛丑盟因景伯以還令
景伯稱十月當謂周十月也周之十月非祭上帝先公
之時且祭終朝而畢無上辛盡於季辛之事景伯以
吴信鬼皆虚言以恐吴耳
正義曰酒盛於器故謂一器爲一盛説文云睨邪視也
詩云無衣無褐何以卒歲鄭玄云褐毛布也人之
貴者無裘賤者無褐是褐者寒時賤人之衣服也
言我与披褐之父但得共邪視之不得飲之告已之
之食也　正義曰食以稻粱爲貴故以粱

之食也　正義曰食以稻粱為貴故以粱
表精若求粱米之飯則無矣麁者則有之若我登
首山以叫呼庚癸乎汝則諾軍中不得出粮与人故作
隱語為私期也庚在西方穀以秋熟故以庚主穀癸在
北方居水之位故以癸主水言欲致飯并致飲也土地
名首山闕不知其處當在吳所營軍之旁也
[illegible]曰言吳不能報越求与之乎伍員所

正義曰公羊傳曰麟者仁

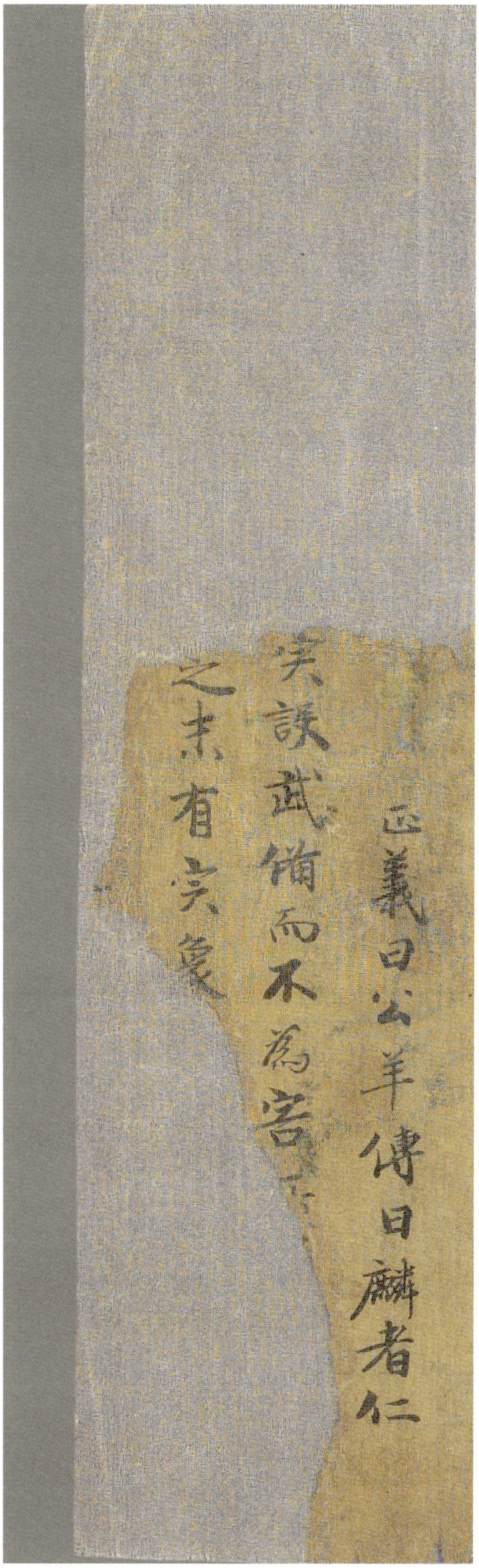

正義曰公羊傳曰麟者仁
實誅武脩而不爲害
之末有實象

（以下P.3634）

□文仲聞之曰以欲從人則可屈己泉人

□□所□

夏大旱公欲焚巫尫僬□ 巫尫女巫也主□面上向俗謂天

焚之者也 臧文仲曰非旱備也脩城郭貶食省用務穡

其務也巫尫何為天欲殺之則如勿生若能為

公從之是歲也飢而不害 不複害民者也

初平王之東遷 周幽王為犬戎所滅平王嗣立故東遷洛邑也 辛有適伊川見

野者 辛有周大夫也伊川周地伊水也 曰不及百年此其戎乎其禮先亡

秦晉遷陸渾之戎于伊川 允姓之戎居陸渾在秦晉西北戎號至今為陸渾縣也計此

及百年傳舉其事驗不必其年信也 晉太子圉為質於秦將逃歸謂嬴氏

秦所妻子圉懷嬴也 對曰子晉太子而辱於秦之子欲歸不亦宜

□子寺執巾櫛 婢子婦人之□□ 以固子也從子而歸棄□

P.3634 春秋經傳集解節本（僖公十九—二十八年）

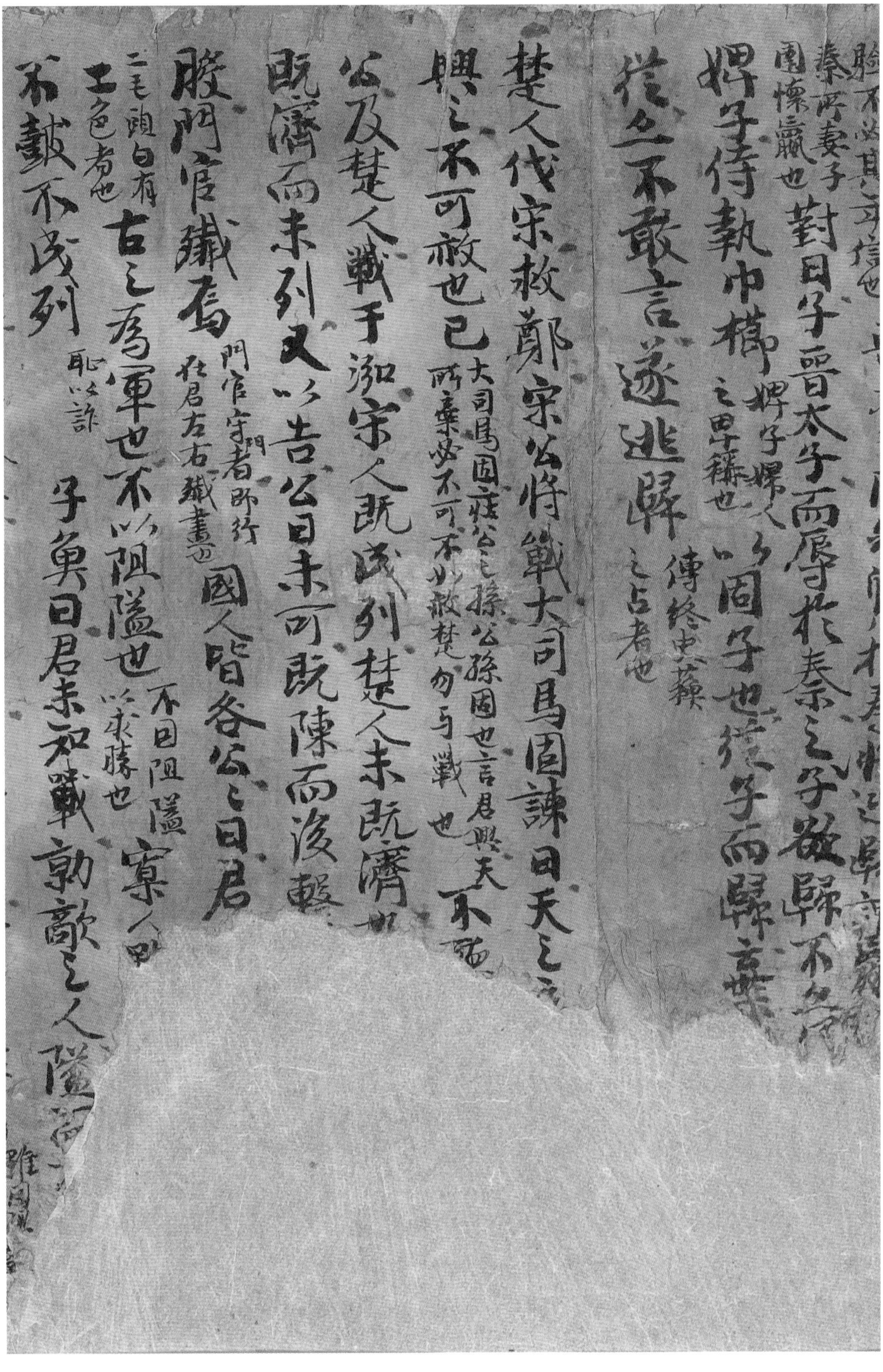

秦得妻子 國懷嬴也 對曰子晉太子而辱於秦子之欲歸不亦宜
婢子侍執巾櫛 婢子婦人之卑稱也 以固子也從子而歸棄君
從亦不敢言遂逃歸 傳終史蘇之占者也
楚人伐宋救鄭宋公將戰大司馬固諫曰天之棄
興之不可赦也已 大司馬固莊公之孫公孫固也言君興天所棄必不可不如赦楚勿與戰也 不聽
公及楚人戰于泓宋人既成列楚人未既濟
既濟而未列又以告公曰未可既陳而後擊
股門官殲焉 門官守門者師行在君左右殲盡也 國人皆咎公公曰君
二毛頭白有二色者也 古之為軍也不以阻隘也 不因阻隘以求勝也 寡人
不鼓不成列 恥以詐 子魚曰君未知戰勍敵之人隘而

二色者也古之為軍也不以阻隘也以求勝也寡
不鼓不成列恥以詐子魚曰君未知戰勍敵之人隘
贊我也勍強也言楚在險隘得陳列所以佐宋也阻而鼓之不亦可乎猶有懼焉猶恐不勝也雖因阻擊
且今之勍者皆吾敵也雖及胡耇獲則取之何有於二毛今之勍者謂皆吾敵
者也胡耇元老之稱明恥教戰求殺敵也明設刑戮以恥不果也傷未及死如何勿重言尚害己
若愛重傷則如勿傷愛其二毛則如服焉言苟不欲傷殺敵人則本可不須鬪也三軍以
利用也為利興也金鼓以聲氣也鼓以佐士衆之聲氣也利而用之阻隘可也聲盛致志鼓
儳可也儳巖未整陳也丙子晨鄭文夫人芈氏姜氏勞楚子於柯澤楚
還過鄭鄭文公夫芈氏楚女姜氏齊女也柯澤鄭地也楚子使師縉示之俘馘師縉楚樂師也俘所得囚也馘所截耳也君子曰非
禮也婦人送迎不出門見兄弟不踰閾閾門限也戎事不邇女器邇近也女
物也言俘馘非近婦人之物也丁丑楚子入享于鄭為鄭所饗也九獻用上公之禮也九獻酒而禮畢也庭實旅
百庭中所陳加籩豆六品食物六品加於籩豆享畢夜出文芈送于軍取

衤也婦人送迎不出門見兄弟不踰閾限也戎事不邇女器也女器
物也言俘馘非近婦人之物也丁丑楚子入享于鄭為鄭所饗也九獻用上公之礼也九獻酒而礼畢也庭實旅
百庭中所陳品數百也加籩豆六品食物六品加於籩豆〻礼食器者也享畢夜出文羋送于軍取
鄭二姬以歸二姬文羋女也叔詹曰楚王其不沒乎不以壽終者也為礼卒於無
〻別〻〻不可礼將何以沒諸侯是知其不遂霸也言楚子所以師敗城濮終為商臣所弒也
懷公命無從亡人懷公子圉也期〻而不至無赦狐突之子毛及偃從
重耳在秦不召亡人重耳也偃子犯也冬懷公執狐突曰子來則免注赦暮而執突以不召子故也對曰子之能仕父教之忠古之
策名委質貳乃辟也名書所於臣之策屈膝而君事之則不可以貳也辟罪也今臣之子名在亡人
年數矣若又召之〻父教子貳何以事君刑之不濫
臣之願也淫以逞誰則無罪臣聞命矣乃殺之卜偃稱疾
有之乃大明服周書康誥言君能大明則民服也己則不明而殺人以逞不亦難乎
言懷公必無後於晉也

有之乃大明服（周書康誥言君能大明則民服也）已則不明而殺人以逞不亦難乎
德而唯戮是聞其何後之有（言懷公必無後於晉也爲此年殺懷公張本也）十一月杞成公卒書曰子杞夷也
（以夷禮終身故於卒貶之也杞實稱伯仲尼以文貶稱子故傳言曰子以明之）不書名未同盟也凡諸侯同盟死則赴以
名禮也（隱七年已見今重發不書名者爵故也此凡又為國使承告而書例也）赴以名則亦書之（謂未同盟也）不然
則否（盟而以不名赴也）辟不敏也（敏猶審也同名然後告名赴者之禮也承秋後書史官之制也內外之宜不同故傳重詳其義也）
重耳及於難也晉人伐諸蒲城（事在五年）蒲城人欲戰重耳不可曰保
父之命而享其生祿（享受也保猶恃也）於是乎得人（以祿致衆）有人而校罪莫
大焉（校報也）吾其奔也遂出奔狄從者狐偃趙
衰（趙衰趙夙弟）顛頡魏武子（武子魏犨）司空季子（胥臣臼季也時狐毛賈佗皆從而獨舉此五人賢而有大功）狄人
伐廧咎如（廧咎如赤狄之別種隗姓也）獲其二女叔隗季隗納諸公子公子取季隗生

伐廧咎如（廧咎如赤狄之別種隗姓也）獲其二女叔隗季隗納諸公子公子取季隗生
伯儵叔劉以叔隗妻趙衰生盾（盾趙宣孟）將適齊謂季隗曰待我廿五年
不來而後嫁對曰我廿五年矣又如是而嫁則就木焉（言將死入木不復成嫁也）請待子
處狄十二年而行（以五年奔狄至十六年而去也）過衛衛文公不礼焉出於五鹿（五鹿衛地也今衛縣西北有地名
五鹿陽平元城縣東亦有五鹿也）乞食於野人野人与之塊公子欲鞭之子犯曰天賜也（得土有國之祥
也故以為天賜也）稽首受而載之及齊齊桓公妻之有馬廿乘（四馬為乘八十匹也）公子安之
從者以為不可將行謀於桑下（齊桓既卒知孝公不可恃故也）蠶妾在上以告姜氏姜氏殺之
（姜氏重耳妻也恐孝公怒其去故殺妾以滅口也）而謂公子曰子有四方之志其聞之者吾殺之矣
公子曰無之姜曰行矣懷與安實敗名公子曰不可姜与子犯
謀醉而遣之醒以戈逐子犯（無去志故怒也）及曹曹共公聞其駢脅欲觀

謀醉而遣之醒以戈逐子犯（無上志故怒也）及曹〻共公聞其駢脅欲觀
其裸浴薄而觀之（薄迫也駢脅合幹也）僖負羈之妻曰吾觀公子之從者皆
足以相國若以相（若遂以為傳相）夫子必反〻其〻國〻必得志〻於〻諸〻侯〻
而誅無禮曹其首也子盍蚤自貳焉（自貳自別異於曹也）乃饋盤飧寘
璧焉（臣無境外之交故用盤藏璧飧中不欲令人見也）公子受飧反璧及宋〻襄公贈之以馬廿
乘（贈送）及鄭〻文公亦不禮焉叔詹諫曰臣聞天之所啓人弗及也
（啓開）晉公子有三焉天其或者將建諸君其禮焉男女同姓其生不
蕃（息〻）晉公子姬出也而至於今一也（大戎狐姬之子故曰姬出）離外之患（出奔在外）而天不
靖晉國殆將啓之二也有三事足以上人而從之三也（國語狐偃趙衰賈佗皆卿才也）

靖晉國殆將啓之二也有三事足以上人而從之三也（國語狐偃趙衰賈佗皆卿才也）
晉鄭同儕（儕，等）其過子弟固將爲礼況天之所啓乎不聽及楚楚子
饗之曰公子若反晉國則何以報不穀對曰女子玉帛則君之有
之羽毛齒革則君地生焉其波及晉國者君之餘也其何以報君
曰雖然其何以報我對曰若以君之靈得反晉國晉楚治兵遇
其中原其避君三舍若不獲命（三退不得楚止命）其左執鞭弭右屬櫜
鞬以與君周旋（弭弓末無緣者也櫜以受箭鞬以受弓屬著也周旋相追逐也）子玉請殺之（畏其志大）楚子曰
晉公子廣而儉（志廣而體儉也）文而有礼其從者肅而寬（肅敬）忠而能力晉
侯無親外內惡之（晉侯惠公）吾聞姬姓唐叔之後其後衰者也其將由晉公
子乎天將興之誰能廢之違天必有大咎乃送諸秦秦伯納女

侯無親外内惡之 惠公……

字乎天將興之誰能廢之違天必有大咎乃送諸秦伯納女

五人懷嬴與焉（懷嬴子圉妻也子圉謚懷公故号懷嬴也）奉匜沃盥既而揮之（匜沃盥器也揮湔也）

怒曰秦晉匹也何以卑我（匹敵）公子懼降服而囚（去上服自拘囚以謝也）他日

公享之 晉侯之大夫呂郤畏偪（呂甥郤芮惠公舊臣故畏爲文公所偪害之）

將焚公宮而弑晉侯寺人披請見公使讓之且辭焉（辭不見）

曰蒲城之役（在五年）君命一宿而女（即日）至其後余從狄君以田渭

濱（田）汝為惠公來求殺余命女三宿女中宿至雖有君命

袪猶在（披所斬文公衣袂也）對曰臣謂君之入也其

袪猶在（披所斬公衣袂也）對曰臣謂君之入也

君猶未也又將及難君命無二古之制

力是視蒲人狄人余何有焉（當二君世君爲……於我有何……）

無蒲狄乎齊桓公置射鉤

管仲射鉤也　君若易之何辱命焉（言君不須……）

豈唯刑臣（披奄人故稱刑臣也）公遽……

豎頭須守藏者（豎……）

盜用以求入之（求納文公）

盡用以求入之求納文公
心〻覆〻則圖反宜
者為羈之紲仆
匹夫懼者甚衆矣僕人以告公
侯使賞從亡者介之推不言祿〻亦
曰獻公之子九人唯君在矣惠懷無
絶晉必將有主〻晉祀者非君而誰
三子以為己力不亦誣乎竊人之財猶謂

[illegible]三子以爲己力不亦誣乎竊人之財猶謂盜況貪天功以爲己力下義其罪上賞其姦上下相蒙〻欺難以處矣其母曰盍亦求之以死誰懟對曰尤而效之罪又甚焉且出怨言不食其食怨言謂上下相蒙難處其處也其母曰盍使知之若何既不求之且欲令推言於文公也對曰言身之文也身將隱焉用文之是求顯也其母曰能如是乎與汝皆偕隱俱遂隱而死晉侯求之不獲以綿上爲之田曰以志吾過且旌善人旌表也西河介休縣南有地名綿上晉侯問原守於寺人

吾過且旌善人旌表也西河介休縣南有地名緜上晉侯問原守於寺人勃鞮勃鞮披也對曰昔趙衰以壺飧從徑餒而不食言其廉仁不忘君也徑小行故使處原從披言襄雖有大功猶簡小善以進之示不遺小勞者也冬懷公執狐突曰子來則免未朞而執狐突以不召子也對曰子之能仕父教之忠古之制也策名委質貳乃辟也名書於所臣之策屈膝而君事之則不可以貳辟罪也今臣之子名在重耳有年數矣若召之教之貳也父教子貳何以事君刑之不濫君之明臣之願也淫刑以逞誰則無罪臣聞命矣乃殺之

乞渥刑以逞誅則無罪臣聞命矣乃赦之
夏齊孝公伐我北鄙衛人伐齊洮之盟故也公使展
喜犒師勞齊師也使受命于展禽柳下惠也齊侯未入境展喜
從之曰寡君聞君親舉玉趾將辱於敝邑敢使
下臣犒執事言執事不敢斥尊也齊侯曰室如縣罄野無青草
何恃而不恐如而時夏四月今之二月野物未成故言居室而資粮懸盡在野則無踈食之物所以當恐之者也對
曰恃先王之命昔周公太公股肱周室夾輔成王成王勞之而賜之
盟曰世世子孫無相害也載在盟府載載書也太師職之職主

盟曰世〻子孫無相害也載在盟府載〻書也太師職之職主
也太公為大師兼主司盟之官也桓公是以糾合諸侯而謀其不協彌縫
其闕而匡救其災昭舊職也及君□即位諸侯之
望曰其率桓公之功率脩我敝邑用不敢保取依用此舊盟故不
敢衆聚守保〻也曰豈其嗣廿九年而棄命廢職其若先
君何必不然恃此不忍齊侯乃還隕石于宋五隕
星也傳言星則隕星使石隕故重言隕星六鷁退飛過宋都風也六鷁遇退風而退風高

星也（傳言星則嫌星使石隕故重言隕星）六鷁退飛過宋都風也（六鷁遇迅風而退風高）

卿讓於欒枝先軫（欒枝貞子也欒賓之孫）使欒枝將下軍先軫佐

之荀林父御戎魏犨為右（荀林父中行桓子也）傳廿八年晉侯圍曹

門焉多死曹人尸諸城上（磔晉死人於城上也）晉侯患之聽輿人之誦

稱舍於墓（輿眾也舍墓為將發冢也）師遷焉曹人兇懼（遷至曹人墓也兇兇恐懼聲）為

其所得者棺而出之因其兇而攻之三月甲午入曹數之以

其不用僖負羈而乘軒者三百人也且曰獻狀命無入

其不用僖負羈而乘軒者三百人也且曰獻狀命無入
僖負羈之宮而免其族報施也（報飧璧之施也）魏犫顛頡
怒曰勞之不圖報於何有（二子各有從亡之勞）爇僖負羈氏魏
犫傷於胷公欲煞之而愛其材（材力）使問且視之病
將煞之魏犫束胷見使者曰以君之靈不有寧也（言不
以病故自安寧）距躍三百曲踊三百（距躍超越也曲踊跳踊也百猶勵也）乃舍之宋
人使門尹般如晉師告急公曰宋人告急舍之則絕告
楚不許我欲戰矣齊秦未可若之何先軫曰
……求救於……假借齊秦……

楚不許我，欲戰矣。齊秦未可，若之何？先軫曰：
使宋舍我而賂齊秦，（求救於齊秦）藉之以告楚。（假借齊秦使為宋請）我
執曹君，而分曹衛之田以賜宋人。楚愛曹衛，必不許
也。（不許齊秦之請者也）喜賂怒頑，能無戰乎？（言齊秦喜得宋賂而怒楚之頑，必自戰也）
公悅，執曹伯，分曹衛之田以畀宋人。楚子曰：無從晉使。
在外十九年矣，而果得晉國。險阻艱難，備嘗之
矣；民之情偽，盡知之矣。天假之年，（獻公之子九人，唯文公在，故曰天假之年也）
而除其害，其可廢乎？軍志曰：允當則歸。（无求過分）又曰：
知難而退。又曰：有德不可敵。此三志者，晉之謂矣。

知難而退又曰有德不可敵此三志者晉之謂矣
子玉使宛春告于晉師曰請復衛侯而封曹臣
亦釋宋之圍子犯曰子玉無禮哉君取一臣取二不
可失矣言可伐也先軫曰子與之定人謂禮楚一言而定三
國我一言而亡之我則無禮何以戰乎不許楚言是棄
宋也救而棄之謂之諸侯何言將爲諸侯所棄也楚有三施我有
三怨之讎已多將何以戰不如私許復曹衛以攜之執宛
春以怒楚既戰而後圖之公說乃拘宛春於衛且使曹

P.3634 春秋經傳集解節本（僖公十九—二十八年）

春以怨楚既戰而後圖之公説乃拘宛春於衛且使曹

衛告絶於楚子玉怒從晉師〻退軍吏曰以君避臣

辱也且楚師老矣何故退子犯曰師曲爲老豈在久

乎微楚之惠不及此重耳過楚〻成王有贈送〻惠也退三舍避之所以報

也楚衆欲止子玉不可夏四月戊辰晉侯宋公

（以下P.3635）

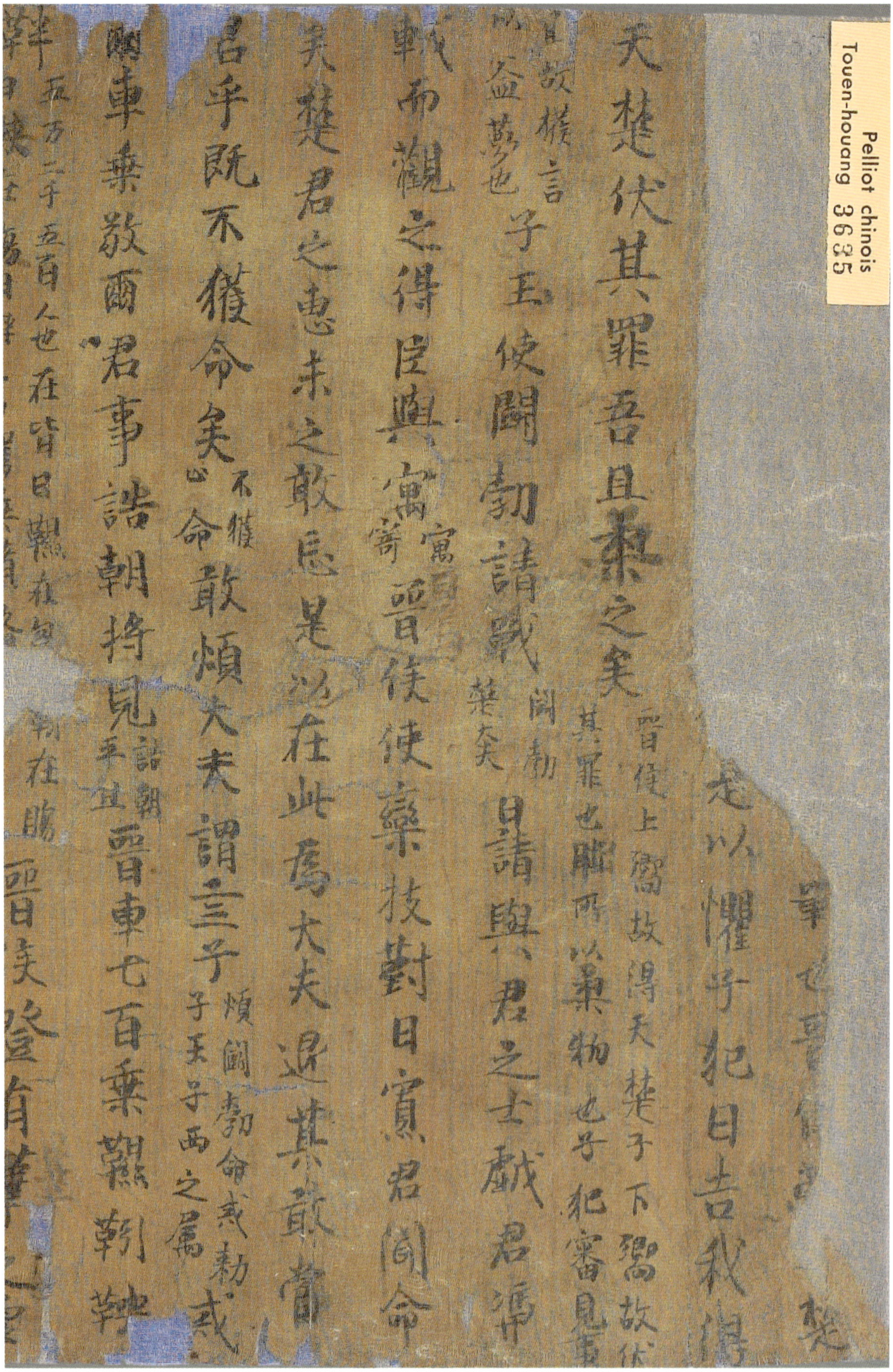

155 是以懼乎祀日吉我得

156 天楚伏其罪吾且柔之矣晉侯上窩故得天楚子下窩故伏其罪也腦所以柔物也子犯審見

157 戎益蕩也子玉使鬬勃請戰鬬勃楚大夫曰請與君之士戲君馮

158 軾而觀之得臣與寓寓寄晉侯使欒枝對曰寡君聞命

159 矣楚君之惠未之敢忘是以在此為大夫退其敢當

160 君乎既不獲命矣不獲命敢煩大夫謂二三子煩勞勃命戒勅子玉子西之屬戒

161 爾車乘敬爾君事詰朝將見詰朝平旦晉車七百乘韅靷鞅

絆……五万二千五百人也在背曰韅在胸……靷在腹……晉侯登有莘之

戒爾車乘敬爾君事詰朝將見詰朝平旦晉車七百乘韅靷鞅靽

靽五万二千五百人也在背曰韅在胷曰靷在腹曰鞅在後曰靽言駕乘脩備晉侯登有莘之虛

以觀師曰少長有禮其可用也有莘故國名也少長猶言小大遂伐其木

以益其兵伐木以益攻戰之具輿曳柴亦是也己巳晉師陳于莘北胥臣以下

軍之佐當陳蔡子玉以若敖之六卒將中軍曰今日必無

晉矣子西將左子上將右子西鬬宜申也子上鬬勃胥臣蒙馬以虎

皮先犯陳蔡陳蔡奔楚右師潰陳蔡屬楚右師狐毛設二旆而退

之旆大旗也又建一旆而退使若大將稍却也欒枝使輿曳柴而僞遁

衆走楚師馳之原軫郤溱以中軍公族橫擊之公族

P.3635　春秋經傳集解節本（僖公二十八—三十年）

欒走楚師馳之原軫郤溱以中軍公族橫擊之公族〻
狐也狐偃以上軍夾攻子西楚左師潰楚師敗績子
王收其卒而止故不敗楚三軍唯中軍完是大崩也晉師三日館穀館舍也食楚
軍穀三日〻也初楚子王自爲瓊弁玉纓未之服也弁以鹿子皮爲之瓊玉之別名次之以
飾弁及有纓之繪弁如星也詩先戰夢河神謂己曰畀余〻賜女孟
諸之麋〻孟諸宋藪澤也水草〻交曰麋〻也不致也大心與子西使
黃〻諫大心子玉之旗子玉剛愎故因榮〻黃〻榮季不聽榮季曰死而國利猶
或爲之況瓊玉乎是糞土也而可以濟師將何愛

或爲之況瓊玉乎是糞土也而可以濟師將何愛

愛焉因神之欲以附百姓之願濟師之理也不聽出告二子曰非神敗令尹

其勤民實自敗也盡心盡力無愛皆爲勤民也既敗王使謂之

曰大夫若入其若申息之老何申息二邑子弟皆從而死言何以見

子西孫伯曰得臣將死二臣止之曰君其將以爲

孫伯即大心子玉子也二子以此止以言勸令子玉往就君戮也益及連穀而死至連穀王死故自煞也文十年

傳曰城濮之後王使止子玉曰無死不及子西亦自煞縊而縣絕故得不死土時別遺穀楚地也然得臣經在踐土盟上傳在下者說晉事

畢而次及楚屬文之宜也晉侯聞之而後喜可知也喜見於顔色也曰莫余毒

P.3635　春秋經傳集解節本（僖公二十八—三十年）

畢而次及楚屬文之宜也晉侯聞之而後喜可知也喜見於顏色也曰莫余毒

也已是會也晉侯召王以諸侯見且使王狩晉侯大合諸而欲尊

事天子以為名義自嫌強大不敢朝周喻王出狩因得盡羣臣之禮皆諱而不正之事也仲尼曰以臣召君

不可以訓故書曰天王狩于河陽言非其地也使若天王自狩

以失地故書者河陽實以屬晉非王狩地也且明德也隱其召君之闕欲以明晉之功德也河陽之狩趙盾之弒泄治之罪

皆違凡變例以起大義危疑之理故稱仲尼以明王下傳在上者告執晚介葛盧聞牛鳴曰是生

三犧皆用之矣其音云問之而信傳言人聽或通鳥獸之情也云

九月甲午晉侯秦伯圍鄭以其無禮於晉文公亡過鄭鄭不礼

且貳於楚也晉軍函陵秦軍氾南此東氾在熒陽中牟縣南佚之

九月甲午晉侯秦伯圍鄭以其無禮於晉（文公亡過鄭鄭不礼）

且貳於楚也晉軍函陵秦軍氾南（此東氾在滎陽中牟縣南）佚之

狐言於鄭伯曰國危矣若使燭之武見秦君師必

退（佚之狐燭之武皆鄭大夫）公從之辭曰臣之壯也猶不如人今老矣無能

爲也已公曰吾不能早用子今急而求子是寡人之

過也然鄭亡子亦有不利焉許之夜縋而出（縋縣城而下）

見秦伯曰秦晉圍鄭鄭既知亡矣若亡鄭而有益於

君敢以煩執事（執事亦謂秦也）越國以鄙

（設得鄭以爲秦邊邑則越晉而難保）焉用亡鄭以陪[illegible]

設得鄭以爲秦邊邑則越晉而難保焉用亡鄭以陪□

爲□東道主行李之

嘗爲晉